Dynamic

डी.एम.

Dynamic डी.एम.

सहयोग से सुशासन, सुशासन से समृद्धि

डॉ. हीरा लाल, IAS
कुमुद वर्मा

प्रकाशक

प्रभात प्रकाशन प्रा. लि.

4/19 आसफ अली रोड, नई दिल्ली-110002

फोन : 011-23289777 • हेल्पलाइन नं. : 7827007777

इ-मेल : prabhatbooks@gmail.com ❖ वेब ठिकाना : www.prabhatbooks.com

संस्करण

2025

मूल्य

तीन सौ पचास रुपए

मुद्रक

नरुला प्रिंटर्स, दिल्ली

———————— ★ ————————

DYNAMIC D.M.

by Dr. Heera Lal, IAS • Smt. Kumud Verma

Published by **PRABHAT PRAKASHAN PVT. LTD.**

4/19 Asaf Ali Road, New Delhi-110002

ISBN 978-93-5521-317-4

₹ 350.00

पूज्य पिताजी

स्व. श्री राम अजोर

को

समर्पित

आनंदीबेन पटेल
राज्यपाल, उत्तर प्रदेश

राज भवन
लखनऊ-226 027

23 मार्च, 2022

संदेश

मुझे यह जानकर अतीव प्रसन्नता हुई कि डॉ. हीरा लाल, आई.ए.एस. द्वारा अपने लंबे प्रशासनिक अनुभवों के आधार पर 'Dynamic डी.एम.' नामक पुस्तक का प्रकाशन किया जा रहा है।

भारतीय प्रशासनिक सेवा देश की सर्वाधिक प्रतिष्ठित सेवा है, जो कि भारतवर्ष जैसे विशाल एवं सामाजिक विविधता से परिपूर्ण देश-सेवा के लिए दृढ़ संकल्पित है। चूँकि हमारे विकास की आधारभूत इकाई गाँव है, ऐसी स्थिति में प्रशासनिक अधिकारियों की जिम्मेदारी ग्रामीण विकास के प्रति अत्यंत महत्त्वपूर्ण हो जाती है।

पुस्तक 'Dynamic डी.एम.' में डॉ. हीरा लाल ने अपने लंबे प्रशासनिक अनुभवों को साझा किया है। मेरा विश्वास है कि पुस्तक में प्रकाशित सामग्री प्रशासनिक अधिकारियों तथा भविष्य में प्रशासनिक सेवा में आनेवाले युवाओं के लिए उपयोगी साबित होगी।

मैं डॉ. हीरा लाल को उनकी कर्मठता एवं उत्तम सेवाएँ प्रदान करने के लिए बधाई और पुस्तक प्रकाशन हेतु अपनी हार्दिक शुभकामनाएँ प्रेषित करती हूँ।

आनंदीबेन

(आनंदीबेन पटेल)

दूरभाष : 0522-2236497 फैक्स : 0522-2239488
इमेल : hgovup@gov.in वेबसाइट : www.upgovernor.gov.in

दुर्गा शंकर मिश्र
मुख्य सचिव
Durga Shanker Mishra
Chief Secretary

उत्तर प्रदेश शासन
लोक भवन, लखनऊ-226 001
Government of Uttar Pradesh
Lok Bhawan, lucknow-226001

संदेश

मुझे यह देखकर बहुत खुशी हुई कि डॉ. हीरा लाल जी अपने जनपद बाँदा में जिलाधिकारी के अनुभवों को 'Dynamic डी.एम.' शीर्षक से प्रकाशित कर रहे हैं। वर्तमान में जिलाधिकारी जिला प्रशासन के विभिन्न पहलुओं को, जिसमें राजस्व वसूली, शांति–व्यवस्था, विकास के कार्यक्रम, अवस्थापना सुविधाएँ, कल्याणकारी योजनाएँ, आपदा प्रबंधन, प्रोटोकॉल आदि भिन्न–भिन्न विषय सम्मिलित हैं, को अपनी क्षमता एवं अनुभवों के आधार पर नेतृत्व प्रदान करते हैं। इन सबके मूल में सुशासन की आवश्यकता है। पिछले 7–8 वर्षों में बहुत तेजी से परिवर्तन हो रहे हैं, ऐसी अवस्था में जिलाधिकारी की जिम्मेदारी और ज्यादा चुनौतीपूर्ण हो जाती है।

मुझे विश्वास है कि डॉ. हीरा लाल जी के अनुभवों से न केवल युवा सिविल सेवा के अधिकारी प्रेरित होंगे, बल्कि सामान्य जन एवं आम हितग्राही को भी उन तमाम चुनौतियों का आभास होगा, जिन्हें एक जिलाधिकारी को अपने कार्यकाल में देखना पड़ता है।

(दुर्गा शंकर मिश्र)

Office Address : Room No. 101 'B' Wing, Lok Bhawan, U.P. Secretariat, Lucknow-226001
Tel. : 0522-2289212, 2289296; Fax : 0522-2239283; Resi. : 0522-2239461 2237299,
Email : csup@nic.in, Website : https://up.gov.in/

प्रस्तावना

सर्वप्रथम उत्कृष्ट रचना के लिए साधुवाद। मैंने अपने 38 साल के प्रशासनिक जीवन में अनेक अधिकारियों के साथ काम किया, लेकिन मैंने पाया कि इस पुस्तक के लेखक श्री हीरा लाल एक अलग सोच के अधिकारी हैं। वे निरंतर अध्ययनरत रहते हैं और उनका यह निरंतर प्रयास रहता है कि सुशासन (Good Governance) के नए प्रयोग किए जाएँ तथा आम जनता को अधिक-से-अधिक लाभान्वित किया जाए। इस पुस्तक में विशेष रूप से लेखक ने अपने जिलाधिकारी, बाँदा कार्यकाल के दौरान किए गए प्रयोगों का वर्णन किया है। निश्चित रूप से श्री हीरा लाल एक 'डायनमिक डी.एम.' रहे हैं।

पुस्तक के शुरुआत में लेखक ने अपने पी.सी.एस. सेवा में आने के पूर्व का वर्णन किया है, जिससे स्पष्ट होता है कि बचपन से ही उनमें पढ़ने-लिखने और ज्ञान अर्जित करने की लालसा रही है। उनकी इच्छा-शक्ति भी प्रबल थी और जिस चीज को उन्होंने करने का मन बनाया, उसे पूरा किए बिना नहीं छोड़ा। सबसे महत्त्वपूर्ण उदाहरण रहा अमेरिका में शिक्षा प्राप्त करने का, जिसे कई बाधाओं के बावजूद उन्होंने हासिल किया। श्री हीरा लाल ने अपनी पुस्तक में स्पष्ट लिखा है कि सेवा में आ जाने के बाद अधिकारी पढ़ना-लिखना बंद कर देते हैं और उसका कारण यह बताते हैं कि वह बहुत अधिक व्यस्त रहते हैं। मैं श्री हीरा लाल के इस तथ्य से सहमत हूँ कि समय निकालकर अधिकारियों को निरंतर पढ़ते रहना चाहिए, जिससे उनका ज्ञानवर्धन होता रहे और वह हमेशा प्रासंगिक रहें। विशेष रूप से, आई.ए.एस. सेवा में इसकी बहुत अधिक आवश्यकता है क्योंकि अधिकारी अलग-अलग पद पर तैनात होते रहते हैं। कभी वह जिलाधिकारी तो कभी सचिवालय में अलग-अलग विभागों में उनकी तैनाती होती है। अत: यह उनके लिए अति आवश्यक है कि अलग-अलग विषयों में अपनी जानकारी बढ़ाते रहें, तभी वह

अपने कार्य व दायित्वों को कुशलता से निभा पाएँगे। आज-कल प्रशासन में निरंतर नई चुनौतियाँ आती रहती हैं, जिनका सामना करने के लिए अधिकारी को अलग-अलग विषयों की जानकारी लेनी पड़ती है। मैंने पाया कि श्री हीरा लाल निरंतर पढ़ते रहते हैं और प्रशासन में नई सोच लाकर गुणवत्तापरक प्रशासन देने का पूरा प्रयास करते हैं।

जिलाधिकारी का पद अपने आप में अत्यंत शक्तिशाली और चुनौतीपूर्ण पद है। प्रत्येक आई.ए.एस. अधिकारी की यह अभिलाषा होती है कि उसे जिलाधिकारी का पद मिले और वह पद पर रहकर अपने जिले के लिए अधिक-से-अधिक कार्य कर सके। प्रशासन में जिलाधिकारी की अहम भूमिका होती है क्योंकि जिला स्तर पर समस्त विभागों की योजनाओं को लागू करने का दायित्व जिलाधिकारी का ही होता है। जिले में शांति व्यवस्था बनाए रखना और विकास के हर पहलू पर कार्य करना एक अच्छे जिलाधिकारी की पहचान होती है। इस पद पर कार्य करने के लिए विलक्षण नेतृत्व क्षमता की आवश्यकता होती है। संपूर्ण जिले की जनता और प्रशासन जिलाधिकारी की कार्यशैली के अनुरूप कार्य करते हैं और अपेक्षाएँ भी रखते हैं। जिलाधिकारी का अपने जिले के नागरिकों से सीधा संवाद होता है और यही कारण है कि जिले का प्रत्येक व्यक्ति जिलाधिकारी से अपनी समस्याओं के समाधान की अपेक्षा करता है। आज भी जिले में कोई भी समस्या हो तो व्यक्ति जिलाधिकारी के पास जाकर समस्या को रखना चाहता है तथा उसे पूर्ण विश्वास होता है कि उसकी समस्या का हल निकलेगा और न्याय मिलेगा। लेखक ने अपनी पुस्तक में इस विषय पर विशेष रूप से उल्लेख किया है।

मैं स्वयं भी कुछ समय के लिए बाँदा का जिलाधिकारी रहा हूँ, इसलिए मुझे इस जिले की समस्याओं का ज्ञान है तथा मैं यह कहना चाहूँगा कि श्री हीरा लाल ने अत्यंत कुशल तरीके से इस जिले की विकास की प्राथमिकताओं का निर्धारण किया और जन सहभागिता से उसको पूर्ण भी किया।

बाँदा बुंदेलखंड का क्षेत्र है और वहाँ सबसे अधिक समस्या पानी की रहती है। श्री हीरा लाल ने उसे अपनी उच्चतम प्राथमिकता में रखा और गाँव-गाँव जाकर जल-संरक्षण के बारे में जानकारी दी तथा उनका सहयोग लेकर जल से संबंधित योजनाओं को लागू करने का कार्य किया। उन्होंने इस क्षेत्र में इतना अद्वितीय कार्य किया है कि वहाँ की जनता उन्हें आज भी याद करती है। सबसे महत्त्वपूर्ण बात यह है कि श्री हीरा लाल ने जनपद में जो भी विकास-कार्य कराए, उसके लिए उनको कोई अलग से बजट प्राप्त नहीं हुआ। इसके लिए उन्होंने चल

रही शासकीय योजनाओं का समन्वय कर जनसहयोग से सफल क्रियान्वयन सुनिश्चित किया।

जल-संरक्षण के अतिरिक्त श्री हीरा लाल ने निर्वाचन में भी अपनी अलग सोच दिखाते हुए कार्य किया। यह उनकी अद्‌भुत नेतृत्व क्षमता का ही परिणाम था कि अधिक-से-अधिक वोटर जागृत हुए और वोट देने आए। प्रजातंत्र को सशक्त करने में जो कार्यकुशलता श्री हीरा लाल ने दिखाई, उसका निर्वाचन आयोग एवं माननीय प्रधानमंत्रीजी ने भी सराहना की। इस पुस्तक में आप पाएँगे कि जिला बाँदा में विभिन्न प्रकार की नवीन योजनाएँ श्री हीरा लाल ने बनाई और उन्हें क्रियान्वित कराईं। सचमुच वह जनता के जिलाधिकारी रहे।

किसी भी जिलाधिकारी की सफलता का मापदंड यह होता है कि जनता उनके कार्य की कितनी सराहना करती है। श्री हीरा लाल इस कसौटी पर खरे उतरे हैं और आज भी बाँदा जनपद में उनके द्वारा कराए गए कार्यों की जनता प्रशंसा करती है और उन्हें जिलाधिकारी के रूप में याद करती है। यदि इस प्रकार का कार्य हर जिलाधिकारी करे और इसी भावना से करे तो यह निश्चित है कि उत्तर प्रदेश के अन्य जिलों का भी वास्तविक विकास संभव हो पाएगा।

यह प्रसन्नता का विषय है कि श्री हीरा लाल के सेवानिवृत्त होने में कई वर्ष शेष हैं। मुझे आशा है कि उन्हें अन्य जिलों में भी कार्य करने का अवसर मिलेगा और वह अपनी अद्‌भुत कार्यशैली एवं रचनात्मक दृष्टिकोण से सुशासन का प्रमाण प्रस्तुत करेंगे। मेरी शुभकामनाएँ श्री हीरा लाल के साथ हैं।

—आलोक रंजन (आई.ए.एस.)
पूर्व मुख्य सचिव, उ.प्र. शासन

आभार

आप लोगों का बहुत-बहुत धन्यवाद! आपके सहयोग की वजह से मेरा पुस्तक लिखने का कार्य संपन्न हो पाया। यदि आपने जनपद बाँदा में मेरे द्वारा कराए गए निम्नांकित कार्यों में सहयोग न दिया होता तो शायद यह कार्य पूर्ण न हो पाता।

आपका शुक्रिया अदा करने के लिए मेरे पास शब्द नहीं हैं। आपसे मिले प्रेम, स्नेह और सहयोग के लिए मैं आपको तहे दिल से पुन: धन्यवाद देता हूँ एवं आप लोगों के उज्ज्वल भविष्य की कामना करता हूँ।

श्री शनि कुमार, जिला विज्ञान क्लब, बाँदा एवं श्री अर्पित गुप्ता, स्टेट हेड, ई-लेट्स टेक्नोमीडिया, लखनऊ द्वारा जनपद बाँदा में स्टार्टअप इनोवेशन कार्यक्रम में महत्त्वपूर्ण भूमिका निभाई गई।

श्री राहुल वर्मा, राजनीति विशेषज्ञ, श्री चंद्रा मिश्रा, राजनीति विशेषज्ञ, श्री अनिल शर्मा, ए.डी.आर. संस्था, लखनऊ एवं श्री श्याम निगम, बुंदेलखंड कनेक्ट द्वारा उत्तर प्रदेश के लोकसभा सामान्य निर्वाचन-2019 में 90 प्रतिशत मतदान बढ़ाने में किए गए सहयोग के कारण ही जनपद बाँदा को पुरस्कार मिला। इसके लिए मैं आपका विशेष आभारी हूँ।

श्री संजीव कुमार बघेल, जिला कार्यक्रम अधिकारी, बाँदा, श्री अमित मेलहोत्रा स्टेट हेड, यूनीसेफ, श्रीमती गरिमा सिंह, मंडलीय समन्वयक, यूनीसेफ, श्री याकूब मुजफ्फर, मंडलीय, समन्वयक, यूनीसेफ एवं श्री लेखचंद्र त्रिपाठी, यूनीसेफ द्वारा जनपद बाँदा में कुपोषण को दूर करने के प्रयासों में तेजी लाने हेतु सहयोग प्रदान किया।

श्री आर.के. सिंह अधीक्षक, जिला कारागार ने मेरे नेतृत्व में जेल सुधार कार्यक्रम में सहयोग प्रदान करते हुए बाँदा जेल को सर्वोत्तम जेल बनाने में महत्त्वपूर्ण

भूमिका निभाई। जेल सुधार के लिए 'तिनका-तिनका' पुरस्कार बाँदा जेल को मिला। सुश्री वर्तिका नंदा के भरपूर सहयोग ने इस कार्य में चार चाँद लगा दिए।

श्री संजय अग्रवाल, प्रभागीय वनाधिकारी, बाँदा एवं श्री जुनैद अहमद, से.नि. रेंजर, बाँदा द्वारा जनपद में चलाए जा रहे 'पेड़ जियाओ अभियान' को सभी आमजन तक पहुचाने में सहयोग प्रदान किया जाना उल्लेखनीय रहा।

डॉ. पी.आर. वर्मा, जिला आयुर्वेदिक यूनानी अधिकारी, बाँदा डॉ. राजेश राजपूत, चिकित्सा अधिकारी बाँदा, श्री रमेश सिंह राजपूत, योग अध्यापक एवं श्री रमेश पटेल के सहयोग से जनपद में 'बचाव इलाज से बेहतर है' के उद्‌देश्य से चलाए जा रहे योग कार्यक्रम को नगर निकायों में बेसिक शिक्षा के स्कूलों तथा कॉलेजों में निष्पादित करने में सराहनीय योगदान दिया गया।

श्री मिथलेश पांडेय, प्रधानाचार्य, आदर्श बजरंग इंटर कॉलेज, बाँदा, श्री अनमोल, प्रयत्न कोचिंग संस्थान, लखनऊ द्वारा जनपद बाँदा के छात्रों को अपने लक्ष्य निर्धारण के प्रति सजग रहने हेतु चलाए गए 'छात्र निर्माण संवाद कार्यक्रम' में बहुमूल्य योगदान दिया गया।

श्री परवेज अहमद, जिला उद्यान अधिकारी, बाँदा, डॉ. संजय कुमार यादव जिला पंचायत राज अधिकारी, बाँदा, श्री वीरेंद्र बाबू दीक्षित, सहायक आयुक्त, सहकारिता, डॉ. प्रमोद कुमार, जिला कृषि अधिकारी, बाँदा एवं श्री प्रेम सिंह प्रगतिशील कृषक द्वारा जनपद बाँदा में चलाए जा रहे छात्रों के विकास एवं उनकी प्रतिभा को निखारने हेतु 'ज्ञानार्जन यात्रा कार्यक्रम' में सहयोग प्रदान किया गया।

श्री कौशलेंद्र सिंह, सहायक निदेशक सेवायोजन, बाँदा, श्री आर.के. जैन सहायक निदेशक, बचत, बाँदा, श्री अभिषेक सिंह, कोऑर्डिनेटर/वाइस प्रिंसिपल, (जी.आई.सी., बाँदा), श्री योगेश तिवारी, प्रवक्ता अर्थशास्त्र द्वारा छात्र-छात्राओं को सैद्धांतिक अध्ययन के साथ-साथ व्यावहारिक ज्ञान और कार्यालय कैसे चलते हैं की जानकारी हेतु चलाए गए 'एक दिन का अधिकारी कार्यक्रम' में सहयोग प्रदान किया गया।

श्री आर.पी. मिश्रा, परियोजना अधिकारी, जिला ग्राम्य अभिकरण बाँदा, श्री प्रमोद कुमार मिश्रा, सहायक अभियंता, लधु सिंचाई, बाँदा श्री पुष्पेंद्र भाई, अपना तालाब, श्री उमाशंकर पांडेय, जखनी, श्री शिशिर, वाटर एड एवं कु. प्रशंसा गुप्ता द्वारा कुआँ, तालाब और नदी से पानी की व्यवस्था तथा पानी का दुरुपयोग घटाने और आमजन बरसाती पानी बचाए, इस हेतु जल-संरक्षण के बाँदा मॉडल का प्रचार-प्रसार करने में महत्त्वपूर्ण भूमिका रही। जनपद, बाँदा में पानी की समस्या

के समाधान में किए गए अतुलनीय सहयोग से जल-संरक्षण, बाँदा मॉडल अन्य जनपदों के लिए मिसाल बना।

श्री प्रदीप कुमार, नगर मजिस्ट्रेट श्री अजीत कुमार अभिहीत अधिकारी, श्रीमती सरिता सिंह, जॉइंट कमिश्नर, वाणिज्य कर श्री अमित सेठ भोलू एवं श्री मनोज जैन द्वारा बाँदा को प्लास्टिक-मुक्त कराने के उद्देश्य से चलाए गए झोला-युक्त, प्लास्टिक-मुक्त, बाँदा' कार्यक्रम में अतुलनीय सहयोग प्रदान किया गया।

श्री अवधेश निगम, तहसीलदार बाँदा द्वारा आमजन सामाजिक सेवा करने हेतु अपने अतिरिक्त एवं अनुप्रयोगी कपड़े/सामान को असहाय/जरूरतमंद एवं गरीब व्यक्ति को उपलब्ध कराए जाने के उद्देश्य से बाँदा में चलाए गए कार्यक्रम 'नेकी की दीवार की एक अनोखी पहल' में महत्त्वपूर्ण भूमिका निभाई गई। इस हेतु मैं आपका तहे दिल से शुक्रगुजार हूँ।

डॉ. प्रमोद कुमार, जिला कृषि अधिकारी, बाँदा द्वारा किसानों की आय दोगुनी करने के उद्देश्य से चलाए गए 'किसान विकास भ्रमण कार्यक्रम' में सहयोग प्रदान किया गया।

बेसिक शिक्षा विभाग में श्री हरिश्चंद्र नाथ, जिला बेसिक शिक्षा अधिकारी, बाँदा द्वारा चलाए गए 'बेसिक शिक्षा नवाचार कार्यक्रम' में विशेष सहयोग दिया जाना उल्लेखनीय है।

श्री ए.के. सिंह उप-निदेशक, कृषि विभाग, बाँदा, श्री राम कुमार माथुर, भूमि संरक्षण अधिकारी, श्री शैलेंद्र वर्मा, भूमि संरक्षण अधिकारी, श्री सौरभ कुमार, भूमि संरक्षण अधिकारी द्वारा मेरे नेतृत्व में स्थानीय कृषि उत्पादों की ब्रांडिंग कर विश्व तिलहन दिवस पर अरहर सम्मेलन के भव्य आयोजन में सराहनीय योगदान दिया गया।

जनपद बाँदा में मेरे कार्यकाल में चलाए गए समस्त कार्यक्रमों में प्रशासनिक और जनपदीय अधिकारियों—श्री हीरा लाल, सेवानिवृत्त मुख्य विकास अधिकारी, श्री हरिश्चंद्र, मुख्य विकास अधिकारी, श्री संतोष बहादुर सिंह, अपर-जिलाधिकारी (वि./रा) श्री संजय कुमार, अपर-जिलाधिकारी (न्यायिक), सुश्री थमीम अंसरिया, जॉइंट मजिस्ट्रेट, श्री प्रदीप कुमार सिंह, नगर मजिस्ट्रेट, सुश्री वंदिता श्रीवास्तव, उप जिलाधिकारी, नरैनी, श्री संदीप कुमार, उप जिलाधिकारी, श्री अरबिंद कुमार तिवारी, उप जिलाधिकारी, बबेरू, श्री सौरभ शुक्ला, उप जिलाधिकारी, अतर्रा, श्री राकेश कुमार, उप जिलाधिकारी, पैलानी, श्री मंसूर अहमद, उप जिलाधिकारी, पैलानी, श्री महेंद्र प्रताप, उप जिलाधिकारी, पैलानी, श्री रामकुमार, उप जिलाधिकारी, पैलानी,

श्री सुशील कुमार सिंह, तहसीलदार अतर्रा/नरैनी, श्री अवधेश निगम, तहसीलदार, बाँदा, श्री रामदयाल रमन, तहसीलदार पैलानी, श्री राजीव निगम, तहसीलदार, पैलानी, श्री विपिन कुमार, तहसीलदार बबेरू, श्री राजेश कुमार यादव, नायब तहसीलदार पैलानी, श्री ज्ञानेंद्र कुमार त्रिवेदी, जिला विकास अधिकारी, श्री के.के. पांडेय, उपायुक्त, एन.आर.एल.एम., श्री आर.पी. मिश्रा, परियोजना निदेशक, जिला ग्राम्य विकास अभिकरण, श्री संजय कुमार यादव, जिला पंचायत राज अधिकारी, श्री बीरेंद्र बाबू दीक्षित, सहायक आयुक्त सहकारिता, डॉ. प्रमोद कुमार जिला कृषि अधिकारी, श्री रामशरण प्रजापति, उप दुग्धशाला विकास अधिकारी, श्री मनोज कुमार सिंह, खंड विकास अधिकारी, नरैनी/बिसंडा, श्री संजीव कुमार बघेल, जिला अर्थ एवं संख्याधिकारी बाँदा/खंड विकास अधिकारी महुआ, डॉ. प्रभात कुमार द्विवेदी, खंड विकास अधिकारी, कमासिन/बबेरु, श्रीमती प्रियंका शुक्ला, जिला प्रशिक्षण अधिकारी बाँदा/खंड, विकास अधिकारी बडोखरखुर्द, श्री वेदप्रकाश मौर्य, उपायुक्त मनरेगा बाँदा/खंड, विकास अधिकारी, जसपुरा, श्री पियूष श्रीवास्तव, खंड विकास अधिकारी, तिंदवारी, श्री आर.के. सिंह, अधीक्षक, जिला कारागार, श्री संजय अग्रवाल, प्रभागीय वनाधिकारी, डॉ. पी.आर. वर्मा, जिला आयुर्वेदिक-यूनानी अधिकारी, डॉ. राजेश राजपूत, चिकित्साधिकारी, श्री परवेज अहमद, जिला उद्यान अधिकारी, सुश्री सारिता सिंह, जॉइंट कमिश्नर वाणिज्य कर, श्री हरिश्चंद्र नाथ जिला बेसिक शिक्षा अधिकारी द्वारा अपने-अपने कार्य क्षेत्र से संबंधित कार्यक्रम में पूर्ण मनोभाव से सहयोग प्रदान किया गया, जिससे समस्त कार्यक्रमों को तय समय में पूर्ण कराते हुए शासन की समस्त योजनाओं एवं अन्य कार्यक्रमों को प्रभावी एवं योजनाबद्ध तरीके से लागू किया गया और बाँदा की जनता को लाभान्वित किया जा सका। सभी प्रशासनिक और जनपदीय अधिकारियों द्वारा दिए गए सराहनीय योगदान के लिए मैं सदैव आपका आभारी रहूँगा।

किसी भी कार्यक्रम को आमजन तक पहुँचाने में पत्रकारिता एवं मीडिया का महत्त्वपूर्ण योगदान होता है। आप सभी के सहयोग के बिना कार्यक्रम को लागू करना एवं आमजन तक पहुँचना एक दुरूह कार्य होता है। श्री अब्दुल रसीद सिद्‌दीकी, दैनिक अमर उजाला, श्री अभय कुमार निगम, दूरदर्शन चैनल, श्री विमल पांडेय, दैनिक जागरण, कानपुर, श्री शेखर द्विवेदी, दैनिक हिंदुस्तान, कानपुर, श्री बसंत गुप्ता, दैनिक जागरण, झाँसी, श्री हरदेव त्रिपाठी, दैनिक राष्ट्रीय सहारा, कानपुर, श्री ओ.पी. त्रिपाठी, दैनिक भास्कर, छतरपुर (म.प्र.), श्री ओम तिवारी, दैनिक लोक भारती, कानपुर एवं श्री प्रकाश गुप्ता, दैनिक जागरण,

झाँसी—सभी ने बाँदा में चलाए गए मेरे नवीन कार्यक्रमों का खूब प्रचार-प्रसार किया, जिससे समस्त कार्यक्रमों की जानकारी शासन एवं जनमानस को प्राप्त होती रही और जिलाधिकारी, बाँदा आपके महत्त्वपूर्ण सहयोग के कारण सदैव सुर्खियों में बना रहा। आपका यह कार्य प्रशंसनीय है। मुझे आशा ही नहीं, अपितु पूर्ण विश्वास है कि आप भविष्य में भी ऐसे ही सहयोग प्रदान करते रहेंगे। आप सभी का बहुत-बहुत धन्यवाद!

विशेष आभार

श्री उमाशंकर यादव, संस्थापक निदेशक, अहमदाबाद इंटरनेशनल लिटरेचर फेस्टिवल को मैं यहाँ विशेष रूप से धन्यवाद देना चाहूँगा। श्री यादवजी हिंदी, अंग्रेजी एवं गुजराती भाषा के धनी हैं और उनकी साहित्य, कला, संस्कृति में गहरी रूचि है। उनके प्रोत्साहन से मुझे पुस्तक लिखने का मन बना। उन्होंने व्यस्त होने के बावजूद अपना बहुमूल्य समय इस पुस्तक के लेखन एवं भाषा-त्रुटि को दूर करने में दिया। श्री उमाशंकर यादवजी द्वारा दिए गए सहयोग का मैं सदैव आभारी रहूँगा।

श्री देवेंद्र सिंह नेगी, सेक्रेटेरियल असिस्टेंट, अपर मिशन निदेशक, एन.एच. एम./सिफ्सा एवं श्री सौरभ सिंह, कंप्यूटर लिट्रेट स्टेनो, अपर परियोजना निदेशक, उत्तर प्रदेश राज्य एड्स नियत्रंण सोसाइटी द्वारा इस पुस्तक के लेखन में टंकण संबंधी कार्य में पूर्ण मनोयोग से सहयोग प्रदान किया गया।

मेरा परिवार मेरा सम्मान और गौरव है। मेरी पत्नी डॉ. ऊषा गंगवार, पुत्र प्रत्यूष एवं पुत्री प्रियल ने विषम परिस्थितियों में मेरे सपने को हकीकत में बदलने में हर संभव तरीके से मेरा सहयोग दिया। विशेष रूप से मैं अपने माता-पिता एवं गाँववालों का ऋणी हूँ, जहाँ मुझे अपने जीवन की आधारशिला मिली और वहाँ की मिट्टी में पला-बढ़ा।

मैं दीप्ती पटेल का आभार व्यक्त करता हूँ, जिनकी वजह से यह पुस्तक इस स्वरूप में आपके सामने है।

अनुक्रम

1

प्रारंभिक जीवन

भारत के पीएम (प्रधानमंत्री), सीएम (मुख्यमंत्री) और डीएम (जिलाधिकारी) तीन सबसे महत्त्वपूर्ण, शक्तिशाली और प्रभावशाली पद हैं। तीनों पदों का सीधा जुड़ाव आम जनता से है। इन तीनों पदों के साथ पावर और सामाजिक प्रतिष्ठा सबसे ज्यादा जुड़ी है। गाँव का एक गरीब, कमजोर, अशक्य इनसान डीएम बनते ही फर्श से अर्श पर पहुँच जाता है। जीवन में अचानक इतना बड़ा बदलाव अधिकांश लोगों को उनके मूल जीवन के जड़ से अलग कर देता है। अहं भर देता है। डीएम के पद से लोगों का जीवन बेहतर बनाया जा सकता है। यही इस पुस्तक के किरदार डीएम डॉ. हीरा लाल द्वारा किया गया है। सभी को साथ लेकर, सभी की ऊर्जा से, सभी का जीवन बेहतर और खुशहाल बनाया गया।

प्रगति हर जीवित प्राणी की एक स्वाभाविक प्रकृति है। यह कभी पीड़ा से, कभी सपनों से और कभी-कभी दोनों से उत्पन्न होती है। जीवन को सँवारने में सामाजिक, आर्थिक तथा अन्य बहुत सारी परिस्थितियाँ जिम्मेदार होती हैं, जब कोई बच्चा इस संसार में आता है तो वह स्वत: अपने आसपास के वातावरण को ग्रहण करने लगता है। इसमें कुछ में उसे आनंद आता है और कुछ को वह मजबूरी वश सहन करते हुए इनसे निपटने के सपने देखने लगता है। अंदर की गहरी सोच और संवेदना कभी-कभी इतनी गहराई तक पहुँच जाती है कि बच्चा बड़ा होते होते अपने आदर्श चुनने लगता है। यह ऐसे आदर्श होते हैं, जिनमें एक ऐसे समाज की कल्पना होती है, जो हर तरह की कुरीतियों और बुराइयों से परे होता है।

परिवर्तन समय-समय पर होते रहते हैं। दृढ़ संकल्प वाले लोग बिना किसी प्रकार की उलझन या परेशानी में पड़े हुए अपने रास्ते खुद बना लेते हैं। मेरे जीवन की कहानी भी कुछ ऐसी ही है।

मेरा जन्म उत्तर प्रदेश के बस्ती जनपद के साऊघाट ब्लॉक के गाँव बागडीह में कुर्मी (पटेल) किसान परिवार में हुआ। मेरे परिवार का पैतृक पेशा कृषि है। मेरे

पिता कृषि के साथ पशु चिकित्सालय में कंपाउंडर के पद पर नौकरी में भी थे।

भारत गाँवों में बसता है। गाँव में मेरे जन्म के समय (1966) लड़के को समाज और परिवार में ज्यादा तरजीह मिलती थी। इस सोच और भावना की वजह से, मैं पूरे परिवार का सपना बना। परिवार के लोग मुझमें, अपने विकास और उन्नति का राह देखने लगे।

1966 से 1980 तक, कक्षा 8 तक का बचपन गाँव में बीता। मेरा एक खपरैल का अच्छा मकान था। मेरे बाबा श्री लेखराज, श्री राम मनोग, श्री राम लगन तीन भाई थे। इनके पिता का नाम श्री खेलावन था। श्री लेखराज और श्री राम लगन की कोई संतान नहीं थी। श्री राम मनोग के तीन लड़के राम अजोर, राम प्रसाद, नेब्बू लाल। केवल नेब्बू लाल जीवित हैं। श्री राम अजोर के तीन लड़के मैं, अरुण कुमार और लाल चंद।

मेरा सबसे अच्छा लगाव मेरे बड़े बाबा श्री लेखराज से था। मुझे साइकिल पर घुमाने ले जाते थे, जब बाहर जाते थे, तो कुछ-न-कुछ खाने के लिए जरूर लाते थे। यदि नहीं लाते थे तो मैं उनसे नाराज हो जाता था। तो मुझे समझाते थे, क्यों नहीं लाए। न लाने का कारण बताकर नाराजगी दूर करते थे।

मेरे बाबा श्री राम मनोग बहुत सज्जन और परोपकारी थे। आँधी आने का अहसास होने पर गाँव में दौड़-दौड़कर आग बुझाने को कहते थे, ताकि गाँव को आँधी से, आग लगने से बचाया जा सके। गाँव में बोरसी (मिट्टी की देशी अँगीठी) में, धान की भूसी और गोबर के कंडे से खाना बनाना, दूध से मट्ठा बनाना प्रचलन में था।

मेरा परिवार गाँव में सबसे ज्यादा संपन्न और प्रतिष्ठित था। हमारा एक पक्का कुआँ था। आधे से ज्यादा गाँव इसी से पानी पीता था। गरमी में सभी लोग मिलकर सामूहिक सफाई करते थे। शादी में दूल्हा कुएँ का चक्कर लगाकर आटे का दीपक जलाकर कुएँ में गिराता था। इसे शुभ माना जाता है। यह ब्याहता कुआँ है। कभी-कभी पैसे का भी अभाव हो जाता था। गरीबी का अहसास भी मैंने किया

है। कभी कुछ खाने को मन करता था तो पैसे की कमी के कारण या तो मिलता नहीं था या कम मिलता था। गरीबी तो नहीं, लेकिन पैसे की कमी के अभाव को देखा और जिया है।

मेरा घर का नाम 'पप्पू' है। मेरे घर के पुरोहित द्वारा मेरा नाम 'हाकिम' रखा गया था। 1966 से 1980 तक गाँव बागडीह में रहा। 1980-1984 तक राजकीय इंटर कॉलेज बस्ती में रहा। एक साल इलाहाबाद में रहा। वर्ष 1985 से 1990 तक पंत नगर विश्वविद्यालय उधम सिंह नगर (उत्तराखंड) में रहा। एक साल दिल्ली में रहकर तैयारी की। वर्ष 1991 में IT BHU में M.Tech में प्रवेश लिया। वर्ष 1991-1993 तक वाराणसी में रहा। मार्च 1993 से जुलाई 1994 तक NTPC में इंजीनियर की नौकरी की। जुलाई 1994 से जून 2016 तक PCS में कार्य किया। जून 2016 से IAS के रूप में सेवा दे रहा हूँ।

बचपन में मेरा अन्य बच्चों की भाँति पढ़ने में कम, खेल-कूद में ज्यादा मन लगता था। पिताजी से डर भी लगता था। कई बार गलती पर पिटाई भी हुई। गरमी में घर के पीछे पेड़ों के नीचे चारपाई पर बिना गद्दा डाले समय व्यतीत होता था। पेड़ की छाया और हवा कूलर का काम करते थे। गाँव में ही एक बड़ा पोखर (तालाब) है। सभी बच्चे गरमी में दोपहर के समय 2-3 घंटे पानी में रहते थे, खूब मजा आता था। मेरे पिताजी ने बाबा द्वारा बनवाया बड़ा खपरैल का घर गिराकर पक्का मकान बनवाया। इसमें ईंटें दूर से ढोकर लाते थे। मैं भी ढोता था। कभी-कभी खेतों में भी काम करते थे। खेती की मोटी-मोटी पूरी जानकारी है। किसान की परेशानी से पूरी तरह अवगत हूँ। लेखपाल, पुलिस अन्य कर्मी कैसे गाँव के साथ व्यवहार करते हैं। क्या-क्या परेशानी गाँववालों को होती हैं, इससे पूर्णतया भिज्ञ हूँ।

मेरे पिताजी स्कूल में दोपहर अवकाश में चीज खरीदने और खाने के लिए पैसे नहीं देते थे। मैं कभी-कभी इस खर्च के लिए पिताजी की पैंट में रखे पैसे चोरी से निकाल लेता था। कभी पकड़ा गया तो कभी नहीं, कभी डाँट पड़ी तो कभी पिटाई भी हुई। मेरे पिताजी धूम्रपान करते थे। मैं भी आकर्षित हुआ। बचपन में देखकर नकल करने और प्रयोग करने की स्वाभाविक इच्छा होती है, लेकिन पिताजी के डर से लुका-छिपी कभी-कभार करते थे। मेरे घर के रास्ते में एक दीवार को लेकर विवाद था, जो दरोगाजी इसको देख रहे थे, उनके बेटे की परीक्षा में मदद करने भी गया। जो प्रश्न दिया जाता था, उसका उत्तर लिखकर दे देते थे। बचपन में धन का कभी बड़ा अभाव नहीं देखा, सामान्य जीवन रहा। वर्ष 1978 में पहली बार जब घर में बिजली कनेक्शन आया तो अपार खुशी हुई, इससे सिंचाई के लिए 5 हॉर्स पावर

की मोटर चलती है। इससे पहले मैं मिट्टी के तेलवाली लालटेन से या दवाई की शीशी से दीपक बनाकर पढ़ता था।

मेरा गाँव बस्ती से मेहदावल जानेवाली रोड पर है। इसे 'बस्ती-मेहदावल रोड' के नाम से जाना जाता है। बस्ती से 8 किमी. दूर, इसी रोड से 1 किमी. दूरी पर मेरा गाँव है। यह रोड पतली, ऊबड़-खाबड़ थी। सड़क में काफी गड्ढे थे। गाड़ी धीरे-धीरे चलानी पड़ती थी। सड़क से गाँव का संपर्क कच्ची मिट्टी का बना था। बरसात में मिट्टी फूल जाती थी। आना-जाना बहुत मुश्किल हो जाता था। गाँव में 4 पुरवा (बस्ती) हैं। सभी लोग किसानी पेशे से जुड़े हैं। गाँव के लोगों की कोई सोच नहीं थी और न ही उनका कोई सपना था। गाँव के मो. अमीन चाचा B.Sc. (Ag.) करने के बाद Central Bank में PO हो गए थे। श्री उदय शंकर चौधरी प्राइमरी अध्यापक थे। मेरे पिता पशु कंपाउंडर थे। कुल तीन लोग नौकरीवाले और पूरा गाँव किसान। अधिकांश घर छप्पर के थे। कुछ खपरैल के। पक्का मकान नहीं था। गाँव पिछड़ा था।

मेरे घर में बाबा की एक साइकिल थी। कभी-कभी मैं उसे पूरा खोल लेता था। प्रत्येक पुरजे को अलग-अलग करता था। मन में डर लगा रहता था कि जोड़ते वक्त भूल न जाऊँ। तकनीकी दिमाग इस तरह से बचपन में बन गया, अब इसका अहसास होता है, उस वक्त तो मेरे लिए खेल था, जोखिम भरा गेम था, लेकिन यहाँ से तकनीकी दिमाग बना। गाँव में सबसे धनी परिवार हमारा ही था। उस वक्त रामलीला सर्दी में 4 किमी. दूर ग्राम लोहरोली में होती थी। रामलीला जाने की अनुमति नहीं थी। चोरी से रजाई के अंदर कपड़ा रखकर ऊँचा कर, सोते व्यक्ति की रचना कर, समूह में जाते थे। सुबह 5 बजे आकर सो जाते। इसमें भी कभी-कभी पकड़े जाते थे। रामलीला में जोकर का पात्र सबसे अच्छा लगता था।

गाँव में छप्पर के मकान बनाने में सभी सहयोग करते थे। गाँव की शादी में भी सभी सहयोग करते थे। गाँव की आपस में प्यार-मोहब्बत देखने लायक होती थी। गाँव में किसी के घर में आग लग गई तो पूरा गाँव आग बुझाने टूट पड़ता था। गाँव में किसी की मृत्यु होने पर पूरे गाँव में दुःख फैल जाता था। गाँव का माहौल आपसी सौहार्द और सहयोग से भरपूर था। असुविधा और जानकारी का अभाव गाँव के विकास की सबसे बड़ी बाधा थी। लोगों का कोई सपना नहीं होता था। आगे बढ़ने की लालसा भी बहुत कम, न के बराबर देखने का मिलती थी।

गाँव में नौकरी की अच्छी चाहत है। बच्चे को अच्छे पद पर देखने की चाहत बच्चे से ज्यादा माता-पिता की होती है। बच्चा जब तक समझदार होता है, तब तक

माता-पिता बच्चे के शानदार भविष्य के सपने देखने लगते हैं। यही मेरे साथ भी हुआ। मेरे पिताजी ने सपना देखा कि मैं प्रशासनिक अधिकारी बनूँ। मैं बन भी गया।

शुरुआती पढ़ाई कक्षा 5 तक की प्राइमरी स्कूल से हुई। बहुत संघर्ष था। गाँव से लगभग 3 किमी. दूर प्राइमरी पाठशाला सिहारी में पैदल जाकर पढ़ाई की। बैठने के लिए घर से बोरा ले जाते थे।

प्राइमरी स्कूल, सिहारी

बरसात में विद्यालय पानी से चारों तरफ से घिर जाता था। कभी-कभी पैंट उतारकर घुटने भर पानी से होकर गुजरना पड़ता था। स्कूल की छत जगह-जगह से टपकती थी। पानी टपकने के कारण इधर-उधर खिसकना पड़ता था। सबसे पहले सभी बच्चे स्कूल परिसर की सफाई करते थे। दोपहर में खाने का अवकाश मिलता था। बच्चे स्कूल से सटे बाग की टहनियों पर बैठकर खाते थे। आपस में खाना भी बाँटते थे। कभी-कभी दोपहर का खाना स्कूल में मिलता था। पूरा स्कूल एक परिवार लगता था। खुले आसमान में खुला वातावरण रहता था, जो अब नहीं मिलता।

मैं पढ़ने में कक्षा में सबसे अच्छा था। मेरी कॉपी अध्यापक जाँच देते थे। मैं कक्षा के बच्चों की कॉपियाँ जाँचा करता था। यह मेरे स्वाभिमान और सम्मान को बढ़ाता था।

कक्षा 6 से 8 तक की पढ़ाई किसान उच्चतर माध्यमिक विद्यालय, रसूलपुर में की। यह एक सहायता प्राप्त प्राइवेट विद्यालय था। इसके अलावा अन्य कोई

निकट में विद्यालय नहीं था। यह विद्यालय मेरे गाँव से 5 किमी. दूर था। प्रतिदिन 10 किमी. का पैदल मार्च करना पड़ता था। श्री राम मिलन मिश्रा मेरे क्लास टीचर थे। हिंदी पढ़ाते थे। हिंदी रटनी पड़ती थी। मैं हिंदी में कमजोर था। कभी-कभी बेहया से पिटाई भी होती थी। बेहया पौधे की डंडी हमीं लोगों से मँगाई जाती थी। मार खाने पर कभी-कभी दोनों हाथों में लाल-लाल निशान बन जाते थे, लेकिन इसी पिटाई ने IAS बना दिया।

कक्षा 8 में एकीकृत छात्रवृत्ति की एक परीक्षा दी। इस योजना में प्रत्येक ब्लॉक से एक ग्रामीण छात्र का चयन किया जाता था। चयनित छात्र को 100 रुपए प्रतिमाह छात्रवृत्ति और छात्रावास मिलता था।

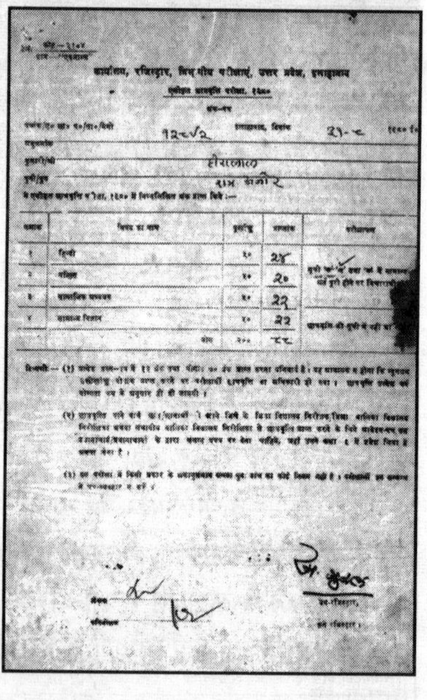

कार्यालय, रजिस्ट्रार, विभागीय परीक्षाएं, उत्तर प्रदेश, इलाहाबाद

हीरालाल

राम समीर

क्रमांक	विषय का नाम	पूर्णांक	प्राप्तांक
१	हिन्दी	५०	24
२	गणित	५०	20
३	सामाजिक अध्ययन	५०	22
४	सामान्य विज्ञान	५०	22
	योग	२००	88

राजकीय इंटर कॉलेज बस्ती में प्रवेश मिलता था। इसी परीक्षा ने मुझे कक्षा 9 में ब्लॉक साऊघाट (देहात) से राजकीय इंटर कॉलेज बस्ती (शहर) में पहुँचा दिया।

बस्ती में पढ़ाई के दौरान श्री नरेंद्र सिंह, छात्रावास अधीक्षक श्री दयाराम चौधरी के पुत्र के संपर्क में आया। इनका लेख बहुत ही आकर्षक था। मैंने अनुकरण किया और इनके बराबर अच्छा लिखने लगा। श्री नरेंद्र मेडिकल में जाने की बात करते थे। प्रभावित होकर मैं भी मन बना रहा था, लेकिन

कुछ माह बाद श्री शिवनाथ राम गुप्ता, कृषि अध्यापक के संपर्क में आया। इनका पुत्र दयाल बाग, आगरा से इलेक्ट्रिकल इंजीनियरिंग की पढ़ाई कर रहा था। इनके संपर्क में आने से मन बदला और इंजीनियरिंग की तैयारी की तरफ रुझान बना और इनसे गाइडेंस मिली। यह भी मन बना कि इंजीनियरिंग के बाद प्रशासनिक अधिकारी बनना है। कक्षा 12 में श्री दूधनाथ यादव प्रथम और श्री राजेश दूबे दूसरे स्थान पर थे। मेरा कक्षा में तीसरा स्थान था। 12वीं में ही दोनों का इंजीनियरिंग में चयन हो गया। मेरा नहीं हुआ। यह घटना मेरी जिंदगी में एक चुनौती लेकर आई। मैंने इलाहाबाद विश्वविद्यालय में B. Sc. में फिजिक्स, कैमिस्ट्री, मैथ्स (PCM) से प्रवेश लिया। कृष्णा कोचिंग से कोचिंग लेनी शुरू की। कुछ माह बाद बिना घरवालों को बताए B. Sc. छोड़ दी। यह निर्णय काफी कठिन था। मन में रहता था कि यदि चयन नहीं हुआ तो बड़ी मुश्किल होगी। केवल कोचिंग ली। चयन हुआ। श्री गोविंद बल्लभ पंत कृषि एवं प्रौद्योगिकी विश्वविद्यालय, पंत नगर में श्री दूधनाथ पढ़ रहे थे। वहीं गया। उन्हीं की ब्रांच इलेक्ट्रिकल ली, लेकिन वो अब एक साल वरिष्ठ हो गए थे। एक साल में ही, चार साल तक एक कमरे में रहनेवाले वरिष्ठ और कनिष्ठ हो गए। यह खलता था। मैंने B. Tech के साथ, अगली तैयारी शुरू कर दी। न कोई गाइड करनेवाला था और न ही कोई राह दिखानेवाला, लेकिन मन में था कि आई.ए.एस. बनना है। प्रयास जारी किया। तैयारी के बारे में इधर-उधर से पता करता गया और पढ़ता गया। गेट (GATE) परीक्षा पास कर IT BHU में M.Tech (Power Electronics) में प्रवेश लिया।

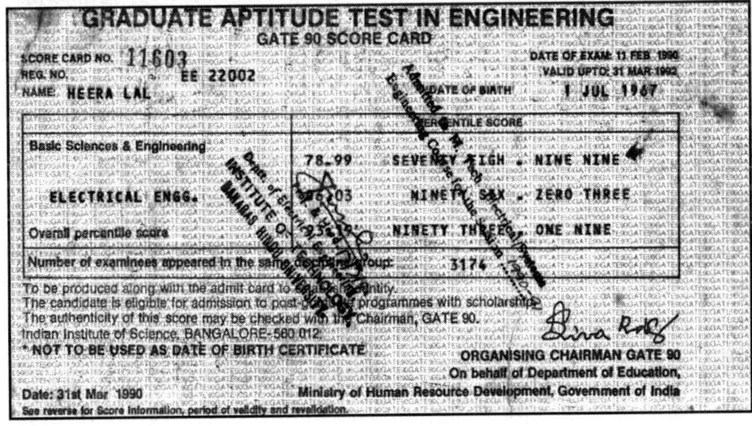

GRADUATE APTITUDE TEST IN ENGINEERING
GATE 90 SCORE CARD

SCORE CARD NO. 11603
REG. NO. EE 22002
NAME HEERA LAL

DATE OF EXAM: 11 FEB 1990
VALID UPTO: 31 MAR 1992
DATE OF BIRTH* 1 JUL 1967

	PERCENTILE SCORE	
Basic Sciences & Engineering	78.99	SEVENTY EIGHT . NINE NINE
ELECTRICAL ENGG.	96.03	NINETY SIX . ZERO THREE
Overall percentile score	93.19	NINETY THREE . ONE NINE
Number of examinees appeared in the same discipline group:	3174	

To be produced along with the admit card to establish identity.
The candidate is eligible for admission to post-graduate programmes with scholarship.
The authenticity of this score may be checked with the Chairman, GATE 90.
Indian Institute of Science, BANGALORE-560 012.
* NOT TO BE USED AS DATE OF BIRTH CERTIFICATE

ORGANISING CHAIRMAN GATE 90
On behalf of Department of Education,
Ministry of Human Resource Development, Government of India

Date: 31st Mar 1990
See reverse for Score Information, period of validity and revalidation.

मकसद 1800 रुपए मासिक वजीफा पाना और छात्रावास की सुविधा लेकर तैयारी करना था, ताकि तैयारी हेतु एक उपयुक्त स्थान और माहौल मिल सके। यहाँ कुछ अन्य लोग भी तैयारी कर रहे थे। एक हलका सा माहौल तैयारी करने का था।

मेरे साथ आई.आई.टी. कानपुर से पास श्री अमित बर्नवाल भी M.Tech कर रहे थे। इनके पिताजी I.T. BHU में प्रोफेसर थे। मैंने प्रथम बार में मेन परीक्षा आई.ए.एस. की दी, लेकिन पास नहीं हुआ। दूसरी बार में प्रारंभिक परीक्षा ही पास नहीं कर पाया। इसी बीच पी.सी.एस. की परीक्षा भी दी थी। पी.सी.एस. में प्रथम बार में ही 19वीं रैंक आ गई। सामान्य वर्ग से पी.सी.एस. में चयन हो गया। प्रथम बार इंजीनियरिंग विषय जुड़ा था और मैंने इलेक्ट्रिकल इंजीनियरिंग और फिजिक्स विषय लिया।

श्री अमित बर्नवाल की उसी साल आई.ए.एस. की तीसरी रैंक आई। पश्चिम बंगाल कैडर मिला। श्री अमित ने राय दी कि अपने प्रदेश में प्रशासनिक अधिकारी ही अच्छा होता है। अनेक तर्क दिए। मैं सहमत हो गया कि जब तीसरी रैंक को अपना प्रदेश नहीं मिला तो हमारे लिए तो प्रदेश में आई.ए.एस. बनना कठिन है। प्रीलिम में पास न होने से निराशा का भाव भी मन में था। इसी मध्य एन.टी.पी.सी. में इंजीनियर के पद पर चयन हो गया। बिना तैयारी के इंजीनियरिंग के कुछ पदों पर परीक्षा दी थी। मकसद था कि चयन होने से मनोबल बढ़ता और एक नौकरी हाथ में है। बेरोजगारी का भाव हावी नहीं होगा। यह तय कर लिया कि पी.सी.एस. में जाना है। कुछ समय बाद आई.ए.एस. में प्रोन्नत हो जाएगा। M.Tech का भी सारा कोर्स पूरा हो गया था। केवल Thesis बाकी थी। पढ़ते-पढ़ते ऊब गए थे। पढ़ने से मन भर गया था। पी.सी.एस. में Joining लेट थी। 15 मार्च, 1993 को NTPC जॉइन कर ली। उस वक्त यह नवरत्न कंपनी थी। 02 जून, 2016 को IAS जॉइन कर ली। 2010 बैच मिला।

सोचा था कि M.Tech पूरा कर लेंगे, लेकिन मन में आया कि M.Tech का कोई फायदा नहीं है। क्यों सिर खपाना, लेकिन 20 साल बाद महसूस हुआ कि यह निर्णय गलत था। M.Tech पूरा कर लेना चाहिए था। इसको लेकर आज भी मन में शिकन है।

करीब 8 साल की सेवा के बाद पुनः पढ़ने की चाहत बनी। इंदिरा गांधी ओपन विश्वविद्यालय से MBA में प्रवेश लिया। कुछ पेपर की परीक्षा भी दी, लेकिन पढ़ाई और SDM की सेवा का तालमेल नहीं बैठा। MBA छोड़ दिया। MBA छोड़ तो दिया, लेकिन पढ़ाई का बीज दिमाग में पड़ गया। उत्तर प्रदेश

सरकार की एक स्कीम आई कि तीन साल किसी प्राइवेट में जा सकते हैं। सेवा बनी रहेगी और आधा वेतन भी मिलेगा। दिमाग में आया कि विश्व के Top 10 Institutes से MBA किया जाए, तभी कोई अच्छा प्राइवेट मिल पाएगा। मैं उपनिदेशक मंडी, मुरादाबाद था। यहाँ से मेरा स्थानांतरण अपर आयुक्त मिर्जापुर हो गया। मैं जाना नहीं चाहता था, लेकिन कार्यभार ग्रहण कर 03 माह का अवकाश लिया। GMAT की कोचिंग करने गाजियाबाद चला गया। अपने भाई श्री अरुण कुमार के पास रहता था। GMAT का स्कोर अच्छा नहीं आया, क्योंकि पढ़ाई-लिखाई से नाता 12 साल से टूटा हुआ था। अंग्रेजी पहले से अच्छी नहीं थी, क्योंकि हिंदी माध्यम से पढ़ाई की थी। नौकरी में सारा कार्य और बोलना हिंदी में होता था। इसलिए अंग्रेजी और कमजोर होती गई। पुनः पढ़ाई का दूसरा दौर भी आया और 6 माह में शांत हो गया, लेकिन पढ़ाई का बीज दिमाग रूपी जमीन में पल और बढ़ रहा था।

मेरे मन में अमेरिका जाने की चाहत पैदा करनेवाले अब इस संसार में नहीं हैं। मैं उपजिलाधिकारी संभल था। इकरोटिया गाँव, असमौली ब्लॉक में है। यहीं के प्रो. इबनुल हसन बाकरी अमेरिका में रहते थे। इनका गाँव में एक अच्छा विद्यालय था। इन्हें अपने बचपन का संघर्ष, कठिनाई याद थी। इसीलिए प्रो. बाकरी ने अपने

गाँव में स्कूल खोला। मेरे पास आए और कहने लगे कि आप उपजिलाधिकारी के रूप में अच्छा कार्य कर रहे हैं। अमेरिका चलकर देखिए। मेरी धीरे-धीरे इनसे दोस्ती हो गई। तत्काल पासपोर्ट बनवाने में पहल की। पासपोर्ट के लिए अनापत्ति प्रमाण-पत्र (NOC) मिलने में पापड़ बेलने पड़े। तत्कालीन मुख्यमंत्री माननीय श्री मुलायम सिंह यादव से मिला, फिर भी अनापत्ति प्रमाण-पत्र नहीं मिला। मैं किसी का अनापत्ति प्रमाण-पत्र नहीं रोकता। अनुभव ने यह सिखाया, अब अनापत्ति प्रमाण-पत्र मिलना काफी आसान हो गया है।

इन्हीं के आमंत्रण पर वीजा बनवाने का कई बार प्रयास किया, लेकिन भारत स्थित अमेरिकी दूतावास ने वीजा नहीं दिया। इसकी शिकायत प्रो. बाकरी साहब ने अपने अमेरिका के सांसद से की। घिसा-पिटा जवाब दिया, जैसे यहाँ भी लोग देते हैं। अंदर का कारण था कि 9/11 के मद्देनजर मुसलिम आमंत्रण पर वीजा न देना, यह एक शंका है। अन्यथा मेरे जैसे अधिकारी को क्यों नहीं दिया? वीजा दो बार रिजेक्ट होने के झटके ने अमेरिका जाने को एक बड़े सपने में तब्दील कर दिया। अमेरिका जाना एक चुनौती बन गया।

इस चुनौती को कार्मिक एवं प्रशिक्षण विभाग, भारत सरकार की स्कीम से पूरा कराया। पढ़ाई का सारा खर्चा भारत सरकार का और पूरा वेतन भी मिला। पढ़ाई के दौरान एक सप्ताह फ्लोरिडा में प्रो. बाकरी के घर जाकर रहा। प्रो. बाकरी एक अच्छे, नेकदिल इनसान थे। इनका पूरा परिवार अमेरिका में है। आज भी प्रो. बाकरी मेरे दिलो-दिमाग में हैं। उनकी अमिट याद मेरी याददाश्त में है। मेरे ऊपर बहुत भरोसा करते थे। इनके बच्चे सुहेल बाकरी और डॉ. अली बाकरी अभी भी मुझे अभिभावक के रूप में परिवार की तरह मानते हैं, सभी से घरेलू संबंध हैं।

अमेरिका से पढ़ाई करने को लेकर मेरे मन में एक अनोखा सपना, उमंग और उत्साह था। उत्सुकता भरा माहौल था, क्योंकि पहली बार विदेश जा रहा था। मेरे वरिष्ठ श्री योगेश्वर राम मिश्रा व अन्य लोग बाहर पढ़ने गए। यहीं से पता लगा कि DOPT भारत सरकार में बाहर पढ़ने की स्कीम है। दीर्घकालीन में एक साल तक का Executive MPA प्रशिक्षण के नाम पर होता है। पहले केवल IAS के लिए था, लेकिन अब PCS को भी अनुमति दे दी। श्री मिश्रा ने सारा रास्ता बताया एवं उत्साहित किया। मैंने आवेदन कर दिया। मेरा चयन MPA, Syracuse University, New York, USA में हो गया।

अगस्त 2009 से मई 2010 के मध्य सेराकूज विश्वविद्यालय, अमेरिका से एम.पी.ए. (Master of Public Administration) किया।

श्री दीपक चंद्र जैन (डीन केलॉग स्कूल ऑफ मैनेजमेंट, अमेरिका) से मेरा परिचय था और वहाँ जाकर उनसे मुलाकात करने का मौका मिला। श्री दीपक जैन केलॉग स्कूल ऑफ मैनेजमेंट अमेरिका में भारतीय मूल के पहले डीन थे। मैंने उन्हें इस उपलब्धि पर शुभकामनाएँ दीं और उनसे प्रेरणा ली। मेरे साथ अमेरिका में रह रहे मेरे बी.टेक. के सहपाठी राजीव अग्रवाल और विजय रत्नम भी थे।

हार्वर्ड विश्वविद्यालय का नाम बहुत सुना था। मन में इसे

जाकर देखने की बड़ी तीव्र इच्छा थी। शिकागो स्थित हार्वर्ड विश्वविद्यालय के जे.एफ. कैनेडी स्कूल ऑफ गवर्नमेंट और मैसाचुसेट्स इंस्टीट्यूट ऑफ टेक्नोलॉजी के स्लोअन मैनेजमेंट स्कूल को भी देखा और बहुत-कुछ सीखा।

अंग्रेजी की समस्या का सामना करना पड़ा। अंग्रेजी सहायता प्रकोष्ठ में जाकर ठीक कर ली। भाषा की समस्या काफी लोगों को होती है। इसलिए विश्वविद्यालय ने अंग्रेजी सहायता का प्रकोष्ठ बना रखा है। यहाँ जाने से सोच बदली। दुनिया देखने को मिली। बहुत-कुछ गलतफहमी भी दूर हुई। पहली बार, एक साल तक सब कुछ स्वयं किया, लेकिन हँस-हँसकर, मजा लेकर। वहाँ नौकरवाला माहौल नहीं था। पहली बार जिंदगी में खाना बनाया। तीन लोग एक साथ रहते थे। आपस में काम बाँट लिया था। श्री प्रवीन प्रकाश (IAS 94 AP) सभी को लेकर अपनी गाड़ी से जाते थे। खरीदारी कराते थे। बहुत अच्छे इनसान हैं। एक कोर्स दोनों ने साथ में किया। मुझे A+ मिला। श्री प्रवीन प्रकाश को A मिला। इसको लेकर वो काफी विचलित हुए। उन्हें लगा, गुरु गुड़ और चेला शक्कर हो गया। श्री प्रवीन काफी पढ़ाकू हैं। श्री जयदीप मुखर्जी बंगाल के पी.सी.एस. थे, लेकिन हम तीनों ने एक परिवार के रूप में रहकर पढ़ाई की। अभी भी मजबूत संबंध हममें बरकरार हैं। प्रो. कैथरीन वर्टीनी ने संयुक्त राष्ट्र संघ मुख्यालय न्यूयॉर्क का भ्रमण कराया। प्रो. कैथरीन UN से सेवानिवृत्त के बाद यहाँ पढ़ा रही थीं। इनके साथ पढ़ाई के दो कोर्स किए। देखकर पढ़ने-सीखने का अलग मजा होता है। बोरियत नहीं होती। न्यूयॉर्क जाकर UN को दो बार देखा-समझा। वह स्मरणीय पल था।

MPA के बाद आकर कार्य शुरू किया। लिखने-पढ़ने की आदत बन गई। Blog लिखने लगा। पुनः 2015 में पी-एच.डी. में डॉ. ए.पी.जे. उ.प्र. तकनीकी विश्वविद्यालय में सुशासन (Role of ICT in achieving Good Governance) पर शोध विषय में प्रवेश लिया। अप्रैल 2020 में पूरा किया। पी-एच.डी. में कई बार लगा कि छोड़ दें, नहीं हो पाएगा, लेकिन मेरे संपर्क और साथियों ने साथ दिया और पूरा किया। अब डी.लिट्. में प्रवेश डॉ. राम मनोहर लोहिया अवध विश्वविद्यालय, अयोध्या में ले लिया। संवाद से सुशासन की प्राप्ति (Role of Communication in achieving Good Governance) मेरा शोध विषय है। प्रो. देवाशीष गुप्ता, आई.आई.एम., लखनऊ और प्रो. हिमांशु शेखर सिंह, डॉ. राम मनोहर लोहिया अवध विश्वविद्यालय, अयोध्या मेरे गाइड हैं।

मेरे मन में समाचार-पत्रों में आर्टिकल लिखने की इच्छा है, लेकिन संभव नहीं हो पाता। इसकी कसक मन में रहती है। अभी तक पूरी नहीं हो पाई। पढ़ाई-लिखाई अब आदत में आ गई है। मजा आता है।

□

2

जीवन की नई पारी

(NTPC—15 मार्च, 1993 से
PCS—19 जुलाई, 1994 से)

15 मार्च, 1993 को जिंदगी का लंबे अरसे से प्रतीक्षित सपना पूरा हुआ। जीवन का पहला मकसद नौकरी पाना था। इसी दिन नई दिल्ली, स्कोप कॉम्पलेक्स, लोधी रोड में एन.टी.पी.सी. जॉइन कर लिया। चूँकि पी.सी.एस. चयन उपरांत जॉइनिंग लेट थी, इसलिए जॉइन कर लिया। 6 माह एन.टी.पी.सी. सीधी और 6 माह एन.टी.पी.सी. विंध्य नगर, मध्य प्रदेश में EET (Executive Engineer Training 17th Batch) का प्रशिक्षण लिया। मेरा I.D. No. 06305 था।

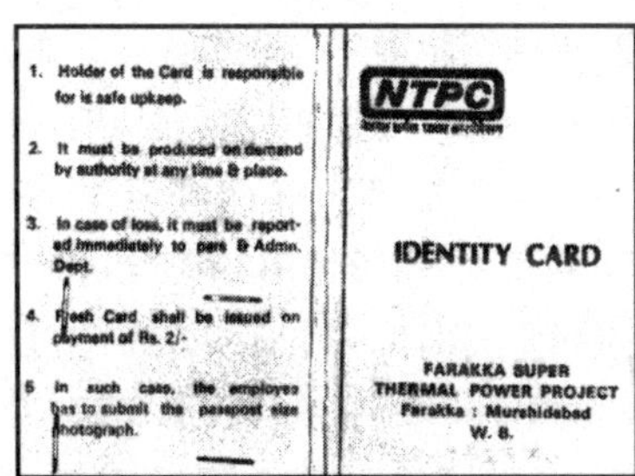

1. Holder of the Card is responsible for is safe upkeep.
2. It must be produced on demand by authority at any time & place.
3. In case of loss, it must be reported immediately to pers & Admn. Dept.
4. Fresh Card shall be issued on payment of Rs. 2/-
5. In such case, the employee has to submit the passport size photograph.

NTPC

IDENTITY CARD

FARAKKA SUPER THERMAL POWER PROJECT
Farakka : Murshidabad
W. B.

CARD No.
Name HEERA LAL
Designation Engineer
Emp. No. 06305
Nature of employment Permanent
Permanent Address
Village - Bagdeol
P.O. - Kankra
Distt - Basti (U.P.)
Pin - 272002
Signature of Authority

PHOTOGRAPH AND PARTICULARS OF HOLDER
Date of Birth 01-07-67
Blood Group O+
Identification Mark
Signature of Holder
Certified that he/she has signed before my presence.
Signature of the Authority

एक साल के प्रशिक्षण के बाद एन.टी.पी.सी. फरक्का, पश्चिम बंगाल में इंजीनियर के पद पर तैनाती हो गई। विंध्यनगर में मेरे पारी प्रभारी के पिताजी एन.टी.पी.सी. के अस्पताल में भर्ती थे। मैं उनकी तीमारदारी करता था। प्रभारी को पता था कि मैं शीघ्र ही उत्तर प्रदेश पी.सी.एस. में चला जाऊँगा। अन्य लोग चमचागीरी समझकर ताना मारते थे, लेकिन मैंने उनकी खूब सेवा की। ताने की परवाह नहीं की। अंत में एक दिन उड़ीसा के एक इंजीनियर साथी श्री मिश्रा को सच्चाई बताकर हड़काना पड़ा तो वह हक्का-बक्का रह गए कि मैं पी.सी.एस. में चयनित हूँ। उन्हें

लगा कि अंदर से मैं कितना अच्छा इनसान हूँ। उन्होंने माफी भी माँगी। यह बात श्री आर.पी. मंडल को बताई तो उन्होंने भी अपने घर दावत पर बुलाया।

फरक्का में आठ घंटे की पारी में रात की पारी में कार्यालय टेबल पर ही सो जाया करता था। पहली बार पश्चिम बंगाल गया तो देखा कि मछली मंदिर के पुजारी भी खाते हैं। मुझे आश्चर्य हुआ। ज्ञात करने पर पता चला कि वे इसे शाकाहारी मानते हैं। मछली यहाँ का मुख्य भोजन है। यह मेरे लिए एक आश्चर्य था।

1994 जुलाई के प्रथम सप्ताह में श्री देवशरण यादव, विशेष सचिव, नियुक्ति के हस्ताक्षरवाला नियुक्ति पत्र मिला। खुशी सातवें आसमान पर थी। पत्र मेरे घर बस्ती के मूल निवास के पते पर गया था। पिताजी ने रजिस्ट्री से फरक्का भेजा। 17 जुलाई, 1994 को एन.टी.पी.सी. से त्याग-पत्र दिया और अलविदा लिया। 19 जुलाई, 1994 से 8 अक्तूबर, 1994 तक आधारभूत प्रशिक्षण नैनीताल एकादमी में प्राप्त किया। 10 अक्तूबर, 1994 से 04 फरवरी, 1995 तक जिला सुल्तानपुर में जिला प्रशिक्षण के माध्यम से व्यवहारिक ज्ञान प्राप्त किया।

सुल्तानपुर में श्री इफ्तखारुद्दीन जिलाधिकारी थे। मुझे नगर मजिस्ट्रेट का काम दे दिया। ये नौ साल बाद प्रमोशन का पद है। यहाँ पर टैक्सी गाड़ी के कारण मुख्य शहर जाम रहता था। अवैध संचालन होता था। मैंने इसे ठीक करने की कोशिश की। इसमें तत्कालीन विधायक की भी गाड़ी थी। काम तो हो गया। मेरा नाम भी हो गया। अनुभव नहीं था, जोश खूब था। लोगों ने साजिश कर चौराहे पर मेरी गाड़ी से टक्कर मरवा दी, ताकि मैं हतोत्साहित होकर यह काम रोक दूँ। मेरी शिकायत विधायक ने मा. मुख्यमंत्री श्री मुलायम सिंह से की कि नगर मजिस्ट्रेट गाड़ी माँगता है, न देने पर गाड़ी बंद कर देता है। गाड़ीवालों को परेशान करता है। शासन द्वारा जिलाधिकारी से पूछा गया। जिलाधिकारी ने बताया कि वो अकेला रहता है। मैंने स्वयं गाड़ी दी है। शहर की ट्रैफिक व्यवस्था ठीक कर रहा है। अच्छा कार्य किया है। यह तथ्य बाद में जिलाधिकारी ने मुझे बताया। जिलाधिकारी अकसर ऐसे जटिल और जोखिम भरे काम प्रशिक्षु से कराते हैं, क्योंकि इनका अनुभव शून्य होता है और ऊर्जावान सबसे ज्यादा होते हैं। प्रशिक्षु ज्यादा आगे-पीछे नहीं सोचते, लग जाते हैं मिशन पर। अच्छा काम करके नाम कमाने की ललक मेरे मन में यहाँ से स्वतः पैदा हो गई।

पूरे सुल्तानपुर और आसपास के जिलों में जानेवाली (इलाहाबाद, प्रतापगढ़, फैजाबाद, अंबेडकर नगर आदि जहाँ-जहाँ गाड़ी जाती है) टैक्सी का गलत संचालन बंद। अवैध कमाई बंद। पुलिस, परिवहनवाले कहते थे, नगर मजिस्ट्रट को पटा लो। हम लोगों की नहीं चल पाएगी। यह भी सच्चाई थी कि इनका पूरा साथ नहीं

मिलता था। कारण स्पष्ट था कि कहीं-न-कहीं इनका भी कुछ-न-कुछ फायदा था। इसीलिए मैं होमगार्ड लेकर चलता था। होमगार्ड अच्छे और वफादार थे। पहले वो मेरी सुरक्षा का ध्यान रखते थे।

पी.सी.एस. प्रशिक्षण एक साल का था, तीन माह आधारभूत, छह माह जिला प्रशिक्षण और तीन माह व्यवसायिक प्रशिक्षण। सुल्तानपुर जिले का छह माह का जिला प्रशिक्षण यादगार बन गया। कारण—1. नौ साल के बाद प्रोन्नतिवाले नगर मजिस्ट्रेट से पारी शुरू, 2. ट्रैफिक के जटिल समस्या को ठीक कर देना और खूब नाम होना। यहाँ से अच्छा कार्य करने और अच्छी दिशा में चलने की मनोभावना विकसित हो गई।

एक साल के प्रशिक्षण के बाद पहली तैनाती जनपद नैनीताल में हुई। अपर नगर मजिस्ट्रेट हल्द्वानी के पद का जिलाधिकारी ने कार्यभार दिया। माननीया मुख्यमंत्री सुश्री मायावती ने नैनीताल से अलग उधमसिंह नगर जिला बना दिया। मुझे रामनगर उपतहसील का कार्यकारी मजिस्ट्रेट/उपजिलाधिकारी तत्कालीन जिलाधिकारी श्री प्रवीर कुमार ने बना दिया। पहले यह काशीपुर तहसील की उपतहसील था। काशीपुर उधमसिंह नगर में चला गया। इसे परगना के रूप में विकसित करना एक चुनौती था। किसान मंडी के किसान भवन में आवास बनाया। मंडी के किसान सभागार में उपजिलाधिकारी कोर्ट/कार्यालय बनाया। नायब तहसीलदार प्रभारी उप तहसील रामनगर से तहसीलदार का कार्य लिया। जिम कार्बेट के कारण वी.आई.पी. के भ्रमण की वजह से संवेदनशीलता हमेशा बनी रहती थी।

एक जमीन को लेकर कुमाऊँ आयुक्त ने मोहर सहित अपने आवास नैनीताल पर बुलाया। कहा कि ओ.एस.डी. के पास जमीन संबंधी कागज हैं। हस्ताक्षर कर दो। एक टाइप शुदा प्रमाण-पत्र था। इसमें एक बड़े भूखंड का मालिक, बॉम्बे के एक नामी-गिरामी फिल्म एक्टर के नाम प्रमाणित करना था। मैं तथ्यों का पता लगाने का बहाना बनाकर चला आया। हस्ताक्षर नहीं किए। हिम्मत से काम लिया। अन्यथा बहुत बड़े संकट में पड़ जाता। बाद में इस आयुक्त ने घुमाकर मुझे सजा दी। श्री प्रवीर कुमार जिलाधिकारी थे। मुझे उत्साहित किया और सभी प्रकार का सहयोग देकर एक नए व्यक्ति से एक उपतहसील से एक नए परगने की स्थापना करा दी। नगर पालिका परिषद् रामनगर भंग थी तो मैं प्रशासक भी था। गाँव में अधिकारियों के साथ जाकर चौपाल लगाकर जानकारी देना, समस्या मौके पर दूर करना शुरू किया। यहाँ स्वतंत्र होकर कार्य करने का मौका मिला। खूब काम किया। खूब सीखा। आत्मबल, आत्मविश्वास और व्यवहारिक ज्ञान खूब बढ़ा। यह

अवधि एस.डी.एम. के इंटर्नशिप की तरह थी। शुरुआती दौर में जो पावर का नशा होता है, वह मुझे भी था। अच्छा कार्य करने की ललक को खूब मौका मिला। अधिकारी के साथ तालमेल बनाकर, हँसाकर सभी का सहयोग लेकर, काम लेना यहाँ खूब सीखा। साल भर के भीतर रामनगर परगना अच्छे काम के कारण काफी प्रसिद्ध हो गया। यहाँ लोग तैनाती के लिए जुगाड़ लगाने लगे।

मैंने अवैध रूप से नगर पालिका के एक गोदाम पर काबिज व्यक्ति के विरुद्ध कार्यवाही कर दी। यह व्यक्ति बड़ा खुराफाती और एक छोटा पत्रकार भी था। कोई डर की वजह से कार्यवाही नहीं करता था। मैंने रामनगर गोदाम खाली कराने की कार्यवाही कर दी। सभी ने मिलकर सांसद नारायण दत्त तिवारी से मेरा स्थानांतरण पिथौरागढ़ करा दिया। मुझे अच्छा नहीं लगा। मैं लखनऊ आकर तत्कालीन मुख्य सचिव श्री माता प्रसाद से मिला, जब मैंने पूरा तथ्य कागज पर दिखाया, तो मेरा स्थानांतरण रोक दिया। इस वक्त जिलाधिकारी बदल गए थे। नए जिलाधिकारी मेरे काम की तारीफ करते थे, लेकिन मुझे हटाना चाहते थे। मुख्य सचिव को मेरे संपर्क का पता था। इसलिए चाहकर भी नहीं हटा पाए। कुछ गलत कार्य के लिए हलका दबाव भी बनाया। मैंने नहीं किया। बाद में जिलाधिकारी द्वारा मेरे विरुद्ध लिखा गया, लेकिन मेरे पास सबूत थे, इसलिए कुछ नहीं हुआ। यदि आपका कार्य अच्छा है और जनता में लोकप्रिय हैं तो जिलाधिकारी भी आपका कुछ नहीं कर पाएगा। हाँ, थोड़ी परेशानी आएगी। यहाँ मुझे खुराफाती व्यक्ति और जिलाधिकारी की मनमानी से निपटने का तरीका आ गया।

गार्जिया मंदिर आज भी मन-मस्तिष्क में है। यह मंदिर कोसी नदी किनारे रमणीक स्थान पर है। मंदिर के पास एक गरीब महिला बैठती थी। मंदिर के पुजारी ने इस गरीब विधवा महिला को मंदिर के पास बैठने से मना कर दिया। मैंने बूढ़ी महिला को वहीं बैठवाया और उसका राशन कार्ड बनवाया तथा उसके घर भी गया। प्रभावशाली पुजारी परिवार नाराज हो गया, लेकिन एक असहाय बुजुर्ग महिला को सता और भगा नहीं पाया। इस महिला को कुछ शक्ति प्राप्त थी, चावल हाथ में देकर कुछ बताती थी।

उत्तराखंड अलग राज्य बनाने की माँग जोरों पर थी। रामनगर आंदोलन का एक मुख्य केंद्र था। श्री प्रभात ध्यानी और श्रीमती धनेश्वरी घिड़ियाल मुख्य नेतृत्वकर्ता थे। मेरा तालमेल सभी से अच्छा था, जिसके कारण कोई अप्रिय घटना नहीं हुई। मैंने अपने मेहनत, आम जनता से बेहतर तालमेल और अच्छे कार्यों से जनता का विश्वास जीत लिया था।

रामनगर नैनीताल के बाद मेरा स्थानांतरण बाराबंकी हो गया। मुझे हैदरगढ़ का उपजिलाधिकारी बनाया गया। मैंने तहसीलदार के अर्दली हो हटा दिया। तहसील के मुकदमे की सभी पत्रावलियों की जानकारी अर्दली को थी। अर्दली की साँठ-गाँठ वहाँ के कुछ दलालों के साथ थी। उसमें कुछ अधिवक्ता भी शामिल थे। अर्दली के भ्रष्टाचार की काफी शिकायतें थी। अर्दली ने सभी अधिवक्ताओं को मेरे खिलाफ हड़ताल के लिए खड़ा कर दिया, क्योंकि लोगों की अर्दली के माध्यम से अवैध कमाई खत्म हो गई। सभी अधिवक्ता आयुक्त फैजाबाद से मिले। आयुक्त ने भी हटाने को कहा, जिलाधिकारी से। इसी बीच मैंने लघु सिंचाई विभाग के एक घोटाले में एम.डी. सहित अन्य के खिलाफ एफ.आई.आर. दर्ज करा दी। इसको लेकर सभी बी.डी.ओ. जिलाधिकारी से मुझे हटाने के लिए मिले। मुझे एस.डी.एम. हैदरगढ़ से हटाकर मुख्यालय में सजा के तौर पर संबद्ध कर दिया। छह माह मैं हैदरगढ़ रहा। एक अच्छे अधिकारी की छवि तो बनी, लेकिन मैंने महसूस किया कि एक अनुभवी अधिकारी की तरह कार्य नहीं किया। मुझे जिलाधिकारी को बताने के बाद ही एफ.आई.आर. करानी थी। मुझे पता था कि यदि बताता तो एफ.आई.आर. कराने की अनुमति नहीं मिलती। इसलिए सीधा करा दिया, लेकिन यह उचित नहीं था। बाद में मैंने ऐसा महसूस किया। तहसील सुधार में अच्छे कार्य की वजह से दलाल हटाने में सक्रिय हो गए और कामयाब भी रहे। मुख्यालय पर आगामी छह माह में प्रभारी यातायात के बतौर सांसद चुनाव में कार्य किया। लगभग एक साल बाद, मैं बरेली चला गया। वहाँ मुझे श्री सीताराम मीना, जिलाधिकारी ने उपजिलाधिकारी बहेड़ी, बरेली बनाया।

बहेड़ी में प्राइवेट बीनस चीनी मिल घटतौली कर गन्ना क्रय करता था। कई सालों से यह धंधा चल रहा था। शिकायत की जाँच-पड़ताल की तो सही पाया। बीनस मिलवाले तत्कालीन आयुक्त बरेली मंडल के काफी नजदीकी थे, क्योंकि ये पहले यहाँ जिलाधिकारी-बरेली रह चुके थे। बाट माप निरीक्षक भी मिल के प्रभाव में थे, लेकिन मैंने स्वयं गन्ना क्रय केंद्रों का औचक निरीक्षण किया। घटतौली पकड़ी। बाट माप निरीक्षक

केसर मिल गेट पर घटतौली पकड़ी, रिपोर्ट दर्ज

किसानों की शिकायत पर एसडीएम ने तौल करवाई

निज प्रतिनिधि

बहेड़ी (बरेली), 6 जनवरी। किसानों की शिकायत पर उपजिलाधिकारी ने आज केसर चीनी मिल गेट पर गन्ने की घटतौली पकड़ी। घटतौली को लेकर सैकड़ों किसानों ने जमकर हंगामा काटा। देर रात तौल लिपिक व मिल प्रबंधन के खिलाफ रिपोर्ट दर्ज हुई। तहरीर किसानों की ओर से दी गयी थी, जबकि उपजिलाधिकारी ने मिल प्रबंधन से जवाब-तलब किया है। आज सायं लगभग पांच बजे ग्राम पिपरिया अभय चंद्र निवासी योगेन्द्र सिंह पुत्र राजकुमार गन्ने से भरी ट्रैक्टर ट्राली लेकर केसर चीनी मिल गेट पर पहुंचा। कृषक योगेन्द्र सिंह की ट्राली गेट पर लगे तौल कांटा नं. 6 पर तौली गयी जिसका वजन 79 कुन्तल 30 किलो आया। किसान को अपना गन्ना कम तौले जाने पर संदेह हुआ तभी उक्त किसान अपने अन्य किसान साथियों को लेकर उपजिलाधिकारी कार्यालय पहुंचे तथा गन्ना घटतौली की शिकायत एस.डी.एम. से की। एस.डी.एम. आनन-फानन में पुलिस बल लेकर केसर चीनी मिल गेट पर पहुंच गये तथा उन्होंने योगेन्द्र सिंह की गन्ना पर्ची को मिल गेट पर लगे तौल कांटा संख्या 4 पर पुनः तुलवाया जिसका वजन 81 कुन्तल 10 किग्रा. आया। मिल के दोनों कांटों पर अलग-अलग तौलने पर एक कुन्तल 80 किग्रा. का अन्तर आया। घटतौली की सूचना मिलते ही किसान सभा के जिला मंत्री मोहन सिंह, का. सतीश कालरा, योगेन्द्र सिंह, पूर्व पालिका अध्यक्ष नन्द लाल मल, जगत सिंह, हर्षाय, गुरुदीप सिंह सहित सैकड़ों किसानों ने मिल गेट घेर कर गन्ना प्रबंधक सुभाष आनन्द का घेराव कर नारेबाजी की। किसानों ने मिल गेट पर काफी देर तक जमकर हंगामा किया। उपजिलाधिकारी ने मौके की नजाकत को देखते हुए किसानों को न्याय दिलाने का आश्वासन देकर उन्हें शांत किया। इसके बाद उपजिलाधिकारी हीरालाल ने केन मैनेजर सुभाष आनन्द की मौजूदगी में किसानों के सामने गेट पर मौजूद अन्य कई काश्तकारों की गाड़ियों को मिल गेट पर लगे कांटा नं. 6 व कांटा नं. 4 पर अलग-अलग तुलवाया जिससे दोनों कांटों पर तौलने से वजन में लगभग एक-एक कुन्तल का अन्तर निकला। उक्त किसान तत्पश्चात मिल प्रबंधन के खिलाफ थाना कोतवाली में रिपोर्ट दर्ज करने की मांग करने लगे। एस.डी.एम. ने किसानों को रिपोर्ट दर्ज कराये जाने का आश्वासन देकर उन्हें शांत किया। बाद किसानों की ओर से थाना कोतवाली में मिल प्रबंधन के खिलाफ तहरीर दी गई।

जिस पर पुलिस ने देर रात धारा 420 व 264 के तहत मामला दर्ज कर लिया। इधर किसानों का कहना है कि मिल गेट पर लगे कांटा नं. 6 पर किसानों की डनलप गाड़ियां तथा ट्रालियां तौली जाती हैं तथा कांटा नं. 4 पर मिल के गन्ना क्रय केन्द्रों से लोड होकर आये ट्रकों का गन्ना तौला जाता है। कांटा नं. 4 सही तौल बताता है जबकि किसानों का गन्ना तौलने वाले कांटा नं. 6 पर घटतौली की जाती है।

से एफ.आई.आर. की कार्यवाही कराई। यह बात बीनस मिल से ज्यादा आयुक्त को बुरी लगी। आयुक्त की आम शोहरत अच्छी नहीं थी। यही मेरा मनोबल बढ़ाता था, अच्छा कार्य को करने का। इससे फायदा यह हुआ, आम गन्ना उत्पादक मिल के घटतौली के अरसे से चल रहे धंधे से परिचित हो गए। घटतौली का भंडाफोड़ हो गया। मिल का असली चेहरा आम जनता के सामने आया। इस कार्यवाही के उपरांत मेरा स्थानांतरण जिले से बाहर कर दिया गया, लेकिन सभी स्थानीय जनप्रतिनिधियों ने मिलकर प्रयास किया और रुक गया। पुनः और तेजी से काम किया।

रामलीला की कीमती जमीन से अनियमित रूप से अंकित एक अवैध व्यक्ति का नाम खारिज किया गया। यह व्यक्ति भी प्रभावशाली और खुराफाती था। कई अवैध कामों में लिप्त था। 33.76 हेक्टेयर सरकारी जमीन ग्राम थाना में एक अवैध आदेश रद्द किया। इस आदेश के विरुद्ध योजित अपील को निरस्त कराकर सरकारी जमीन की रक्षा की।

सभी विरोधी शक्तियों ने एक होकर पुनः मेरा ट्रांसफर करा दिया। एस.डी. एम. सदर, बरेली बना। 6 माह बाद जिला मुरादाबाद चला गया। दो हस्तानांतरण से मैं हतोत्साहित नहीं हुआ, बल्कि कैसे विषम परिस्थितियों में अच्छा कार्य किया जाए, यह सीखा। वीनस मिलवालों ने कभी सपने में भी नहीं सोचा था कि जिसके

हीरालाल ने पथिक को कार्रवाई की परिधि में घसीटा

❑अपर आयुक्त पर राज्य सरकार के हित के विपरीत कार्य करने का आरोप लगाया, कमिश्नर ने राजस्व परिषद में अपील दायर करने के निर्देश दिए

जागरण संवाददाता

बरेली, 25 जून। उप जिलाधिकारी बहेड़ी हीरालाल ने अपर आयुक्त न्यायिक देवशरण पथिक से पंगा मोल ले लिया है। उन्होंने जिलाधिकारी व आयुक्त को पत्र लिखकर अपर आयुक्त पर राज्य सरकार के हित के विपरीत कार्य करने का आरोप लगाया है।

पंगे की वजह बहेड़ी के परगना चौमहला के ग्राम थाना की भूमि है। इस ग्राम में 3376 हेक्टेयर भूमि पर खाता संख्या 16 में नन्दलाल सरन व उमेश कुमार के नाम अंकित थे। एसडीएम बहेड़ी हीरालाल को जब यह पता चला कि यह भूमि ग्राम समाज की है तो उन्होंने छानबीन की। जांच में पता चला कि मुकदमा नम्बर 24 सन् 68 अन्तर्गत धारा 33/39 भू-राजस्व अधिनियम के तहत 17 सितंबर 69 को तत्कालीन तहसीलदार श्रीनिवास शर्मा द्वारा इन खातेदारों के नाम दर्ज करने का आदेश पारित किया गया था। इस आदेश में सभी गाटा संख्याएं मरघट व खलियान के रूम में अंकित है और नन्दलाल सरन व उमेश कुमार का अनाधिकृत कब्जा श्रेणी-4 में दिखाया गया है और 12 वर्ष से अधिक के कब्जे को आधार मानकर सीरदार दर्ज करने के आदेश तत्कालीन तहसीलदार द्वारा दिए गये है।

सूत्रों के अनुसार धारा 33/39 में यह आदेश संभव ही नही है यह कार्य धारा 229 बी जेड ए एल आर एक्ट के अन्तर्गत ही हो सकता है। तहसीलदार न्यायालय को धारा 33/39 भू राजस्व अधिनियम के अन्तर्गत कभी भी आदेश करने का अधिकार नहीं रहा है। डीजीसी राजस्व सत्येन्द्र कुमार से विधिक राय के बाद एसडीएम ने 15 सितम्बर 98 को गलत अंकित नामों को खारिज करके राज्य सरकार की विभिन्न मदों में दर्ज करने के आदेश दिए। उन्होंने तहसीलदार का आदेश शून्य माना क्योंकि यह बिना अधिकारिता के जारी किया गया था।

सूत्रों के अनुसार एसडीएम के इस आदेश के विरुद्ध नन्दलाल सरन ने अपर आयुक्त न्यायिक प्रथम देवशरण पथिक के यहां 'निगरानी' योजित की। राज्य सरकार के हित को सुरक्षित रखने का तर्क देते हुए एसडीएम ने जिलाधिकारी बरेली को पत्र लिखा कि वह मंडलीय डीजीसी राजस्व को समुचित पैरवी करने के आदेश दें। अपर आयुक्त ने निगरानी स्वीकार करके एसडीएम का आदेश खारिज कर इस पंगे को जन्म दिया। अपर आयुक्त के अनुसार धारा 33/39 भू राजस्व अधिनियम के अन्तर्गत केवल लिपिकीय त्रुटि ही संशोधित की जा सकती है। इसमें स्वत्व प्रभावित वाले आदेश स्वीकार नहीं किये जाते हैं।

सूत्रों के अनुसार अपर आयुक्त द्वारा अपने आदेश को खारिज करने से खिसियाये एसडीएम ने एक ही धारा के अन्तर्गत श्री पथिक द्वारा विरोधाभासी निर्णय खोज निकाले और उन्हें जिलाधिकारी रमारमण व मंडलायुक्त अमल कुमार वर्मा को भेज दिया। उन्होंने इस पंगे में मंडलीय शासकीय अधिवक्ता राजस्व के.सी. पाराशरी को भी शामिल किया है। श्री पाराशरी ने बहस में कई राजस्व निर्णय का उल्लेख किया था, जो राज्य सरकार के पक्ष में किन्तु निर्णय में इनका उल्लेख नही किया गया है। इस निर्णय प्रति श्री पाराशरी को पांच माह बाद मिली।

एसडीएम ने आला अफसरों को लिखे पत्र में इस मामले में सरकार के पक्ष का पूरी तरह से आकलन सही किया गया है। एसडीएम ने इस प्रकरण को अध्यक्ष राजस्व परिषद व प्रमुख सचिव राजस्व परिषद के संज्ञान में लाने का आग्रह किया है ताकि राज्य सरकार का अहित रुक सके। इस आग्रह के पीछे अपर आयुक्त के विरुद्ध कार्रवाई करवाने की मंशा है। प्रशासनिक सूत्रों के अनुसार मंडलायुक्त अमल कुमार वर्मा व जिलाधिकारी रमारमण ने इस प्रकरण में राजस्व परिषद में अपील दायर करने के निर्देश दिए है जिसकी तैयारी शुरू कर दी गई है। यह मामला तूल पकड़ने के आसार हैं, क्योंकि एसडीएम ने आरोप पर श्री पथिक भी चुप बैठने वाले नहीं हैं।

साथ शक्तिशाली आयुक्त हो, उन्हें एक एस.डी.एम. स्तर का अधिकारी छेड़ देगा और मिल की घटतौली पकड़कर असली चेहरा जनता को दिखा देगा। जनमानस का दिल जीता, लोग मुझे पसंद करते थे।

मुरादाबाद में एस.डी.एम., संभल बना। बाद में वहीं प्रोन्नति पाकर ए.डी.एम. (प्रशासन) संभल बना। नगरपालिका परिषद्, संभल भंग हो गई। बतौर ए.डी.एम. मुझे प्रशासक का कार्य मिलना था। पूर्व में ऐसा ही होता था। डी.एम. ने एस.डी.एम. को चार्ज दे दिया। एक दिन दिल्ली गया। स्थानीय सांसद सपा श्री रामगोपाल यादव से मिला। मुझे देखते ही कहा, "एस.डी.एम. को चार्ज कैसे मिल गया?" किसी को फोन मिलाकर मेरे सामने खूब हड़काया। अगले दिन जब लौटा तो पता चला कि मुझे डी.एम. ने नगरपालिका का प्रशासक बना दिया। यह सब पूर्व अध्यक्ष ने डी.एम. से कराया था, ताकि उनके कामों से परदा न उठे। यह घटना मेरे लिए चुनौती लेकर आई। मैंने ठान लिया कि इसे पूरे प्रदेश की नंबर एक पालिका बनाना है और बनाया भी। सफाईकर्मी की भर्ती साफ-सुथरे तरीके से की। किसी का एक पैसा खर्च नहीं हुआ। जिलाधिकारी की भी सिफारिस नहीं मानी। सारी दलाली और नेता नगरी फेल। एक अच्छा संदेश गया पालिका कर्मियों में। सभी को लाल ड्रेस दी। 20 साल से बकाया पी.एफ. का 50 लाख तत्काल जमा कराया। प्रतिमाह सफाईकर्मी के साथ दरी पर बैठक कर खिचड़ी भोज करता था। इससे सफाईकर्मी मेरे दीवाने हो गए। सफाई कार्य दिखने लगा। इसी प्रकार बिजली, पानी की व्यवस्था दुरुस्त की। 26 सरकारी जगहों पर पार्क बनवा दिए। जहाँ पर अतिक्रमण या गंदगी थी, पार्क में तब्दील करवा दिया। शहर का नाम 'पार्क सिटी' रख दिया। आज भी ये कार्य मौके पर दिखते हैं और बोलते हैं। मेरे हटने के बाद एक जगह से मेरे द्वारा अतिक्रमण हटवाकर खुदवाए गए तालाब का नाम मेरे नाम पर 'हीरा कुंड' रख दिया। पंचवर्षीय टैक्स को नियमानुसार लगाया। शहर की सूरत और रंगत बदली। इससे खूब शाबाशी मिली। अच्छा लगता था, जब लोग पार्क में जाकर मेरे बारे में अच्छा बोलते थे। नगरपालिका के माध्यम से रचनात्मक और सकारात्मक कार्य कर सुशासन बढ़ाया। आज भी सोचकर शरीर में एक नई ऊर्जा पैदा हो जाती है। पहली बार मैंने सीखा कि विकास कार्यों से कैसे नाम कमाया जाता है और लोगों के दिलों को कैसे जीता जा सकता है।

मोहर्रम ताजिया का भव्य आयोजन होता है। संभल में बहुत ऊँची-ऊँची ताजिया बनती हैं। यहाँ का सबसे संवेदनशील त्योहार है। स्थानीय मंत्री और थानाध्यक्ष की आपसी साँठ-गाँठ से लंबा ताजिया लाकर रास्ते में पीपल के पेड़

की टहनी के कारण रुक गया। ताजिया खंड में करके निकालना गवारा नहीं था। हिंदू पक्ष पीपल की टहनी काटने को राजी नहीं थे। टहनी रास्ते को क्रॉस कर दूसरी तरफ गई थी। मोटी टहनी थी। अचानक रात ग्यारह बजे सूचना मिली। मैं सीओ के साथ मौके पर गया। दोनों पक्षों को समझाया, नहीं माने। कई बार उग्र भीड़ पेड़ पर चढ़कर टहनी काटने लगी। बमुश्किल उतारा गया। यह सूचना आसपास के शहरों और जिलों में फैल गई। सभी ने ताजिया आगे बढ़ाने से मना कर दिया। चारों तरफ अशांति का माहौल बनने लगा। महसूस होने लगा कि बहुत बुरा होनेवाला है। इस प्रकरण की वजह से कई जिलों की शांति व्यवस्था बिगड़ रही थी। सुबह 3 बजे तक पीछे की राजनीति समझ में आ गई और पता लग गया। रात्रि 3 बजे स्थानीय मंत्री को जगाया और वार्त्ता की। साफ कह दिया कि सभी प्रयास किए गए, लेकिन लोग नहीं मान रहे हैं, अब मेरे पास बल प्रयोग करने के अलावा कोई विकल्प नहीं था। इसी ने मेरा काम कर दिया। ताले में कुंजी लग गई। अगले 2 घंटे में वार्त्ता करके ताजिया को दो खंड में निकालकर, पुन: जोड़कर निकाला। टहनी नहीं कटी। यह सब डी.एम. और एस.एस.पी. से नाराज चल रहे स्थानीय राजनीतिज्ञों ने दबाव में लेने के लिए किया था। डी.एम., एस.एस.पी. भी नहीं आए मौके पर। कई बार अनुरोध किया, जब सब ठीक से निकल गया, तब सुबह 5 बजे आए। यह भी दबाव बनाने का एक नया तरीका देखा। शांति व्यवस्था की समस्या पैदा करा दो। अनुरोध करने पर हल करा दो और अहसान लाद दो। डी.एम. और एस.एस.पी. पर अहसान लादना चाहते थे। राजनीतिक दबाव बनाने की पैंतरेबाजी को जाना और देखा। यह एक नया अनुभव था।

एक दिन दोपहर 1:30 बजे खाना खा रहा था। वायरलेस सेट पर सूचना मिली कि हराय नगर थानाध्यक्ष को एक जमीन विवाद में घेर लिया है। अप्रिय घटना होने का पूरा अंदेशा था। मैंने सी.ओ. श्री हरेंद्र यादव को बताया, खाना छोड़ा, स्वयं की रिवॉल्वर ली, लोड की और होमगार्ड के साथ चल दिया। मौके पर बस्ती में दस हजार की उग्र भीड़ थी। दोनों पक्ष रोड़ के दोनों तरफ आमने-सामने सौ मीटर की दूरी पर आ गए थे। सी.ओ. भी आ गए। एक तरफ सी.ओ. को भेजा और दूसरी तरफ पूरा कमान स्वयं सँभाला। मात्र दो होमगार्ड, एक हाथ में लाठी, दूसरे हाथ में रिवॉल्वर लेकर चिल्लाता रहा, भीड़ को भगाता रहा।

अमन-चैन बिगाड़ने की कोशिश

हयातनगर में पुलिस ने कराये हालात पैदा

■ समय से कार्रवाई कर देती तो पड़ोसियों के मन में नहीं पनपती खटास

जागरण संवाददाता, संभल

कब्रिस्तान का दरवाजा लगाने को लेकर हुआ फसाद सीधे तौर पर हयातनगर थाना पुलिस की लापरवाही का परिणाम है। पुलिस एक पक्ष की शिकायत को गंभीरता से लेकर कार्रवाई कर देती तो दोनों संप्रदायों के लोगों के आमने-सामने आकर पथराव फायरिंग करने के हालात पैदा न होते।

हयातनगर कस्बे में रविवार को दोपहर एक बजे जब एक संप्रदाय के लोगों ने कब्रिस्तान की दीवार तोड़कर वहां दरवाजा लगाने का काम शुरू किया तो हयातनगर के भीष्म चंद्र सर्राफ ने थाना हयातनगर आकर शिकायत दर्ज करा दी कि कुछ लोग उसके प्लाट में कब्रिस्तान का दरवाजा लगा रहे हैं। शायद हयातनगर पुलिस की नजर में यह कोई गंभीर मामला नहीं था इसीलिए सिपाही मौके पर भेजकर दरवाजा लगा रहे लोगों में से एक-दो को थाने बुलाकर दरोगा जी ने हिदायत देकर वापस भेज दिया कि अब दरवाजा मत लगाना। इस हिदायत के बाद पुलिस ने मौके पर जाकर देखना भी गवारा नहीं किया।

उधर दरवाजा लगाने वाले पक्ष को लगा कि अब पुलिस उनके काम में अड़चन डाल सकती है इसीलिए पुलिस पर दबाव बनाने के लिए वहां हजारों की भीड़ इकट्ठा कर ली गई। कब्रिस्तान में भीड़ इकट्ठी होती देख दूसरे संप्रदाय के लोग भी लामबंद हो गये। चंद कदम दूर थाने में पुलिस इस सब से बेखबर बैठी रही। इस बीच दूसरे पक्ष के लोगों ने दरवाजा लगा रहे लोगों से दूसरे के प्लाट में दरवाजा न लगाने को कहा तो दोनों ओर से कहासुनी शुरू हो गई। बात बढ़ी और गाली गलौच से पथराव व फायरिंग तक पहुंच गई। दोनों ही ओर की भीड़ में शामिल कुछ अमन पसंद लोगों ने समझाने बुझाने का भी प्रयास किया मगर कोई किसी की सुनने को तैयार नहीं हुआ। इतना सब होने के बाद पुलिस नींद से जागी मगर तब तक पानी सर से ऊपर हो चुका था।

गुस्साई भीड़ ने थाने के चंद पुलिस कर्मियों को दौड़ा लिया। मजबूरी में हयातनगर पुलिस ने उच्चाधिकारियों को इस बवाल की जानकारी दी। फोर्स इकट्ठा होने के बाद पुलिसिया ढंग से भीड़ को खदेड़ा गया।

खुद को घिरता देख पुलिस को गोली भी चलानी पड़ी हालांकि पुलिस अधिकारी गोली चलाये जाने की अधिकारिक पुष्टि नहीं कर रहे हैं। बहरहाल भले ही मामला निपट गया हो और कोई जनहानि न हुई हो मगर इस घटना से दोनों संप्रदायों के लोगों के बीच खटास जरूर पैदा हो गई है। यदि हयातनगर पुलिस समय से कार्रवाई कर लेती तो न तो यह बवाल पैदा होता और न ही दो पड़ोसियों के मन में खटास पनपती।

दोनों सम्प्रदायों ने कहा-मसले को मिल बैठ कर निपटा लेते

संभल : नगर के लोग अब समझदार हो गये हैं दंगों व झगड़ों का अंजाम उन्हें अच्छी तरह पता है इसीलिए दो पड़ोसियों के झगड़े को देखकर अब वह उत्तेजित नहीं होते। हयातनगर में जहां दोनों संप्रदायों के लोग एक दूसरे पर पत्थर फेंकते रहे वहीं शहर में लोग इस घटना की जानकारी मिलने के बाद भी अपने कामों में व्यस्त रहे। यह चर्चा भी होती रही कि झगड़ने की क्या जरूरत थी मिल बैठकर मसले का हल निकाल लेते। एक जमाना था जब संभल प्रदेश भर में सांप्रदायिक दंगों के लिए बदनाम था। मामूली बातों पर दंगों व कर्फ्यू के हालात यहां की जनता ने अनेक बार देखे हैं। लेकिन अब नगर में पहले जैसे हालात नहीं हैं। झगड़ों का अंजाम जान चुकी यहां की जनता लड़ाई-झगड़े से तौबा कर अपने काम धंधे में लगी है। कभी कोई बात भी हो तो लड़ने वाले कम और बात को निपटाने वाले ज्यादा दिखते हैं। हयातनगर में कब्रिस्तान का दरवाजा लगाने को लेकर हुए झगड़े में भी ऐसे ही हालात दिखे।

दो पक्षों की भीड़ जहां एक दूसरे पर पत्थर फेंक रही थी वहीं आसपास क्षेत्र में दोनों संप्रदायों के लोग आपस में चर्चा कर रहे थे 'कितने नादान हैं शहर का अमन चैन बिगाड़ना चाहते हैं, इस मसले को मिल बैठकर भी निपटाया जा सकता था' शहरवासियों की इसी सोच का नतीजा था कि हयातनगर की बात वहीं सिमट कर रह गई नहीं तो यह झगड़ा शहर की शांति व्यवस्था को भी खतरा पहुंचा सकता था।

लगभग दो घंटे में भीड़ को सड़क से हटाकर बस्ती में कर पाया। अपर पुलिस अधीक्षक सेट पर चिल्लाते रहे, चल दिए हैं। लोकेशन देते रहे। 10 मिनट का रास्ता 2 घंटे में तय किया। मामला शांत होने पर मौके पर पहुँचकर नाटक करने लगे, ताकि मीडियावाले फोटो लेकर छाप दें कि दंगा अपर पुलिस अधीक्षक ने रोका। मैंने 2 घंटे इतनी जी-तोड़ मेहनत, भाग-दौड़ की और चिल्लाया कि अगले 7 दिन टाँगें सामान्य होने में लग गए। अपर पुलिस अधीक्षक बहुत बहुरूपिया और तिल का ताड़ बनानेवाला था। उनमें दूसरे का काम अपना दिखाने की फितरत थी। अगले दिन सभी समाचार-पत्रों के प्रथम पृष्ठ पर मेरा रिवॉल्वरवाला फोटो छपा। शीर्षक था, 'एस.डी.एम. ने जान जोखिम में डालकर दंगा बचाया।' इस कांड से हीरो वाला अहसास हुआ। आम जनता में यहाँ मेरी अच्छी शोहरत, अच्छा तालमेल और जनता को मेरे कार्यों में विश्वास काम आया। यह सब जानते थे कि एस.डी.एम. मौके पर आ गए हैं, अब सही ही होगा। किसी का दबाव मेरे ऊपर नहीं चलता था। सभी जानते थे।

संभल में एक विद्यालय में मुझे मुख्य अतिथि के रूप में आमंत्रित किया गया था। कार्यक्रम खत्म होते ही एक महिला ने बताया कि उसके पास एस.बी.आई. का

एफ.डी.आर. है। बैंकवाले 3 महीने से भून नहीं रहे हैं। महिला को लेकर सीधा बैंक चला गया। मौके पर बातचीत और छानबीन से पता चला कि एफ.डी.आर. फर्जी है। नकली बनाकर एक बैंककर्मी ने दिया है। यह घटना विचलित करनेवाली थी। धीरे-धीरे परदा उठने लगा। लिपिक श्री दिवाकर अग्निहोत्री बैंककर्मियों का को-ऑपरेटिव संगठन बनाकर, आपसी सहयोग से पैसा जमा करते थे। जरूरत अनुसार लोग लेन-देन करते थे। इसी के नाम से एक ऐसा एफ.डी.आर. छपवाया, जो कि एस.बी.आई. के एफ.डी.आर. जैसा लगता था, जब कोई एफ.डी.आर. कराने आता था, तो एस.बी.आई. वाला न देकर, यह फर्जी एफ.डी.आर. देता था। पैसा हजम करता रहा। चूँकि बैंक का लिपिक बैंक में बैठकर कर रहा है, इसलिए कोई शक नहीं करता था। फर्जी एफ.डी.आर. भी देखने में बिल्कुल वैसा ही था जैसा कि एस.बी.आई. वाला। भोली-भाली, कम पढ़ी-लिखी जनता को धोखा देता था।

मुरादाबाद जागरण

एसबीआई में समानांतर बैंकिंग का भंडाफोड़

■ फर्जी एफडीआर से गरीबों के साथ लाखों की धोखाधड़ी

एडीएम ने दिए बैंक कर्मी के खिलाफ रिपोर्ट के आदेश

बैंक के काफी लोगों को पता था। पैसे खर्च कर स्थानीय नेता, उच्चाधिकारी को कब्जे में रखता था। पूर्व में कुछ मैनेजर ने रोकना चाहा तो रास्ते में हमला करवा दिया। पैसा खर्च कर मैनेजर का ट्रांसफर करवा दिया। लगभग 01 माह की छानबीन के बाद कई करोड़ों का घोटाला सामने आया। हर स्तर पर लिखा, मीडिया ने खूब छापा। गरीबों का पैसा फँसा, कइयों की लड़कियों की शादी भी रुक गई। मैंने पूरी ताकत से, व्यक्तिगत रुचि लेकर कार्य किया। पूरा भंडाफोड़ हुआ। दिल्ली वित्त सचिव से भी जाकर मिला। सभी कागजात दिए। एस.बी.आई. वालों को जिस तत्परता से कार्यवाही करनी चाहिए थी, नहीं की। मैं इस लड़ाई में अकेला था। मीडियावालों ने खूब साथ दिया। आगे घोटाला होने से रुका। पैसा कैसे वापस हो, कार्यवाही हेतु लिखा। केस स्टडी के रूप में अध्ययन हेतु मसूरी अकेडमी को

लिखा। वहाँ केस स्टडी के रूप में पढ़ाया गया और बताया गया। इस प्रकरण में गरीबों की मदद करके आत्म संतुष्टि मिली और अच्छा लगा।

विकास के दो प्रकार हैं—रचनात्मक विकास और विंध्वसात्मक विकास। एक खाली स्थान पर कोई नया स्कूल बनाना, रचनात्मक विकास है। सरकारी बंजर जमीन पर गरीब मकान बनाकर रह रहे हैं। उन्हें यहाँ से बेदखल करना और उस पर स्कूल निर्माण करना यह विंध्वसात्मक विकास है। मेरी कार्यपद्धति रचनात्मक विकासवाली है। एक प्रशासनिक अधिकारी का मुख्य कार्य सृजनात्मक विकास ही है। इसी से आनंद लेना चाहिए। मुख्य विकास अधिकारी का पद सृजनात्मक कार्य के लिए सबसे अच्छा पद है। बलिया में मैंने 15 दिन तक मुख्य विकास अधिकारी पद का कार्यभार ग्रहण नहीं किया। बलिया को लेकर मन में कई तरह की नकारात्मक शंकाएँ थीं, लेकिन शासन से दबाव था कि स्थानांतरण निरस्त नहीं होगा। मजबूरन गया। बलिया में गरीबी खूब थी। जिले का विकास खराब मिला।

जिले ने दिया सम्मानः सीडीओ

बलिया। जिले के चर्चित मुख्य विकास अधिकारी हीरालाल का स्थानांतरण फिरोजाबाद के लिए हो गया। स्थानांतरण की सूचना मिलते ही विकास भवन के अधिकारी, कर्मचारी एवं उनके शुभचिन्तकों की भीड़ शुक्रवार को उनके आवास पर जुट गई। भीड़ को देखकर सीडीओ भावकु हो गये। कहा कि बलिया जिले में कर्मचारियों ने जो सम्मान मुझे दिया है उसे सदैव याद रखूंगा। मेरे काम करने की शैली में कर्मचारियों की भी अहम भूमिका रही है। जहां भी रहूंगा बलिया की याद आती रहेगी। इस दौरान मुख्य चिकित्सा अधिकारी डा. मंसूर अहमद, एनआरएचएम के जिला कार्यक्रम प्रबंधक मनोज कुमार, डीपीआरओ घनश्याम सागर, पीडी प्रमोद यादव, पिछड़ा वर्ग कल्याण अधिकारी नरेन्द्र शर्मा सहित अन्य अधिकारी एवं कर्मचारियों ने बुकें देकर सम्मानित किया। इसके बाद सीडीओ ने सूचना विभाग के देशदीपक यादव को प्रशस्ति पत्र देकर सम्मानित किया। कहा कि श्री यादव की प्रचार-प्रसार में अहम भूमिका रही है और समाचार संकलन में भी विशेष योगदान रहा है। उन्होंने पीठ थपथपाते हुए इसके लिए श्री यादव को बधाई दी। इस अवसर पर गौरीशंकर राय, सच्चिदानंद दूबे, सीताराम सिंह, कामेश्वर उपाध्याय, अवधेश चौरसिया, इसरार अहमद, शैलेश ओझा आदि मौजूद रहे।

सीडीओ हीरालाल को विदाई देते सीएमओ डा. मंसूर अहमद, सूचना विभाग के देशदीपक यादव को सम्मानित करते सीडीओ हीरालाल

बिहार के बॉर्डर पर है। इसलिए अधिकांश कारोबार और रिश्तेदारी बिहार से है। लगाव बिहार से ज्यादा है और उत्तर प्रदेश से कम है, ऐसा आभास हुआ। मैंने काफी मेहनत की। सी.डी.ओ. की पहली तैनाती थी। इस पद का अनुभव नहीं था। अध्ययन और सघन निरीक्षण कर सभी कर्मियों को जागृत, सतर्क और सचेत किया। इससे कार्य में प्रगति आने लगी। खराब कार्य संस्कृति में सुधार होने लगा। सुस्त जिला प्रशासन में हलचल पैदा हो गई। सभी की भाग-दौड़ और प्रयास बढ़ गए। बुराईवाली छवि खत्म होने लगी और अच्छीवाली छवि बनने लगी। यहाँ पर सी.डी.ओ. प्रोबेशनर के रूप में सीखा। अस्पताल से लेकर स्कूल तक, सभी पर कड़ी नजर रहती थी। अच्छे कार्य की वजह से मेरे एक पूर्व परिचित जनप्रतिनिधि ने मेरा सी.डी.ओ. फिरोजाबाद स्थानांतरण करा लिया, क्योंकि इनके पुत्र को आगामी सांसद का चुनाव लड़ना था।

सी.डी.ओ. फिरोजाबाद में मिड-डे मील का एक घोटाला सामने आया। 3 एन.जी.ओ. मिड-डे मील की 5 साल पहले आपूर्ति कर रहे थे। बाद में एक साल बाद केवल सारस्वत शिक्षा सेवा समिति को मिला, अन्य दो को नहीं।

पड़ोसी जिले मैनपुरी में मिड-डे मील घोटाले की जाँच सी.बी.आई. कर रही थी। इस घोटाले की बू से डर भी लग रहा था। 5 साल पुराना मामला था। श्री चंद्रकांत शर्मा प्राइमरी के शिक्षक थे। यहीं अन्य नाम से यह एन.जी.ओ. चला रहे थे। इनके पिता भी शिक्षक थे। इनके खिलाफ दो एफ.आई.आर. दर्ज हो चुकी थी। जेल भी जा चुके थे। पूर्व बी.एस.ए. अल्ताफ ने बताया कि उन्होंने इनको निलंबित भी किया था। ये विभाग में माफिया के रूप में जाने जाते थे। मिड-डे मील घोटाला कर पैसे कमाते थे। पैसे से पकड़ और राजनीतिक साँठ-गाँठ की धौंस से इनका पूरा दबदबा था। मेरे सामने, नवीनीकरण हेतु फाइल आई, तो मैंने देखना शुरू किया। गड़बड़ी पकड़ में आ गई। इसमें पूर्व के कई बी.एस.ए. एवं उच्चाधिकारी भी लपेटे में थे। इन्होंने मुझे बाईपास करके नवीनीकरण तो तत्कालीन जिलाधिकारी से करा लिया। संस्था में श्री चंद्रकांत शर्मा ने अपने बहुत करीबी रिश्तेदार को पदाधिकारी बना रखा था, लेकिन सबकुछ स्वयं करते थे। इनकी विभाग में तूती बोलती थी। जाँच आख्या पर समिति के लोगों ने शर्माजी के डर की वजह से बेमन से हस्ताक्षर किए। जाँच के दौरान कई पूर्व जिलाधिकारी और मुख्य विकास अधिकारी व बेसिक शिक्षा अधिकारी की भी सिफारिशें आईं। दबाव भी बनाया गया कि जाँच न की जाए। अंत में मेरी जगह पर जिलाधिकारी ने अपनी अध्यक्षता में जाँच की। श्री चंद्रकांत शर्मा को सजा मिली। एक बेसिक शिक्षा अधिकारी को भी सजा मिली।

घोटाले को अंतिम छोर तक पहुँचाने में जिलाधिकारी श्री विजय किरन आनंद ने पूरा साथ दिया। तत्कालीन मुख्य कोषाधिकारी श्री पुष्पराज सक्सेना की जाँच में अहम भूमिका रही। पुनः चार एन.जी.ओ. को पारदर्शी तरीके से चयन कर कार्य कराया गया। पाँच साल से चल रहे एक घोटाले का अंत हुआ। इस अच्छे कार्य में मुझे कई बार परेशानी से गुजरना पड़ा। पूर्व के उच्चाधिकारी परेशान थे, लेकिन बच्चों के भोजन में चोरी करनेवालों को ठिकाने लगाया और चोरी रुक गई।

अमर उजाला अपना फीरोजाबाद 3

जांच की आंच: घोटालों में फंसी कई की गर्दन

फाइलों में उलझ गई एमडीएम संस्था की जांच

बीडीओ के खिलाफ जांच कमेटी गठित

प्रधान और सचिव अंतिम जांच में दोषी

डीपीआरओ के फर्जी हस्ताक्षर से निकाला ऋण

श्री गंगाराम वर्मा सीधी भर्ती के बी.डी.ओ. थे। इनको कोई भी ब्लॉक प्रमुख नहीं लेना चाहता था, क्योंकि ये ईमानदार और नियम से काम करनेवाले थे। बी.डी.ओ. की कमी भी थी। कई के पास 2 ब्लॉक से ज्यादा का चार्ज था। ए.डी.ओ. से प्रोन्नति पाकर बी.डी.ओ. बने श्री एम.पी. प्रबल की सबसे ज्यादा माँग थी। इनके पास 3 ब्लॉक तक रहे। ब्लॉक प्रमुख इतना विवाद कर देते हैं कि पूरा काम विवाद में उलझ जाता है। इसलिए गड़बड़ी भी न हो और काम सुचारु चले, ध्यान देना पड़ता है। श्री प्रबल ने मेरे साथ कुछ माह कार्य किया। उनका लंबे समय से जिले में रहने के कारण चुनाव के मद्देनजर जिला गोंडा ट्रांसफर हो गया।

एक ब्लॉक का निरीक्षण करने गया था। सी.डी.ओ. को ब्लॉक निरीक्षण करते रहने का निर्देश है। पता लगा कि मनरेगा में साइन बोर्ड का भुगतान तो निकाला है, लेकिन बोर्ड मौके पर नहीं लगे। कई ग्राम सचिव के कागज देखने से यह साबित हो गया। यह सब श्री प्रबल के कार्यकाल का था। जिलाधिकारी से पूरी और गहराई से जाँच हेतु एक कमेटी गठित करा ली। आख्या में यह घोटाला सामने आया। श्री प्रबल तत्कालीन बी.डी.ओ. के खिलाफ शासन को कार्यवाही हेतु लिखा गया।

सीडीओ ने पूर्व बीडीओ के खिलाफ बैठाई जांच

फीरोजाबाद: मनरेगा योजना से साइन बोर्ड लगाने के नाम पर लाखों रुपए का घपला करने के आरोप में मुख्य विकास अधिकारी ने जिले में तैनात रहे एक खंड विकास अधिकारी के खिलाफ जांच शुरू कर दी है। एक टीम गठित कर सात दिन में रिपोर्ट देने को कहा गया है। सीडीओ हीरा लाल ने गुरुवार को एका ब्लॉक का निरीक्षण किया था। इस दौरान उन्हें पता चला कि एका में तैनात रहे बीडीओ एमपी प्रबल के कार्यकाल में मनरेगा से कुछ साइन बोर्ड खरीदे गए थे, लेकिन वास्तव में कहीं कोई बोर्ड नहीं लगे। हालांकि बोर्ड के नाम पर भुगतान कर दिया गया। ब्लॉक खैरगढ़ में भी उन्हें इस तरह की शिकायत मिली कि बिना बोर्ड लगे ही बीडीओ ने ग्राम पंचायत अधिकारी के माध्यम से कुछ बोर्ड का भुगतान करा दिया। सीडीओ ने बताया कि ये सीधे सीधे मनरेगा में घपला और धनराशि के दुरुपयोग का मामला है।

- मनरेगा से साइन बोर्ड लगाने के नाम पर घपले का आरोप

इसलिए बीडीओ एमपी प्रबल के खिलाफ जांच शुरू करा दी गई है। डीएम के निर्देश पर एक टीम गठित की गई है। जिसमें पीडी डीआरडीए सर्वेश चंद्र यादव, डीडीओ आरके राम और आरइएस के सहायक अभियंता को शामिल किया गया है। ये टीम उन सभी ब्लॉकों में एमपी प्रबल द्वारा कराए गए कार्यों की जांच करेगी, जो उन्होंने अपने कार्यकाल में किए हैं। उल्लेखनीय है कि वर्तमान में गौंडा जिले में तैनात बीडीओ एमपी प्रबल जिले के फीरोजाबाद, शिकोहाबाद, खैरगढ़, एका व नारखी में तैनात रहे थे।

पूर्वाग्रह से ग्रसित: प्रबल

इस मामले में पूर्व बीडीओ एमपी प्रबल का कहना है कि सीडीओ उनके खिलाफ द्वेष भावना से कार्य कर रहे हैं। उन्होंने सीडीओ की शिकायत प्रमुख सचिव ग्राम्य विकास, पुलिस महानिदेशक और एससीएसटी आयोग से की है।

कुछ माह बाद मेरा स्थानांतरण फिरोजाबाद से विशेष सचिव होमगार्ड लखनऊ हो गया। लखनऊ आने के लगभग चार माह बाद गोंडा सी.जे.एम. के यहाँ से मेरे विरुद्ध मुकदमा दायर करने का एक आदेश मिला। यह मुकदमा श्री प्रबल ने किया था। कहानी बनाई थी कि मैं दो बार गोंडा गया। उन्हें उनके कैंपस में गाली दी और मारा-पीटा। श्री प्रबल ने पुलिस को तहरीर दी। मुकदमा दर्ज नहीं हुआ। इसलिए सी.जे.एम. न्यायालय से मुकदमा दर्ज कराने का आदेश कराया। सभी नोटिस फर्जी तामील दिखाकर बनाए थे। मैंने सी.जे.एम. न्यायालय के आदेश के विरुद्ध जिला जज के यहाँ अपील की। इनके विरुद्ध लिखे गए समस्त कागजात सबूत में लगाए। घटना के समय मैं लखनऊ में था, इसको मैंने अपने मोबाइल की लोकेशन से साबित किया। सी.जे.एम. का आदेश निरस्त हुआ। मनरेगा बोर्ड की कार्यवाही से खिन्न श्री प्रबल ने मेरे खिलाफ मनगढ़ंत कहानी बनाई। फर्जी कागजात बनाए। न्यायालय ने भी गौर से नहीं देखा। आदेश कर

मनरेगा के बोर्ड लगे नहीं, धनराशि निकाली

फिरोजाबाद | हिन्दुस्तान संवाद

मनरेगा योजना के तहत मुख्य विकास अधिकारी के एका में निरीक्षण के दौरान 87 हजार रुपये की वित्तीय गड़बड़ियां मिली हैं। इसमें प्रथम दृष्टया मामले में लाखों के घोटाले के संदेह पर सीडीओ नें पूर्व बीडीओ के कार्यों की जांच के लिए तीन सदस्यीय जांच समिति का गठन किया है।

करीब चार माह पूर्व पांच ब्लॉकों की कमान संभाल चुके पूर्व बीडीओ एमपी प्रबल के समय में कई वित्तीय गड़बड़ियां जांच के दौरान पाई गई हैं। गुरुवार को मुख्य विकास अधिकारी हीरालाल ने विकासखण्ड एका का निरीक्षण किया था। जांच के दौरान एक-एक कर पूर्व बीडीओ द्वारा की गई वित्तीय अनियमितताएं सामने आ रही हैं। पूर्व में रह चुके बीडीओ ने लगभग सवा दो लाख रुपये के 73 साइन बोर्ड लगाने का आर्डर दिया था। इसके लिए वाउचर भी जमा कराए गए। इनमें 29 बोर्ड का चेक के माध्यम से भुगतान भी निकाल लिया गया। जबकि अभी तक साइन बोर्ड प्राप्त नहीं हुए हैं। निरीक्षण के दौरान वर्तमान बीडीओ खैरगढ़ ने जानकारी दी कि 13 ग्राम पंचायतों में अभी तक एक भी बोर्ड नहीं पहुंचा है। सीडीओ की मानें तो इस घोटाले में धनराशि इससे भी कई गुना बड़ी हो सकती है। सीडीओ के निरीक्षण में लगभग 87 हजार रुपये की गड़बड़ी सामने आई है। सीडीओ की मानें तो वाल पेंटिंग्स में भी अनियमितता का शक है। जांच के दौरान ही स्थिति साफ हो जाएगी। मामले में सीडीओ ने तीन सदस्यीय जांच समिति का गठन किया है, जो एक सप्ताह के भीतर पूर्व बीडीओ के कार्यकाल के दौरान किए समस्त गए कार्यों की जांच करेगी।

निरीक्षण

- पूर्व बीडीओ पर 87 हजार के घोटाले की जांच को सीडीओ ने सम्मिति गठित की
- कार्यकाल के दौरान किए गए सभी कार्यों को जांचा जाएगा

लाखों का घपला समाने आने की संभावना

- सीडीओ हीरालाल की माने तो इस मामले में लाखों की गड़बड़ियां निकलकर सामने आ सकती है। यह तो जांच के बाद ही साफ हो पाएगा कि सरकार को कितनी धनराशि का चूना लगाया गया है।

जांच कमेटी में ये शामिल

- मनरेगा के कार्यों के घोटाले की जांच के लिए जो टीम गठित की गई है, उसमें पीडी, एक बीडीओ एवं एई शामिल होंगे। जो एक सप्ताह बाद जांच कर अपनी रिपोर्ट पेश करेंगे।

यहां होंगी जांचें

- घोटाले की जांच फिरोजाबाद, हाथवंत, टूण्डला, शिकोहाबाद के ब्लॉकों में की जाएगी। जांच में वे समस्त कार्य देखे जाएंगे, जो पूर्व बीडीओ एमपी प्रबल के कार्यकाल में हुए।

दिया। श्री प्रबल गोंडा से सेवानिवृत्त हुए। उनको सजा मिली। अवैध कमाई करना, उसे बाँटना ही उनकी ताकत थी, तभी सभी उन्हें पसंद करते थे। अधिकांश ब्लॉक प्रमुख उन्हें अपना बी.डी.ओ. बनाना चाहते थे। गेरे ऊपर भी श्री प्रबल ने वही फर्जी फॉर्मूला लगाया, लेकिन इस बार मारे गए। अच्छे कार्य में परेशान होना पड़ता है। मेरे साथ भी वही हुआ।

अनुभव यह रहा कि अच्छा, सही कार्य करने में आपको परेशानी उठानी होगी। अच्छा काम करने से होनेवाली परेशानी अपने साथ आनंद और अनुभव भी लाती है। सीखने को खूब मिलता है। हर तरह की मजबूती बढ़ती है। अन्याय से भिड़कर, न्याय दिलाना और लोगों के चेहरे पर खुशहाली लाना ही हमारा मुख्य दायित्व है। यदि हम तर्कसंगत तरीके से, साक्ष्य सहित किसी को सही बात बताते हैं तो लोग बात को मानते हैं। इसमें हर तरह की परेशानी से गुजरना पड़ता है। यह भी परीक्षा समय-समय पर देनी पड़ती है, लेकिन अंतत: विजय मिलती है। अनुभव बढ़ता है। आत्मबल काफी मजबूत हो जाता है। सेवा के दौरान इस तरह के संघर्ष से व्यक्तित्व में निखार आता है और व्यक्ति की शक्ति बढ़ती है। परेशानी से उबरने के बाद विजयी भवो का भाव स्वत: आता है।

□

3

Dynamic डी.एम.

पुस्तक का नाम 'Dynamic डी.एम.' ही क्यों?

डायनमिक, जिसका शाब्दिक अर्थ होता है सक्रिय, गतिमान, ऊर्जा तथा विभिन्न विचारों से परिपूर्ण। बाँदा में मेरे डीएम के कार्यकाल के दौरान लोगों को मेरे अंदर यह सब इस कदर नजर आया कि आम जनता, मीडिया एवं सरकारी महकमे के अन्य लोग मुझे 'Dynamic डी.एम.' के उपनाम से संबोधित करने लगे।

आमजन और मीडिया के लोगों ने एक लंबे अरसे के बाद एक ऐसा जिलाधिकारी देखा जो लगातार कड़ी मेहनत, अनवरत कार्यक्रम, आवेग और भाग-दौड़ कर रहा था। यह सब देखकर लोग सहज ही मुझे 'Dynamic डी.एम.' नाम से पुकारने लगे। बैठकों में, कार्यक्रमों में इस उपनाम का प्रयोग होने लगा। 5 दिसंबर, 2019 को 8:07 मिनट का एक वीडियो बुंदेलखंड न्यूज ने बनाया। इसका शीर्षक था 'Dynamic डी.एम.'। बाँदा के डीएम हीरा लाल वाकई है 'डायनमिक'। यह वीडियो ऑनलाइन इस न्यूज की साइट—www.bundelkhandnews.com पर उपलब्ध है।

इस पुस्तक का नाम उपरोक्त आधार पर रखा गया है। बाँदा की जनता ने यह नाम दिया है। इस पुस्तक में बस्ती से बाँदा तक की यात्रा के खट्टे-मीठे अनुभवों को शामिल करने का प्रयास किया गया है।

इस पुस्तक के माध्यम से मैंने उन्हीं पलों को जीने तथा किए गए अपने कार्यों को पाठकों तक संप्रेषित करने के लिए इसी नाम के साथ कलमबद्ध करना उपयुक्त समझा, यद्यपि लोगों के विचार इस पर भिन्न भी थे, पर मेरे लिए डायनमिक विशेषण से ज्यादा संज्ञा लगा, अगर मैं अन्य नाम रखता तो मेरे विचार से शायद इस पुस्तक की प्रासंगिकता उतनी नहीं रहती।

मेरे अंदर कुछ अलग और जनता के हित में काम करने का जज्बा इतना ज्यादा था कि पूरे कार्यकाल के दौरान मैं ज्यादातर क्षेत्र में, जिले की आवाम के साथ और उनके बीच रहा, यही शायद डायनमिक डीएम की कहानी है।

बाँदा जागरण

जनपद में विकास के डेढ़ साल, बेमिसाल

पूर्व डीएम ने जिले के लिए हर क्षेत्र में बढ़ाए कदम

आमजन के बीच सक्रियता ने उन्हें बनाया था डायनेमिक डीएम

ध्यान से लेकर मतदान तक हर तरफ छाए रहे काम

आम के साथ खास लोग भी कहते हैं डायनेमिक डीएम

Dynamic डी.एम.

भारतवर्ष में समाज सेवा करने का पीएम, सीएम और डीएम का पद सबसे अच्छा और उपयुक्त है। ये तीनों पद शक्तिशाली, प्रतिष्ठित, महिमामंडित और चुनौतीवाले हैं। ये क्रमशः देश, प्रदेश और जिले की दिशा और दशा बदलते हैं और बेहतर बनाते हैं। आमजन की आर्थिक, सामाजिक स्थिति सुदृढ़ करते हैं। डीएम आमजन की हर तरह से सेवा करता है। डीएम आम जनता के बीच रहता है। उनकी सेवा करके उनकी खुशहाली बढ़ाता है।

पीएम, सीएम और डीएम में आमजन का सबसे ज्यादा विश्वास डीएम में है। आम जनता में एक धारणा है कि कोई भी समस्या है तो डीएम के पास चलो, समाधान मिल जाएगा। आम नागरिक को यह विश्वास है कि डीएम सभी मर्जों की दवा है। यह भी डर है कि गलती होगी तो जेल भी जाना पड़ेगा। डीएम सबसे बड़ा और शक्तिशाली पद है। इसलिए आमजन खूब अपेक्षा भी करते हैं और डरते भी हैं। इधर हाल के कुछ वर्षों में जिलाधिकारी का पद आम जनता की नजरों में खरा नहीं उतरा। इसलिए जनता का नजरिया बदला है और सकारात्मक से नकारात्मक हुआ है। नकारात्मकता को खत्म कर पुनः खोए विश्वास को प्राप्त करना पूरे देश के आई.ए.एस. के सामने एक बड़ी चुनौती है। इसी चुनौती को स्वीकार कर मैंने डीएम बाँदा के रूप में मात्र डेढ़ साल के प्रथम कार्यकाल में जन सहभागिता, जिले में उपलब्ध व्यवस्था से ही बीस से ज्यादा नवाचार (Innovation) कर प्रदेश, देश, विदेश में जिले का नाम रोशन किया। 1.34 मीटर वाटर लेवल बढ़ाना, जेल सुधार से जेल को प्रदेश में नंबर एक बना देना, 18.5 प्रतिशत से ज्यादा फसल उत्पादकता बढ़ा दी। कुपोषण घटाओ का जन-सहभागितावाला मॉडल तैयार कर दिया। छात्रों की दिशा और दशा ठीक कर सही रास्ते पर दौड़ा दिया। किसानों को जागरूक कर आय बढ़ाने की दिशा में गतिमान कर दिया। महिलाओं को अग्रणी भूमिका में लाकर उनका क्षमतावर्धन और आय वृद्धि कर दी।

पहली बार बाँदा गया। 31 अगस्त, 2018 की सायं छह बजे बाँदा पहुँचकर कोषागार में जिलाधिकारी बाँदा के पद का कार्यभार श्री विनोद कुमार, मुख्य कोषाधिकारी ने कोषागार में ग्रहण कराया। बाँदा आते समय मन में अनेक विचार उछाल मार रहे थे। पद मुझे विचारों में चुनौती दे रहा था कि अच्छी तरह से इस पद को इसकी अपेक्षा अनुसार चला पाऊँगा या नहीं?

पहली बार डीएम बना था। अपने आप से सवाल पूछता था—क्या मैं जिला चला पाऊँगा? जिलाधिकारी का पद बहुत बड़ा लग रहा था। खुद के मन में शंका थी। विचलित होता रहता था। अंदर मन में उथल-पुथल चल रही थी। मेरे पास उपजिलाधिकारी, अपर जिलाधिकारी, मुख्य विकास अधिकारी के साथ-साथ अनेको पदों का 24 साल से ज्यादा का अनुभव था, फिर भी मेरे मन में कई प्रकार के असमंजस और जिला चलाने की एक बड़ी चुनौती थी।

इंस्टीट्यूट ऑफ एप्लाइड स्टैटिस्टिक्स एंड डेवलपमेंट स्टडीज, 2016 की रिपोर्ट के अनुसार, बाँदा में कुछ महत्त्वपूर्ण चुनौतियाँ हैं, जैसे—

- खराब कृषि
- तकनीकी ज्ञान तक सीमित पहुँच

- सिंचाई के पानी की अनुपलब्धता
- परती भूमि
- खराब बुनियादी ढाँचा
- खराब स्वास्थ्य सुविधाएँ
- अनुचित सार्वजनिक वितरण प्रणाली
- सरकारी योजनाओं का अकुशल निष्पादन
- प्रवास और बेरोजगारी
- कुपोषण की स्थिति

बाँदा, उत्तर भारतीय राज्य, उत्तर प्रदेश में 1.8 मिलियन लोगों का एक जिला है। बाँदा, उत्तर प्रदेश के बुंदेलखंड क्षेत्र का अविकसित और पिछड़ा जिला है। पूरा क्षेत्र पानी के अभाव से ग्रसित था। स्टडी के अनुसार 71 प्रतिशत कुएँ भयावह स्थिति में थे। यहाँ की मुख्य आर्थिक गतिविधि कृषि है। कृषि घाटे का कार्य है। इसीलिए अधिकांश लोग कृषि से दूर होते चले गए और कोई कृषि कार्य में इच्छा से आना नहीं चाहता। जिनके पास कोई विकल्प नहीं है, वही कृषि में लगे हैं और गरीबी और अभाववाला जीवन व्यतीत कर रहे हैं। अधिकांश लोगों की मन:स्थिति में निराशा का भाव है, यहाँ कुछ नहीं हो सकता। हारे हुए मन से विकास नहीं हो सकता। जनता और जिला प्रशासन के बीच काफी दूरी दिखी। प्रशासन की छवि आमजन में अच्छी नहीं थी और विश्वसनीयता का अभाव दिखा। अधिकांश लोगों के पास धन के रूप में बैंक बैलेंस नहीं था। इन सबके पास जल-जंगल-जमीन ही पूँजी है। इसी पूँजी से इनके जीवन में विकास, हरियाली, खुशहाली लाने का प्रयास शुरू किया। समय-समय पर लगातार एक के बाद एक कार्य करते गए। निराशा दूर होती गई और आशा बढ़ती गई।

25 जनवरी 2019

बांदा जागरण

डीएम की पहल से सड़कों पर घटे अन्ना पशु, सरकारी आवास में मॉडल कृषि फार्म व आदर्श तालाब निर्माण

साझा किया सुख-दु:ख, सेतु बन निकाला हल

तंत्र के गण

अन्ना पशु न छोड़ने पर आई जागरूकता

किसानों की पाठशाला, जल संरक्षण का संदेश

ये हैं उपलब्धियां

प्रतिभा को बेहतर मंच देने के प्रयास

अनूठी पहल : इनोवेशन स्टार्टअप समिट

जटिल पानी समस्या समाधान से शुरुआत की। बाँदा के लिए एक नवाचारी कदम। एक के बाद एक, डेढ़ साल में बीस से ज्यादा सफल नवाचार किए गए। संपर्क–संवाद–सहयोग नें सभी समस्याओं के नवाचारी समाधान पाने में जन-सहभागिता बढ़ी और जन–आंदोलन बना। सभी ने स्वेच्छा से, प्रेरित होकर और अपना विकास समझकर प्रतिभाग किया और अपना भरपूर योगदान दिया। संवाद से सुशासन बढ़ा। अपेक्षित परिणाम भी मिले। कुछ भी अच्छा पाने के लिए कुछ अलग करना पड़ता है। हम लोगों ने तीन नए तरीके सभी कार्यक्रम में अपनाए :

1. जिले में उपलब्ध धन, संसाधन, संपदा आदि से ही कार्य करना है। अलग से और बाहर से कुछ नहीं माँगना है।
2. सभी संबंधित और सुसंगत विभागों और हिस्सेदारों की सक्रिय भागीदारी प्राप्त की गई तथा सभी संबंधित लोगों ने सभी कार्यक्रम को अपनाकर, अपना समझकर अपना योगदान दिया।
3. कम लागत या शून्य लागतवाला कार्य किया।

बाँदा जा

दैनिक जागरण

डीएम हीरा लाल के एक साल बेमिशाल

31 अगस्त 2018 को जनपद मे किया था कार्यभार ग्रहण

राज्यपाल से सर्वश्रेष्ठ जिला निर्वाचन अधिकारी प्रशस्ति पत्र लेते डीएम।

- जिले का मतदान प्रतिशत बढ़ाकर देश भर में बटोरी सुर्खियाँ
- जल संरक्षण के अभियान से निकाली पानी संकट की तोड़
- अब कुपोषण मिटाने के लिये शुरू किया अभियान

बसंत गुप्ता

बाँदा ब्यूरो : जिलाधिकारी हीरा लाल का एक साल का कार्यकाल बेमिशाल रहा। जनपद की विभिन्न समस्याओं की फेहरिस्त बनाकर समाधान का एक ऐसा फार्मूला तैयार किया जिसके सकरात्मक परिणाम धरातल पर दिखायी दे रहे है। मिशन की शुरूआत इसी साल जनवरी मे तीन दिवसीय स्टार्टअप इनोवेशन के साथ करायी। इसके सफल आयोजन के साथ अगले पड़ाव मे लोकसभा चुनाव के दौरान मतदान प्रतिशत बढाने के लिये चुनौतीपूर्ण 90 प्रतिशत वोटिंग का लक्ष्य अपनाया और इसमे जनपद को शानदार सफलता दिलायी। जिसकी सुर्खियाँ प्रदेश ही नही बल्कि देश के कोने–कोने तक चर्चा रही। आगे बढ़ने का कारवां अभी थमा नही बल्कि पानी संकट की तोड़ निकालने के पश्चात अब कुपोषण मिटाने के कार्य मे लगे हुये है। जिलाधिकारी हीरा लाल ने 31 अगस्त 2018 को जनपद मे पदभार ग्रहण किया था। शुरूआती 3-4 महीनो मे जनपद की समस्याओ को गहनता से जाना समझा और सबको एक फेहरिस्त मे क्रमबद्ध किया, फिर उनके समाधान की मुहिम मे जुट गये। जिले के लोगो को रोजगारोन्मुखी बनाने के लिये बाँदा मेडिकल कॉलिज मे जनवरी माह मे तीन दिवसीय स्टार्टअप इनोवेशन कराया। जिसमे देश के कोने–कोने से आये विशेषज्ञो ने रोजगार के विभिन्न आयामो के बारे मे बताया। इसके बाद बारी आइ लोकसभा चुनाव की तो इसमे भी एक नये अंदाज से काम करने का बीड़ा उठाया। जनपद का मतदान प्रतिशत पिछले चुनावो मे काफ कम रहता था लगभग 55 फीसदी से भी कम मतदान प्रतिशत रहता था। जिलाधिकारी ने इसे 90 प्लस तक का ले जाने का अभियान चलाया। इसे लेकर पूरे जिले मे एक नई जागरूकता का संचार हुआ। अपने आप मे इस बहुआयामी अभियान की चर्चाये देश के कोने-कोने तक पहुँची। परिणाम यह रहा कि जिले का मतदान 11 फीसदी से ज्यादा बढ़ गया। जो कि जनपद के लिये अपने आप में एक रिकार्ड था। इसमे जिलाधिकारी को पुरस्कार भी मिला। चुनाव बाद भीषण गर्मी मे जब जनपद के कोने-कोने मे जल सकट लोगों को बेहाल किया था। उस दौर में जिलाधिकारी ने कुँआ-तालाब जियाओ अभियान की शुरूआत की। अधिकारियो व कर्मचारियों ने जनसहभागिता के साथ जगह-जगह तालाब व कुओ का पूजन कराया। नये तालाब खोदे गये। जर्जर कुओ का जीर्णोद्धार हुआ और इससे लोगो मे इन परम्परागत जल स्रोतों को बचाने के लिये एक नई जाग्रति आयी। जिले को स्वस्थ रखने के लिये योगा अभियान चलाया जा रहा है। कुपोषण जनपद की एक बड़ी समस्या है। पिछले महीनो मे जिले के हजारो बच्चे कुपोषण की श्रेणी मे पाये गये। जिलाधिकारी ने इस समस्या से निपटने के लिये पूरी सजीदगी के साथ एक प्लान तैयार कराया और यूनीसेफ के साथ मिलकर उस पर काम भी शुरू कर दिया गया है। जिलाधिकारी का कहना है कि एक साल मे प्रशासनिक अधिकारियो, कर्मचारियों व जनपदवासियों के सहयोग से अभियानो को व्यापक सफलता मिली है। आगे भी जनसहयोग से जनपद के विकास को आगे ले जाने का काम जारी रहेगा।

पीएम ने डीएम की थी सराहना

जिलाधिकारी हीरा लाल के प्रयासो को जहाँ जनपद ही नही दूर-दूर सराहा जा रहा है। वही लोकसभा चुनाव के दौरान जब प्रधानमंत्री नरेन्द्र मोदी एक चुनावी रैली को सम्बोधित करने बाँदा कृषि विश्वविद्यालय आये थे। उस समय जिलाधिकारी की अगुवाई में 90 प्लस अभियान चलाया जा रहा था। प्रधानमन्त्री ने मंच से जिलाधिकारी के इस अभियान की सराहना की थी।

जिलाधिकारी के चलाये गये अभियान

- जनवरी 2019 मे राजकीय मेडिकल कालेज मे तीन दिवसीय स्टार्टअप सम्मिट इनोवेशन।
- लोकसभा चुनाव के दौरान मतदान प्रतिशत बढ़ाने के लिये 90 प्लस मतदाता जागरूकता अभियान।
- जेल मे दैनिक दिनचर्या मे योगा कार्यक्रम चलाकर प्रदेश में बांदा को एक नम्बर की जेल का स्थान मिला।
- जल संकट से निपटने के लिये गर्मियो मे कुआं–तालाब बचाओ अभियान का आयोजन।
- जनपद मे सरकारी कर्मचारी व अधिकारियो के साथ लोगो को स्वस्थ्य रखने के लिये योगा के कार्यक्रम चलाये जा रहे है।
- कुपोषण मिटाने के लिये लखनऊ के एक होटल में अन्तर्राष्ट्रीय सुपोषण कार्यशाला यूनीसेफके सहयोग से आयोजित हुयी।
- डेरी के 40 किसानो के दल को प्रगतिशील किसान विज्ञान शुक्ला के यहा अतर्रा स्थित फार्म हाउस मे भेजा गया।
- अन्ना प्रथा को मिटाने के लिये जिला प्रशासन द्वारा मुहिम चलायी जा रही है।
- कालिंजर को पर्यटन स्थल के रूप में विकसित करने,नवाबटैंक मे आवासीय पार्क बनाने की कार्ययोजना को मंजूरी दी।

3.1 पानी की समस्या और समाधान

सितंबर 2018 के मध्य में, मुझे कानून और व्यवस्था की स्थिति का सामना करना पड़ा। एक महत्त्वपूर्ण सड़क को जाम कर दिया गया। एस.डी.एम. बाँदा सुश्री थमीम अंसरिया ने बताया कि इसका कारण एक सप्ताह से चल रहा पानी सप्लाई पंप का खराब होना है। इस घटना ने मुझे सतर्क कर दिया और मैंने आनेवाले गरमियों के महीनों में लोगों को पानी की कठिनाइयों की समस्या की जानकारी लेना शुरू कर दिया।

मैंने वरिष्ठ नागरिकों, पानी के क्षेत्र में कार्य कर रहे विशेषज्ञों, पुराने पत्रकारों और अधिकारियों के साथ शोध-चर्चा की। सभी ने साझा किया कि कैसे चालीस साल पहले कुएँ, तालाब और नदियाँ जल के मुख्य स्रोत थे। जिनका उपयोग लोग पीने के पानी और सिंचाई के लिए करते थे। बदलती जीवन-शैली धीरे-धीरे आमजन को प्राकृतिक स्रोतों से अलग करती गई और नलकूप और 'बोतलबंद पानी' (प्रतीकात्मक रूप से बोलना) से लोग जुड़ते चले गए। इस जल स्रोतों से डिस्कनेक्ट (संबंध विच्छेद) की स्थिति ने जल संकट की समस्या पैदा कर दी, क्योंकि लोगों ने प्राकृतिक जल स्रोतों की देखभाल करना बंद कर दिया और उनकी उपेक्षा शुरू हो गई। धीरे-धीरे ये जल स्रोत बरबाद होते गए और खत्म हो गए।

मेरा जन्म और पालन-पोषण उत्तर प्रदेश के बस्ती जिले के एक सुदूर पिछड़े गाँव बागडीह में हुआ था। हमारा अपना निजी कुआँ था। यह हमारे और साथी ग्रामीणों के लिए पीने के पानी का स्रोत था। हम अपनी फसलों की सिंचाई नदी और तालाब के पानी से करते थे। हम सभी ग्रामीणों के साथ गरमियों में तालाब के पानी में स्नान किया करते थे। बचपन के इस अनुभव ने बाँदा के लिए एक ठोस समाधान पाने के लिए बुनियादी ज्ञान के रूप में काम किया।

मैं पहली बार टीएम बनकर बाँदा गया तो पानी की समस्या तो मुझे पहले से पता ही थी। पानी की समस्या सबसे बड़ी थी और बहुत लोग इससे परेशान थे। बाँदा जल संकट के लिए बदनाम है। मैं बहुत दिनों से बाँदा में पानी की कमी के बारे में पढ़ रहा था। बाँदा में मैं पहली बार 31 अगस्त, 2018 को जिला मजिस्ट्रेट (डीएम) के रूप में आया था। पानी की परेशानी एक ऐसा मुद्दा था, जो मुझे पहले दिन से ही पता था।

क्योंकि अकसर बाँदा की पानी की परेशानी पर समाचार पढ़ता रहता था

और टी.वी. पर न्यूज देखता था। सितंबर में जो पहली शांति व्यवस्था की समस्या आई, वह पानी की थी। इसी समस्या से मैं चौकन्ना और सतर्क हुआ। पता करने पर ज्ञात हुआ कि गरमी में प्रतिदिन धरना-प्रदर्शन होते हैं। औरतें गगरी प्रदर्शन करती हैं और जिलाधिकारी को चूड़ी भेंट करती हैं। इस जानकारी ने मुझसे कहा कि अभी से समाधान पाने में लग जाओ, जिलाधिकारी हीरा लाल, नहीं तो गरमी में परेशान रहोगे।

यहाँ के लोग पूर्व में कुआँ, तालाब और नदी से पानी की व्यवस्था करते थे। विगत कई वर्षों से बदलती जीवन-शैली ने लोगों को इन जल स्रोतों से दूर कर दिया। लोग नल-नलकूप के नजदीक आ गए। बोतल का पानी पीना शान और मान का प्रतीक बन गया है। इससे लोग पानी के खजाने (कुआँ, तालाब व नदी) से दूर चले गए। इससे ये जीवनदायिनी जल स्रोत वीरान होते गए। परिणामत: लोगों की जिंदगी में पानी का घोर संकट उत्पन्न हो गया। सभी की जिंदगी से खुशहाली और हरियाली घटने लगी। पीने का पानी नहीं है। सिंचाई हेतु पर्याप्त पानी नहीं है। उत्पादकता घट गई और गरीबी बढ़ गई। पानी की कमी से अनेक और परेशानियाँ उत्पन्न हो गईं, जिनके बारे में हम लोगों को पता ही नहीं है। विकास बाधित होने लगा। श्री उमा शंकर पांडेय ने ग्राम जखनी में पानी संरक्षण पर अच्छा कार्य किया है। जखनी 'जल ग्राम' के नाम से जाना जाता है।

06 अक्तूबर, 2018 को कृषि विश्वविद्यालय के हॉल में एकदिवसीय 'जल संरक्षण महापर्व' कार्यशाला में ग्राम प्रधान, लेखपाल और ग्राम सचिव की टीम को पानी बचाने, संरक्षित करने की मूल जानकारी देने के बाद सभी को बताया गया कि बरसाती पानी धरती में ले जाकर बचाना है। इसी बैठक से यह अभियान शुरू हो गया। पानी समस्या को आम जनता का सरोकार और मुद्दा बनाया गया। इसके बाद प्रथम चरण (7/12/2018 से) में कुआँ और सरकारी नलों के चारों तरफ खंती खुदाई अभियान चलाया गया। इससे पहले जनपद में तैनात अवर अभियंतागण की टीम लखनऊ भेजकर (11.01.2019) तकनीकी जानकारी श्री महेंद्र मोदी, तत्कालीन आई.पी.एस. से दिलाई और प्रशिक्षित कराया। यही लोग गाँव में, ब्लॉक में कर्मियों को सीखी गई तकनीकी जानकारी देते थे, ताकि गुणवत्तावाला कार्य हो।

470 गाँव में 2443 खंती खुदी। 3930 किलोलीटर पानी इकट्ठा करने की नई जगह बन गई। लगभग 34,732 लोगों ने भाग लिया और जागरूक हुए। 11,001 किलोलीटर वार्षिक रीचार्ज क्षमता सृजित हुई।

इस कार्य पर भारत सरकार के सचिव श्री परमेश्वरन अय्यर द्वारा 24 मई, 2019 को दिल्ली में पुरस्कार दिया गया। इससे पूरी टीम में जोश पैदा हुआ। यह भी साबित हो गया कि हम लोग सही दिशा में प्रयास कर रहे हैं। मैं अभी तक सक्रिय नहीं था। श्री हीरा लाल तत्कालीन मुख्य विकास अधिकारी की अगुआई में यह चल रहा था। पुरस्कार ने मुझे जगा दिया। मैं सक्रिय हो गया। लोकसभा चुनाव मई 2019 खत्म होते ही द्वितीय चरण शुरू किया गया। इस चरण में कुओं, तालाब पर दृष्टि गड़ाई गई। लगभग 7,800 कुओं की प्रथम बार गणना कराई गई। लगभग 2200 सार्वजनिक और इतने ही निजी तालाबों को ठीक करने की योजना बनाई गई।

'कुआँ-तालाबों में पानी लाएँगे—बाँदा को खुशहाल बनाएँगे,' के नारे के साथ चरण-दो शुरू हुआ। आमजन का कुओं-तालाब से पुराना लगाव पुनः स्थापित होने लगा। लोग इसकी चिंता करने लगे। इनकी साफ-सफाई, रखरखाव शुरू हो गया। कुओं की सफाई के लिए जानकार लोगों की कमी एक बाधा बना, क्योंकि कुएँ में अंदर घुसकर सफाई करना जोखिम भरा कार्य है। नए तालाब की खुदाई मनरेगा और अपना खेत तालाब योजना से अभियान चलाकर कराया गया। यह अभियान भारतवर्ष में अनूठा प्रयोग था। लोगों के नल, नलकूप और बोतल के पानी से लगाव को घटाया गया। पहली बार पानी के घर (निवास स्थान) कुओं, तालाब, नदी से आमजन को जोड़ने का अभियान चलाया गया। अपनी बैठकों में मैं दार्शनिक अंदाज में कहता था कि "मैं लोगों के दिल, दिमाग, सोच में कुआँ, तालाब, नदी खोदना चाहता हूँ। मौके पर जमीन पर खुदे, न खुदे, मायने नहीं रखता, लेकिन लोगों के दिल, दिमाग, सोच में जरूर खुदना चाहिए।" इससे आमजन के व्यक्तित्व में पानी के प्रति आदर, सम्मान और प्रेम का भाव तथा लगाव पैदा करना था। यह नारा काफी कारगर रहा। इस वक्तव्य से पानी का सॉफ्टवेयर (पानी के बारे में सोचना) ठीक हुआ। यदि सॉफ्टवेयर ठीक होंगे तो हार्डवेयर स्वतः ठीक होगा और पानी का पूरा इकोसिस्टम दुरुस्त होगा।

इस अभियान को समाचार-पत्रों, न्यूज पोर्टल, टी.वी. ने खूब प्रचारित और प्रसारित किया। इससे पानी से जुड़े सभी लोगों और आमजन में पानी बचाने की सोच पैदा हुई, अर्थात् सॉफ्टवेयर ठीक हुआ।

देश में पहले नंबर पर पहुंचा तालाब कुआं जियाओ अभियान

"बांदा में जल संरक्षण के लिए लगातार प्रयास किए जा रहे हैं। जन भागेदारी भी इस अभियान में सुनिश्चित हो रही है। ऐसे में अभियान को धरातल पर ले जाने में आसानी होगी। इस अभियान को सही दिशा देना ही मेरा मुख्य उद्देश्य है।"
हीरा लाल, जिलाधिकारी बांदा

- जल शक्ति मंत्रालय ने की अभियान की सराहना
- देश में चलाए गए छह अभियानों की हुई चर्चा
- उत्तर प्रदेश के तीन जिलों ने इसपर किया बेहतर काम

जागरण संवाददाता, बांदा : जल संरक्षण को लेकर चलाये जाने वाले अभियानों में बांदा का तालाब - कुआं जियाओ अभियान की गूंज पूरे देश में पहुंच चुकी है। भारत सरकार के जल शक्ति मंत्रालय द्वारा जल संरक्षण के लिए शुरू किये गए अभियान में उत्तर प्रदेश के तीन जिलों के अभियानों को सर्वोच्च प्राथमिकता दी गई है। इसमें पहले स्थान पर बांदा का तालाब कुआं अभियान दूसरे स्थान पर जालौन जिले का भूजल कोस संचय अभियान व तीसरे स्थान पर चित्रकूट जिले का मंदाकिनी नदी सफाई अभियान है। पूरे देश भर से चलाये जाने वाले अभियानों में छह अभियानों को प्राथमिकता दी गई है। जिनमें तीन उत्तर प्रदेश के हैं वहीं तीन अन्य में उत्तराखंड, केरल और झारखंड राज्य के चलाये गए जल संरक्षण अभियान हैं।

भारत सरकार के जल शक्ति मंत्रालय द्वारा गुरुवार को नई दिल्ली में जल संरक्षण अभियान की शुरुआत की गई। कार्यक्रम को विस्तार देने से पूर्व जल शक्ति मंत्रालय के सचिव यूपी सिंह ने देश भर में उत्कृष्ट रुप से जल संरक्षण अभियान चलाने वाले प्रदेशों की चर्चा की। इनमें सबसे बेहतर अभियान चलाने वाले प्रदेशों में उत्तर प्रदेश रहा। सचिव ने बताया कि उत्तर प्रदेश के तीन जिलों ने इस अभियान पर बेहतर काम शुरू किया है। इनमें बांदा अव्वल है। बांदा का तालाब- कुआं जियाओ अभियान जनभागेदारी का रुप ले रहा है। गांव-गांव जलस्त्रोतों को लेकर आम लोगों में जागरुकता आ रही है। इसी प्रकार में जालौन का भूजल कोस अभियान और चित्रकूट का मंदाकिनी स्वच्छता अभियान भी बेहतर रुप ले रहा है।

सचिव ने तीनों जिलों की कार्ययोजना का सराहा है। पूरे देश में अभियान की सराहना होने एवं देश के जल शक्ति मंत्रालय द्वारा अपने एजेंडे में शामिल करने के बाद बांदा जिले की एक नई पहचान बनी है। जिलाधिकारी द्वारा चलाये इस अभियान पर स्थानीय तौर पर भी हर रोज सफलता की एक नई कड़ी जुड़ रही है।

7500 कुओं में कराया जाए दीपदान

जल संरक्षण के प्रयासों में बांदा को बताया मॉडल

दिल्ली में आयोजित वाटर टॉक में केंद्रीय सचिव ने अभियान को सराहा

लोगों का दिल-दिमाग पानी-पानी हो गया। पानी का दुरुपयोग घटने लगा। आमजन बरसाती पानी बचाने की जुगत में लग गए। यह स्थिति पैदा करने के लिए अनेक कार्यक्रम आयोजित किए गए :

1. अंतरविभागीय समिति बनाई गई और स्वयं साप्ताहिक कार्ययोजना की समीक्षा की।
2. पानी बजट पर चर्चा प्रत्येक 470 गाँवों में की गई। प्रत्येक ग्राम में जल चौपाल लगाई गई। इससे जल के मुद्दे से आम जनता को जोड़ा गया।
3. खंती खुदाई का प्रथम अभियान जोर-शोर से चला और कामयाब रहा।
4. बाँदा की तीन नदी, केन, वागे और यमुना पर जल आरती शुरू कराई। तीनों के किनारे बसे 130 गाँवों में जागरूकता अभियान चलाया कि नदी बचाओ, साफ रखो, नदी से धनी बनो।
5. जल मार्च निकाला गया। जल स्त्रोतों पर जल आरती कराई गई। जल के स्त्रोतों (कुआँ, तालाब, नदी) पर विभिन्न अवसरों पर दीपदान कराया।
6. पेड़ बचाओ अभियान और मेड़बंदी का अभियान चलाया।
7. जल पर कविता, मुशायरा और जल हास्य सम्मेलन श्री राजू श्रीवास्तव (हास्य कलाकार) को बुलाकर करवाया गया।

श्री यू.पी. सिंह सचिव, जल शक्ति मंत्रालय, भारत सरकार को बाँदा के अभूतपूर्व पानी संरक्षण के कार्य की जानकारी मीडिया से पता चली। दूरभाष पर चर्चा में मैंने मौके पर आकर देखने का अनुरोध किया। 06 व 07 जुलाई, 2020 को बाँदा का दो दिवसीय दौरा किया। प्रत्येक तरह के कार्य मौके पर देखे। जन-सहभागिता से जल संरक्षण पर कराए गए कार्यों को खूब पसंद किया। पानी संरक्षण

के बाँदा मॉडल का खूब प्रचार-प्रसार भी कराया, ताकि जन-सहभागिता के इस मॉडल को अन्य लोग अपनाएँ और लाभ लें। कुओं, तालाबों, नदियों पर एक साथ पूरे जनपद में कार्य करना इसका मुख्य आकर्षण था, क्योंकि एक 50 साल पुरानी जटिल समस्या हल हो रही थी।

श्री यू.पी. सिंह ने कहा कि बरसात आनेवाली है। अभियान रुक जाएगा। इसका जवाब ढूँढ़ा और सुश्री प्रशंसा गुप्ता स्थानीय एन.जी.ओ. साझेदार की जिला प्रभारी के सुझाव पर 88 कार्यालय, 2200 प्राथमिक विद्यालय और अप्रयुक्त कुओं में रेन वाटर हारवेस्टिंग की सुविधा का सृजन कराया। पूरी बरसात यह अभियान चला। इसके उपरांत केन नदी पर साप्ताहिक आरती शुरू कराई। वागे और यमुना के संगम चिल्ला में भी मासिक आरती शुरू कराई। कुछ पत्रकारों ने कहा कि जिलाधिकारी पानी की समस्या से ध्यान भटकाने और हटाने के लिए हमें पूजा-पाठ के पुराने जमाने में पीछे ले जा रहे हैं। इस विरोध का सामना करना पड़ा, लेकिन मेरा कार्य धार्मिक नहीं, पानी के सभी स्त्रोतों से आमजन को जोड़ना और उनमें, इससे लगाव पैदा करना था।

वाटर ऐड, लखनऊ के ज्ञान साझेदार (Knowledge Partner) के रूप में श्री फारुख, श्री पुनीत और श्री शिशिर ने हर तरह का सहयोग दिया। दिल्ली से वाटर ऐड के देश के मुखिया श्री एम.के. माधवन ने पूरा साथ दिया। स्थानीय स्तर पर सुश्री प्रशंसा गुप्ता अभियान को आवेग प्रदान करती रहीं। पी.पी.पी. मॉडल पर यह प्रयोग काफी सफल रहा।

लगभग सवा साल के कार्य से करीब 1.34 मीटर जल स्तर (वाटर लेवल) ऊपर आया। इससे लगभग 18.5 प्रतिशत फसल उत्पादकता बढ़ी। लोग स्वयं पानी बचाने में लग गए। लोगों की सोच में पानी रच-बस गया। पानी के स्रोतों से लोगों का प्यार बढ़ने लगा।

प्रदेश और देश स्तर के अनेकों पुरस्कार मिले। इस मॉडल की चर्चा पूरे देश में हुई।

एक अपील || **पानी का पुण्य कमाओ** ||

"पुराने जमाने में खेत, तालाब से पानी पीता था। इंसान, कुएं से पानी पीता था। तालाब, तालाब नहीं रहा। कुएं और तालाब सूख गये। जब से कुएं-तालाबों ने हमारा साथ छोडा, तब से पानी का विकट संकट हमारे सामने आ गया है। वर्तमान जीवन और भविष्य को यदि सुरक्षित करना है तो तालाब और कुएं को पुनः जीवित कर, दोस्त एवं जीवन साथी बनाना होगा। तालाब और कुएं हमारे लिए पूज्यनीय है। पुनः हमें इनकी पूजा शुरू कर देनी चाहिए। यह हमारी बाध्यता है- इस सच्चाई को समझना होगा। सामूहिक श्रमदान और आपसी सहयोग (पुरानी रीति-रिवाज) से तालाब-कुओं को पुनजीवित करना होगा। यदि ऐसा नहीं किया तो क्या होगा ? भीषण गर्मी एवं गम्भीर जल संकट इसके भयावह परिणाम के संकेत दे रहे हैं।"

जल ही जीवन है
जल है तो कल है

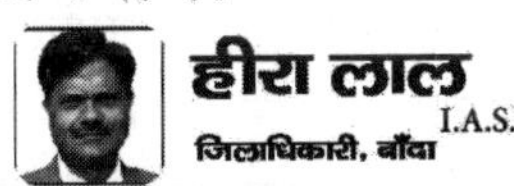

पानी बड़ा सवाल था बाँदा की जमीं पर।
जीना बड़ा मुहाल था बाँदा की जमीं पर।
मैंने फिर इस सवाल को शर्मिंदा कर दिया।
सूखे कुएँ तालाब को फिर जिंदा कर दिया।

—नज़रे आलम 'नज़र बाँदवी'

3.2 स्टार्टअप और इनोवेशन

खुद वो बदलाव बनिए, जो आप दुनिया में देखना चाहते हैं।

—**महात्मा गांधी**

28-29-30 जनवरी, 2018

संयुक्त राष्ट्र विकास कार्यक्रम और नीति आयोग की एक रिपोर्ट के अनुसार, बाँदा कई विकास संकेतकों में पिछड़ रहा था, जैसे कि बाँदा की प्रति व्यक्ति आय भारत के औसत का केवल 43 प्रतिशत है। इसी तरह, प्रति श्रमिक उत्पादन, कृषि का प्रति हेक्टेयर उत्पादन (शुद्ध बोया गया क्षेत्र) जैसे संकेतकों की खराब स्थिति थी। कुल मिलाकर बुंदेलखंड क्षेत्र में बाँदा को छठवाँ स्थान मिला था, जो निराशाजनक था। निराशा का भाव, अधिकांश का भाव हारे हुए सैनिक की तरह देखने को मिला। बाँदा पिछड़ा है, यहाँ कुछ नहीं हो सकता। ऐसा लगा कि अधिकांश लोग हिम्मत हार चुके। हताश, निराश होकर भगवान् भरोसे बैठ गए हैं। इस मानसिक स्थिति को बदलने के लिए ही यह तीन दिवसीय नवाचारी आयोजन किया गया।

अन्न प्रथा, कुपोषण, पानी समस्या, बेरोजगारी, गरीबी की समस्या का सरल, सहज और कम लागतवाला स्थायी समाधान ढूँढ़ना और अपनाना मकसद था। तन, मन और बुद्धि में नवाचार की सोच पैदा करना, ताकि लोग वैज्ञानिक और सकारात्मक चिंतन कर सकें और शक्तिशाली होकर आगे बढ़ सकें।

जिला विज्ञान क्लब के सह-समन्वयक श्री शनि कुमार ने इस कार्यक्रम की आधारशिला रखवाई। उनके द्वारा क्लब के माध्यम से अच्छे कार्य किए गए थे। उनके अनुभव के सहारे तैयारी शुरू की गई। तैयारी के दौरान यह कार्य काफी जटिल और परेशानीवाला महसूस हुआ। कुछ दिन तैयारी करने के बाद अहसास हुआ कि आराम और नींद छीन लेनेवाला कार्य है। निर्णय लिया, नहीं करेंगे। एक माह बाद अचानक पुनः मन में एकाएक विचार आया कि करना चाहिए, तभी तो समस्या का समाधान मिलेगा। हिम्मत जुटाकर 28-29-30 जनवरी, 2019 को कार्यक्रम की तिथि तय कर दी। जोर-शोर से तैयारी में लग गए। ई-लेट्स टेक्नोमीडिया के स्टेट हेड श्री अर्पित गुप्ता, जो कि पूर्व से परिचित थे, से संपर्क किया। श्री अर्पित गुप्ता बाँदा के रहनेवाले हैं। ईलेट को ज्ञान साझेदार (Knowledge Partner) बनाया। श्री अर्पित गुप्ता ने पूरा साथ दिया। विज्ञान एवं प्रौद्योगिकी परिषद्, उत्तर प्रदेश,

लखनऊ के अधिकारीगणों ने भाग लिया और पूरी तैयारी कराकर संपन्न कराने में अहम भूमिका निभाई। श्री संदीप द्विवेदी और श्री राधेलाल ने मौके पर रहकर अपनी इनोवेशन कार्यशाला कराने के अनुभव का पूरा लाभ दिया, लेकिन तत्कालीन प्रमुख सचिव व निदेशक का अपेक्षित सहयोग नहीं मिला।

आम बोलचाल की भाषा में यह कहा जा सकता है कि प्रत्येक स्टार्टअप इनोवेशन ज्ञान पर आधारित एक पुंज है। इसमें जोखिम उठाकर कुछ नया करने की एक सोच होती है। इस सम्मिट में अनेक स्टार्टअप इनोवेशन आए अर्थात् ज्ञान का कुंभ आयोजित किया गया। इस आयोजन के पीछे मुख्य उद्देश्य यह था कि जनपद के लोग स्टार्टअप और इनोवेशन से परिचित हो जाएँ, जिससे उनका इन दोनों शब्दों से लगाव हो सके और वह अपनी समस्याओं के समाधान के साथ-साथ अपने इच्छित स्थान पर सरलता और सुगमता से पहुँच सकें। प्रत्येक व्यक्ति में बदलाव की एक नई सोच पैदा हो सके।

जनपद में पूर्व में ऐसा कोई आयोजन नहीं हुआ था इसलिए लोगों में एक उल्लास और हर्ष की लहर थी। इससे यह साबित होता है कि यहाँ के लोग ज्ञान और नवाचार को पाने और अपनाने के लिए इच्छुक हैं। इस व्यवस्था में जिला प्रशासन के अधिकारियों के साथ-साथ जनमानस, पत्रकार, व्यापारी बंधु तथा अनेक संस्थाओं ने तन-मन-धन से बिना किसी अपेक्षा के सहयोग दिया और प्रतिभाग किया।

सम्मिट के मुख्य मुद्दे/विषय

नवाचार एवं स्टार्टअप सतत विकास के लिए

उपविषय

- ग्रामीण एवं शहरी विकास
- कृषि से कृषि व्यवसाय की ओर
- चिकित्सा, स्वास्थ्य और स्वच्छता
- शिक्षा, शैक्षणिक प्रक्रिया और शैक्षिक वातावरण
- सामाजिक विकास हेतु प्रौद्योगिकी
- जल संरक्षण एवं प्रबंधन
- पारंपरिक, सामाजिक, सांस्कृतिक धरोहर में समय के साथ बदलाव।

सम्मिट में विचार-विमर्श हेतु जनपद बाँदा के निवासियों को 5 वर्गों में विभाजित किया गया—

1. छात्र
2. प्रशिक्षित
3. अप्रशिक्षित जनसाधारण
4. किसान
5. प्रशिक्षित जनसाधारण (प्रशिक्षण का विषय कुछ भी हो सकता है। तात्पर्य यह है कि प्रतिभागी किसी विषय में प्रशिक्षित है, अर्थात् औपचारिक योग्यता रखता है)

इनोवेशन एंड स्टार्टअप सम्मिट 2019 की गतिविधियों के चरण—

1. इनोवेशन एंड स्टार्टअप सम्मिट 2019 का उद्घाटन एवं समापन समारोह
2. तकनीकी सत्रों का आयोजन
3. विभिन्न विभागों के स्टाल एवं प्रदर्शनी
4. सांस्कृतिक कार्यक्रम।

कार्यशाला में विभिन्न स्थानीय समस्याओं के मुद्दों पर 28 सत्र आयोजित किए गए। 80 सरकारी और गैर-सरकारी प्रदर्शनी/स्टॉल लगाकर बहुत सारी आवश्यक जानकारी आमजन को दी गई। देश भर से 135 नव प्रवर्तकों ने भाग लिया।

बुंदेलखंड क्षेत्र के लिए यह सफल आयोजन एक अनूठी मिसाल बनी। इस तीन दिवसीय आयोजन से निम्नलिखित लाभ हुए :

1. जनपद को एक नई पहचान मिली और जिले की छवि और बेहतर हुई।
2. सभी का मन बदला। निराशा का भाव आशा में बदला। सरकारी कर्मी में बदलाव की सोच पैदा हो गई कि बाँदा जैसे पिछड़े जनपद में भी कुछ भी किया जा सकता है। सभी लोग आशावादी हो गए।
3. समस्याओं के सस्ते, सरल समाधान से रूबरू हुए।
4. सभी को अपना हुनर, प्रतिभा दिखाने का अवसर/मंच मिला। इससे सभी की ऊर्जा बढ़ी।
5. सरकार और जनता के बीच की दूरी कम हुई, जिससे आपसी तालमेल और सद्भाव बढ़ा। सुशासन प्राप्त करने की सोच बनी।

6. सभी का आत्मबल और विश्वास बढ़ा। पूरा जनपद एक प्लेटफॉर्म पर आया, जिससे सभी को बाँदा की शक्ति का अहसास हुआ।

इस आयोजन से पूरा जिला एक मंच पर आया और सकारात्मक दिशा में और नए पथ पर चल पड़ा। अधिकांश ने सोच लिया कि कुछ अच्छा करना है और बदलना है। सबसे अच्छा परिवर्तन अधिकारी/कर्मचारी के दिल, दिमाग और सोच में दिखा। इस समारोह ने विकास की रुकी गाड़ी को धक्का देकर दौड़ा दिया। बाँदा में भी अच्छा और सकारात्मक विकास हो सकता है, यह विश्वास सबके मन में जाग गया। इस सोच से एक के बाद एक अनेक नवाचारी कार्यक्रम और कार्य हुए और सभी में आशातीत सफलता मिलती रही। लगातार कार्यक्रमों से सभी की खुशहाली बढ़ती गई। धीरे-धीरे सभी ऊर्जावान होते गए और कारवाँ बढ़ता गया। कार्य संस्कृति बदली और सभी को नए सकारात्मक माहौल में कार्य करने में आनंद आने लगा। प्यार की पावर (Power of Love and Affection) के उपयोग से माहौल बदला। दंड देने की पावरवाली शक्ति को कोसों दूर रखा गया। आमजन में आपसी संबंध, समन्वय, संपर्क, संवाद और सहयोग बढ़ा। पहली बार पूरा बाँदा एक मंच पर आकर विकास के मुद्दे पर एकमत हुआ कि बाँदा को बदलना है। सभी को बाँदा की शक्ति का अहसास भी हुआ। कारवाँ बना और चल पड़ा। विगत कई दशकों का यह सबसे आकर्षक और उत्साहित करनेवाला कार्यक्रम था। यह पूरे बुंदेलखंड के लिए एक मिसाल बना। प्रदेश और देश स्तर पर इसकी सकारात्मक चर्चा हुई।

यह एक ऐसी शुरुआत थी, जो कि 'मील का पत्थर' साबित हुई। इसने आमजन में बढ़ने का एक जोश भर दिया। नतीजा यह रहा कि लोग स्वत: सकारात्मक सोच के साथ आगे बढ़ने लगे और नया करने लगे। एक छोटा बदलाव एक बड़ी कामयाबी का हिस्सा होता है।

मुद्दत से बेबसी के जो मारे हुए थे हम।
जीवन की हर लड़ाई को हारे हुए थे हम।
स्टार्टअप का डी.एम. ने दीपक जला दिया।
मायूसियों का दिल से अँधेरा मिटा दिया।

—नज़रे आलम 'नज़र बाँदवी'

नई-नई तकनीक को अपनाकर खुशहाली के रास्ते बढ़ेंगे बुंदेली, समस्याओं का त्वरित हल निकालने में मील का पत्थर साबित होगा यह आयोजन

स्टार्टअप समिट से अब फैलेगा रोजगार का उजियारा

कई स्टालों में दी जा रही योजनाओं की जानकारी

नवाचार के जरिए जिले को देश भर में मिली शोहरत

3.3 लोकसभा चुनाव-2019
(लोकतंत्र मजबूत करने का त्योहार)

अच्छे चुनाव का सबसे महत्त्वपूर्ण आधार अच्छी निर्वाचक नामावली होता है। भारत निर्वाचन आयोग ने 01 सितंबर से 31 सितंबर, 2018 के मध्य विशेष अभियान चलाकर नामावली को आयोग के निर्देशानुसार अत्यावधिक और शुद्ध कराया। 38,831 नए मतदाता जुड़े। आयोग के अन्य मानकों में भी सुधार आया। इस कार्य में बतौर जिला निर्वाचन अधिकारी, मैंने सामान्य कार्य किया। इसका नेतृत्व उपजिला निर्वाचन अधिकारी श्री संतोष बहादुर सिंह, अपर जिला अधिकारी वित्त एवं राजस्व कर रहे थे। 25 जनवरी, 2019 को राष्ट्रीय मतदाता दिवस पर नामावली में अच्छा कार्य करने के लिए प्रदेश के 6 जनपदों को पुरस्कार मिला। इसमें बाँदा भी था। राज्यपाल, मुख्य सचिव ने लखनऊ में यह पुरस्कार दिया।

इससे सभी जुड़े कर्मियों में जोश पैदा हुआ। इसके बाद 28, 29, 30 जनवरी, 2019 को इनोवेशन और स्टार्टअप सम्मिट ने पूरे जनपद में एक नई सोच की लहर पैदा कर दी। दो कार्यक्रम की अभूतपूर्व सफलता और मई 2019 में चुनाव संपन्न कराने की तैयारी का दबाव काम आया। अगला अभियान चुनाव होगा। यह निर्णय कर लिया कि चुनाव में कुछ अच्छा और अलग करना है। इस पर मंथन शुरू किया।

आयोग के तीन मुख्य लक्ष्य थे :

1. अच्छी निर्वाचक नियमावली,
2. ज्यादा मतदान प्रतिशत, और
3. त्योहार के माहौल में शांतिपूर्वक मतदान करवाना।

मजबूत लोकतंत्र की बुनियाद करेंगे।
इतिहास वो रचेंगे कि सब याद करेंगे।
मतदान होगा नब्बे प्लस अब चुनाव में।
सरकार हम बनाएँगे शहरों में, गाँव में।

—नज़रे आलम 'नज़र बाँदवी'

निर्वाचक नामावली में तो हम बाजी मार ले गए। 75 जनपदों में 6 सर्वश्रेष्ठ जनपदों में जनपद बाँदा का नाम भी आया। पहला कदम सफल रहा। अगला लक्ष्य था मतदान कैसे बढ़ाया जाए?

चुनाव को समझने के लिए, चुनाव कार्यालय द्वारा पुराने आँकड़े खँगाले गए। 2014 के लोकसभा चुनाव में भारत का मतदान औसत 66.38 प्रतिशत, उ.प्र. का 58.29 प्रतिशत और बाँदा का 52.69 प्रतिशत था। बाँदा का मतदान प्रतिशत देश और प्रदेश दोनों से काफी कम था। 2017 के विधानसभा चुनाव में औसत मतदान 60.20 प्रतिशत था। इससे भी साबित होता है कि लोकसभा 2014 का मतदान विधानसभा से कम हुआ। पंचायत चुनाव 2015 में दो ग्राम पंचायतों कोलावल रायपुर (महुआ ब्लॉक) में 91.98 प्रतिशत और शाहपाटन (नरैनी ब्लॉक) में 90.7 प्रतिशत मतदान हुआ था।

आँकड़ों के विश्लेषण से पता चला कि 90 प्रतिशत से अधिक मतदान दो बूथ पर हुआ है, जब 90 प्रतिशत से ज्यादा मतदान पंचायत में हो सकता है, तो लोकसभा में क्यों नहीं? इसे चुनौती के रूप में लेकर गंभीरता से काम करना शुरू कर दिया।

लक्ष्य बनाया कि बाँदा के 13,09,009 मतदाताओं को 843 मतदान केंद्रों के 1454 बूथों पर 90 प्रतिशत से ज्यादा मतदान कराना है। अभियान शुरू किया—

90%+ हो मतदान-बाँदा-बने देश की शान

इस असंभव लक्ष्य की प्राप्ति के लिए एक सहज, सरल और मजबूत रणनीति का सृजन किया। जन-सहभागिता को मुख्य आधार बनाया गया।

एसोसिएशन फॉर डेमोक्रेटिक रिफॉर्म्स (ए.डी.आर.) एक गैर-सरकारी संगठन है। यह चुनाव सुधार के लिए बहुत अच्छा कार्य कर रही है। इसे ज्ञान साझेदार (Knowledge Partner) बनाया। इसके प्रदेश समन्वयक श्री अनिल शर्मा थे। ए.डी.आर. के सहयोग से चारों विधानसभाओं में जन-जागरूकता के लिए बैठकें कीं। चुनाव प्रक्रिया में सभी को सक्रिय होकर भाग लेने हेतु प्रेरित किया।

नए कदम, नए लक्ष्य की ओर :

- सांस्कृतिक कार्यक्रम का प्रयोग।
- 3 नए चुनाव ब्रांड एंबेसडर बनाए।
- 2916 बूथ एंबेसडर बनाए।
- स्कूली बच्चों को एक प्रारूप में इंटर्नशिप कराया एवं प्रमाण-पत्र दिया।
- मतदान के लिए 20,000 पत्र लिखे।
- यातायात की सुविधा उपलब्ध करवाई।
- जनपद से बाहर रहनेवाले मतदाताओं को बुलाने के प्रयास किए गए।
- एन.सी.सी./स्काउट/रोवर्स-रेंजर्स की मतदान में भागीदारी।
- मतदान मेला।
- विभिन्न सरकारी और गैर-सरकारी संगठनों को जोड़ना।
- प्रत्येक कर्मी का अपना बूथ (8161 अधिकारी/कर्मचारी द्वारा)।
- 9154 दिव्यांग मतदाताओं को विशेष सुविधा।
- ज्ञान साझेदार (नॉलेज पार्टनर) टीम।
- वार रूम।
- सलाहकार मंडल।
- प्रचार-प्रसार के नए तरीके।
- बेस्ट वोटिंग रिवार्ड।
- प्रत्येक मतदाता तक पहुँचने का तरीका-एस.ओ.पी. द्वारा।
- महिला प्रेरक समितियाँ।
- सघन मॉनीटरिंग।
- मीडिया प्रबंधन।
- प्रेरक स्लोगन।
- 1950 चुनाव हेल्प नंबर का अतिरिक्त प्रयोग।

28 फरवरी, 2019 को लखनऊ विधानसभा के तिलक हॉल में आयोग ने समीक्षा की—

भारतीय निर्वाचन आयोग, नई दिल्ली द्वारा लोकसभा चुनाव 2019 की तैयारी संबंधी समीक्षा बैठक मुख्य निर्वाचन अधिकारी कार्यालय, लखनऊ द्वारा आयोजित कराई गई। इस बैठक में प्रदेश के चुनाव से जुड़े सभी उच्चाधिकारी, आयुक्त, जिलाधिकारी, पुलिस अधीक्षक, चुनाव आयोग के समस्त अधिकारी एवं कर्मचारी उपस्थित थे। इसमें मुख्य आयुक्त श्री सुनील अरोड़ा एवं दोनों चुनाव आयुक्त श्री

अशोक लवासा व श्री सुशील चंद्र भी उपस्थित थे। चुनाव आयोग द्वारा बाँदा में मतदान प्रतिशत बढ़ाने के लिए की जानेवाली गतिविधियों के विवरण माँगे जाने पर मैंने 90 प्रतिशत की कार्ययोजना के सभी पहलुओं से अवगत कराया। साथ ही प्रचार सामग्री, जैसे—हैंडबिल, पैड, बैनर की प्रति प्रस्तुत की।

चुनाव आयोग द्वारा चुनाव के दौरान गरमी के दृष्टिगत पानी आदि की व्यवस्था की जानकारी ली गई। 28 फरवरी को 90 प्रतिशत की महत्त्वाकांक्षी योजना संपूर्ण आयोग एवं उत्तर प्रदेश के समस्त अधिकारियों के संज्ञान में आ गई। बैठक में 90 प्रतिशत की कार्ययोजना जानकर अधिकारियों को अटपटा भी लगा, क्योंकि 52.69 प्रतिशत (2014) से 90 प्रतिशत मतदान का लक्ष्य प्रथम दृष्टया स्वप्न जैसा लगा।

02 मार्च, 2019 को योजना भवन, लखनऊ में श्री उमेश सिन्हा, उप निर्वाचन आयुक्त, भारत निर्वाचन आयोग, नई दिल्ली ने चुनाव तैयारी की समीक्षा की। सिस्टेमैटिक वोटर्स एजुकेशन और इलेक्टोरल पार्टिसिपेशन (स्वीप) भारत निर्वाचन आयोग द्वारा चलाई जा रही एक योजना है। इसका उद्देश्य पिछले विधानसभा और संसदीय चुनाव की तुलना में वर्तमान चुनावी प्रक्रिया के दौरान मतदान केंद्रों पर मतदान के प्रतिशत में समग्र वृद्धि करना है, साथ-ही-साथ बहिष्कृत समुदायों की सक्रिय भागीदारी से समावेशी चुनाव कराना, लिंग अंतर को दूर करना और ई.वी. एम. व वी.वी. पैट की जागरूकता को बढ़ाना भी इस योजना का महत्त्वपूर्ण उद्देश्य है। इस बैठक में मात्र दो जिलाधिकारी, बाँदा से मैंने और जिलाधिकारी, लखनऊ श्री कौशल राज शर्मा ने प्रतिभाग किया। बाँदा के महत्त्वाकांक्षी 90 प्रतिशत मतदान के लक्ष्य की कार्ययोजना का प्रस्तुतीकरण मैंने किया।

03 मार्च, 2019

पं. दीनदयाल उपाध्याय राज्य ग्रामीण विकास संस्थान, लखनऊ में ए.डी. आर. द्वारा एक बैठक आयोजित की गई। इसमें मैंने इलेक्ट्रोरल एंड पॉलीटिकल रिफॉर्म्स विषय पर आयोजित 15वीं वार्षिक नेशनल कॉन्फ्रेंस के तकनीकी सत्र 'Role of Youth & Voter Awareness:In Preparation for General Election' में प्रतिभाग किया। 90 प्रतिशत मतदान के लक्ष्य को प्राप्त करने की कार्ययोजना का प्रस्तुतीकरण बड़े प्रभावी ढंग से किया। सभी को प्रस्तुतीकरण का तरीका और लक्ष्य दोनों पसंद आए। राज्य के मुख्य निर्वाचन अधिकारी श्री एल. वेंकटेश्वर लू ने इस लक्ष्य को प्राप्त करने के लिए सभी प्रकार का सहयोग देने की बात कही। यह आयोजन लोकसभा चुनाव 2019 में युवाओं की जागरूकता और मतदान में प्रतिभाग को बढ़ाने पर आधारित था।

अपर मुख्य सचिव सूचना की बैठक

• 14 मार्च, 2019–कलेक्ट्रेट सभागार, बाँदा।

अपर मुख्य सचिव सूचना श्री अवनीश अवस्थी ने कलेक्ट्रेट सभागार में ग्राम पंचायत सचिवों की बैठक में प्रतिभाग किया। उन्होंने जिला प्रशासन द्वारा 90 प्रतिशत से अधिक मतदान के लिए किए जा रहे प्रभावी प्रयासों की सराहना की। इस अभियान में दिव्यांग मतदाताओं को जागरूक करने एवं उनके लिए मतदान केंद्रों में रैंप/वाहन सुविधा, सांस्कृतिक कार्यक्रमों में सहभागिता, महिला मतदाताओं को प्रेरित करने के लिए महिला समितियों को उन्होंने अच्छा कदम बताया। जनपद में 843 केंद्रों पर मतदान मेले की व्यवस्था की तारीफ की।

स्वीप की गाइडलाइन के अंतर्गत मतदाता प्रचार–प्रसार के लिए सूचना विभाग द्वारा वित्तीय सहायता प्रदान की गई। उक्त बैठक में उपायुक्त एन.आर.एल.एम. श्री के.के. पांडेय, उपनिदेशक सूचना श्री भूपेंद्र सिंह यादव, सेवानिवृत्त मुख्य विकास अधिकारी श्री हीरा लाल, अपर जिला सूचना अधिकारी कु. शारदा, श्री अंगद प्रसाद शर्मा तथा विभिन्न विभागों के अधिकारी उपस्थित रहे।

प्रधानमंत्री श्री नरेंद्र मोदी की (25.04.2019) बाँदा कृषि एवं प्रौद्योगिकी विश्वविद्यालय, बाँदा में जनसभा :

भारत के प्रधानमंत्री श्री नरेंद्र मोदी ने बाँदा में आयोजित विजय संकल्प रैली में जिलाधिकारी बाँदा हीरा लाल और उनकी टीम द्वारा 90 प्रतिशत मतदान के लिए चलाए जा रहे अभियान की प्रशंसा की। उन्होंने अपने संबोधन में कहा कि "चुनाव में चुनावी मशीनरी होती है, चुनाव में ये करो, ये न करो, ढिकना करो, फलाना न करो, इसी में लगी रहती है। मुझे बताया गया कि यहाँ जिले के जो चुनाव अधिकारी हैं, वे 100 प्रतिशत वोटिंग के लिए मेहनत कर रहे हैं, ये बहुत अच्छी बात है। मैं उनको बधाई देता हूँ और मैं निर्वाचन आयोग से भी कहूँगा कि जो बात मैंने सुनी है, अगर वह सही है तो निर्वाचन आयोग को ये किस प्रकार से जनजागृति कर रहे हैं, मतदाताओं को जागरूक कर रहे हैं! राजनीति से परे होकर के लोकतंत्र की बात कर रहे हैं तो भारत सरकार के निर्वाचन आयोग को भी ऐसे मेहनत करनेवाले अफसरों की तरफ देखना चाहिए और उनमें से पूरे देश में, अगर इस चुनाव में नहीं, आगे आनेवाले चुनाव में ये क्या तौर–तरीका अपनाते हैं, कैसे लोगों को मोबलाइज किया, ये सारी बातें डॉक्यूमेंट करनी चाहिए। मैं बधाई देता हूँ, जो मैंने सुना...।"

प्रधानमंत्री श्री नरेंद्र मोदी ने भारत निर्वाचन आयोग से सिफारिश भी की कि इस तरह से जनजागृति का कार्य करनेवाले अफसर और उनके अभियान को महत्त्व देते हुए आगामी चुनावों में इनके कार्यों का पूरे देश में अनुसरण किया जाना चाहिए।

अभियान की ऐतिहासिक उपलब्धियाँ

लोकसभा चुनाव–2019 बाँदा के लिए एक स्वर्णिम यादगार बना। इससे पहले चुनावों में जो शोर–शराबा या हंगामा होता था, वैसा इस बार नहीं हुआ। निर्वाचन आयोग द्वारा दिए गए अपेक्षित 85 प्रतिशत के लक्ष्य को 90 प्रतिशत में बदलकर एक अभियान चलाया। लोकतंत्र की मजबूती का पैमाना वोटिंग प्रतिशत होता है। जितना अधिक मतदान प्रतिशत होगा, उतना देश व लोकतंत्र मजबूत होगा। जिलाधिकारी ने यह भी समझाया कि यह देश सेवा करने का सबसे बड़ा और अच्छा अवसर है। आमजन देश सेवा करने के लिए प्रेरित हुए और उन्होंने अपने आप को इस अभियान से जोड़ा। धीरे–धीरे यह कारवाँ बढ़ता चला गया। जिससे इसकी आवाज प्रदेश ही नहीं, देश में गूँजी। इसीलिए माननीय प्रधानमंत्री श्री नरेंद्र मोदी ने अपने भाषण में इसका जिक्र किया। जिलाधिकारी के विचारों से प्रेरित यह लक्ष्य धीरे–धीरे एक जन–आंदोलन बन गया। इस अभियान ने नया इतिहास रच दिया। इसने हर व्यक्ति को जीवन में कुछ नया करने का रास्ता दिखाया। इस अभियान की उपलब्धियों पर यदि नजर डालें तो कुछ इस तरह हैं—

- काफी अरसे बाद पूरा जनपद एक मुद्दे पर सहमत होते हुए एकत्रित हुआ, उनका समर्थन प्राप्त हुआ, जिससे जनपद में एकता और सहयोग की भावना पैदा हुई। लोगों में मेहनत करने की आदत और अच्छा सोचने का विकास हुआ। अभियान में सभी बिना किसी दबाव के स्वेच्छा/खुशी से आनंद प्राप्त करने के लिए ज़ुड़े।
- चुनाव के समय तपती/भीषण गरमी में मतदाताओं का उत्साह देखने लायक था।
- प्रत्येक बूथ पर प्रथम मतदाता को सम्मानित करने की योजना के कारण बूथ पर सुबह से ही मतदान करने की होड़ रही। सभी 1454 प्रथम मतदाताओं को प्रशस्ति पत्र देकर सम्मानित किया गया।
- पूरे अभियान के दौरान सांस्कृतिक कार्यक्रमों की धूम रही। सांस्कृतिक मंच ने गाँव और शहर में क्षेत्रीय कलाकारों के माध्यम से मतदाताओं को

जागरूक किया। जनपद के नए कलाकारों को अपनी प्रतिभा दिखाने का एक मंच मिला। बाँदा की सांस्कृतिक विरासत को सुर्खियों में आने का मौका मिला।

- इस जनांदोलन में नन्ही प्रतिभाओं की धनी और ऊर्जावान तीन छात्राओं को ब्रांड एंबेसडर बनाकर अभियान को गति दी गई। इससे इन्हें जनपद में पहचान और शोहरत मिली। इसके अलावा प्रत्येक बूथ पर सांस्कृतिक कार्यक्रमों द्वारा बच्चों को अपनी प्रतिभा प्रदर्शन का अवसर प्राप्त हुआ।
- पहली बार मतदाता बने युवाओं को बूथ एंबेसडर बनाया गया। इससे वे युवावस्था में ही लोकतंत्र में अपनी अहम भूमिका व उत्तरदायित्वों से परिचित हुए। उन्होंने बूथ पर कार्य करते हुए ग्राम और बूथ में एक अहम कड़ी का कार्य किया।
- स्कूल और कॉलेज के छात्रों को पढ़ाई के साथ-साथ लोकतंत्र का पाठ पढ़ाने का अवसर मिला। प्रशिक्षण संस्थानों में पढ़नेवाले छात्रों ने इंटर्नशिप के माध्यम से पढ़ाई के साथ-साथ लोकतंत्र को मजबूत करनेवाले उपायों को व्यवहारिक रूप से सीखा।
- डीएम ने 20,000 से अधिक लोगों को स्वहस्ताक्षरित पत्र भेजकर इस अभियान में उन्हें अपने साथ आमंत्रित किया। इससे लोगों का जिला प्रशासन से जुड़ाव और आकर्षण बढ़ा। जिलाधिकारी और आम जनता के बीच दूरी कम हुई।
- डीएम के हैंडबिल ने पूरे अभियान के दौरान धमाल मचाया। वह जहाँ भी कार्यक्रम के लिए गए, उन्होंने हर श्रोताओं को यह हैंडबिल 'डीएम का पत्रक आया है, मतदान का संदेशा लाया है' बँटवाया। इससे हर पाठक और श्रोता इस मुहिम से जुड़ता चला गया। इसको उन्होंने डीएम का न्योता कहा। जिससे हर वर्ग के लोग इस जनांदोलन से अपने आप को जुड़ा हुआ महसूस करने लगे।
- अभियान में जनता को प्रेरित और उत्साहित करने के लिए प्रचार-प्रसार के कई साधनों, जैसे—बैनर, वाहनों पर स्टीकर, पत्र, एल.ई.डी. वैन, डिस्प्ले, सोशल नेटवर्किंग साइट, यूट्यूब, फेसबुक, व्हाट्सएप, कैरी बैग और गमछा आदि के प्रयोग से मतदान की एक अलख जगी, जब ये साधन मतदाताओं के समक्ष कई बार गुजरे तो इससे मतदान के लिए प्रेरित हुए। अभियान के दौरान एक लक्ष्यवाली टी-शर्ट और कैप एक स्टेटस सिंबल

बन गई। एक लक्ष्यवाली टी-शर्ट और कैप पहननेवाले स्वत: प्रचारक बन गए। प्रेरक छापवाली इस वेश-भूषा ने मतदाताओं को प्रभावित किया।

DM का पत्रक आया है, मतदान का संदेशा लाया है

सम्माननीय मतदाता, अबकी बार, **90**पार

बाँदा मे 2014 के लोकसभा चुनाव में 52.69% मतदान हुआ था। 2017 के विधानसभा चुनाव में बाँदा की चारो सीटो का औसत मतदान लगभग 60% था। 2015 के पंचायत चुनाव में दो ग्राम पंचायतों में 90% से अधिक मतदान हुआ था। 2014 के लोकसभा चुनाव में उ.प्र. का औसत 58.29% तथा देश का 66.38% था। विश्लेषण से जाहिर है कि बाँदा में प्रदेश से 5.6% और देश से 13.69% मतदान कम हुआ था।

जब पंचायत चुनाव में दो गांवों में 90% से अधिक मतदान हो सकता है तो लोकसभा में क्यों नहीं? यह कठिन जरूर है परन्तु असम्भव नही। इसके लिए एक सरल, सहज एवं मजबूत रणनीति बनायी गयी है। इसमें 20 नये कदम उठाये गये हैं, जो निम्नवत् हैं-

1. वार रूम
2. इन्टर्नशिप
3. मतदान मेला
4. बूथ एम्बैसडर
5. ब्रान्ड एम्बैसडर
6. प्रेरक स्लोगन
7. नॉलेज पार्टनर
8. बेस्ट वोटिंग रिवार्ड
9. यातायात की सुविधा
10. सांस्कृतिक कार्यक्रम
11. सघन मॉनीटरिंग
12. मीडिया प्रबन्धन
13. सलाहकार मण्डल
14. लाभार्थी डाटा सत्यापन
15. महिला प्रेरक समितियां
16. प्रचार-प्रसार के नये तरीके
17. स्टैण्डर्ड ऑपरेटिंग प्रोसीजर
18. डीएम की 20,000 चिट्ठी
19. प्रत्येक कर्मी का अपना बूथ
20. दिव्यांग मतदाताओं को सुविधा

90+% मतदान कराना है, बाँदा को भव्य बनाना है

बाँदा नये लक्ष्य की ओर, 90+% मतदान का मचा है शोर

जनता में जाओ, अपनी सामाजिक पूंजी बढ़ाओ

"बाँदा ने यह ठाना है। 90 प्रतिशत से अधिक मतदान कराना है"

उपरोक्त के दृष्टिगत, आपसे अनुरोध, अपील, आग्रह, गुजारिश और उम्मीद है कि आप सभी अपने बाँदा का नाम प्रदेश, देश और विश्वपटल पर स्थापित करने में अपना सम्पूर्ण सहयोग देंगे।

हेल्पलाइन नं. 1950

सौजन्य से - राइफल क्लब, बांदा

हीरा लाल आई.ए.एस.
जिला निर्वाचन अधिकारी/ जिलाधिकारी, बाँदा

- पूर्व के चुनाव में वाहन बूथ तक ले जाने की अनुमति नहीं थी। इस बार बूथ से 200 मीटर पहले तक मतदाता को अपना वाहन ले जाने की अनुमति दी गई। वाहन की अनुमति होने से वृद्ध, दिव्यांग और अस्वस्थ मतदाता

आसानी से मतदान के लिए पहुँच सके। इस निर्णय से मतदाताओं का उत्साह काफी बढ़ा।

- जनपद से बाहर रह रहे मतदाताओं के परिवार, मित्रों व पड़ोसियों से संपर्क कर उन्हें बुलाने के प्रयास किए गए। उन्हें व्हाट्सएप के द्वारा हैंडबिल व वीडियो क्लिप भेजी गई। आसपास के सीमावर्ती जनपदों में उपश्रमायुक्त श्री अनुराग मिश्र को जिलाधिकारी, बाँदा का दूत बनाकर भेजा गया। उन्होंने श्रम विभाग के उच्चाधिकारियों, मजदूर ठेकेदारों से वार्त्ता करके बाहर रह रहे बाँदा के मजदूरों को भेजने की अपील की।
- दूसरे जनपद के जिलाधिकारियों को पत्र लिखकर उनसे बाँदा के मजदूरों को भेजने का आग्रह किया गया। इस क्रम में फतेहपुर, रायबरेली, कानपुर देहात, प्रयागराज आदि के जिलाधिकारियों को पत्र लिखे गए।
- निर्वाचन आयोग के हेल्पलाइन नंबर 1950 का अतिरिक्त प्रयोग करते हुए बाहर रहनेवाले मतदाताओं से संपर्क करके उन्हें बुलाने का प्रयास किया गया।
- महिलाओं की भागीदारी के बिना कोई भी कार्य सफल नहीं हो सकता। इसका ध्यान रखते हुए महिला जागरूकता समिति के अंतर्गत जिला स्तरीय, ब्लॉक स्तरीय, ग्राम स्तरीय और बूथ स्तरीय प्रशिक्षित टीमों का गठन किया गया। इन महिला प्रेरक समिति ने आधी आबादी को घर से निकालने का कार्य किया। इससे महिला सशक्तिकरण का अनुभव प्रत्येक जन को हुआ। महिलाओं ने बढ़-चढ़कर इसमें भागीदारी की और लोकतंत्र में स्वयं की महत्ता को समझा व लोगों को भी समझाया।
- लक्ष्य की प्राप्ति के लिए समाज के प्रत्येक वर्ग (ग्राम चौकीदार, रोजगार सेवक, सफाईकर्मी, सेवानिवृत्त शिक्षक आदि) के साथ बैठकर वार्त्ता की गई। इससे उनके व अधिकारी वर्ग के बीच की दूरियाँ मिटीं तथा हर वर्ग को एहसास हुआ कि वे समाज के बहुत ही महत्त्वपूर्ण और अभिन्न अंग हैं।
- दिव्यांग जनों को मतदान के लिए व्हीलचेयर की व्यवस्था की गई। बूथ पर भी उनका विशेष ध्यान रखा गया। उन्होंने समाज में अपनी महत्त्व का अनुभव किया और हीन भावना घटी। कुल 9154 दिव्यांग मतदाताओं में से 7813 ने मतदान किया। इनका मतदान 85.35 प्रतिशत रहा। डॉ. प्रीति जिला दिव्यांग अधिकारी ने इसमें काफी अच्छा कार्य किया।

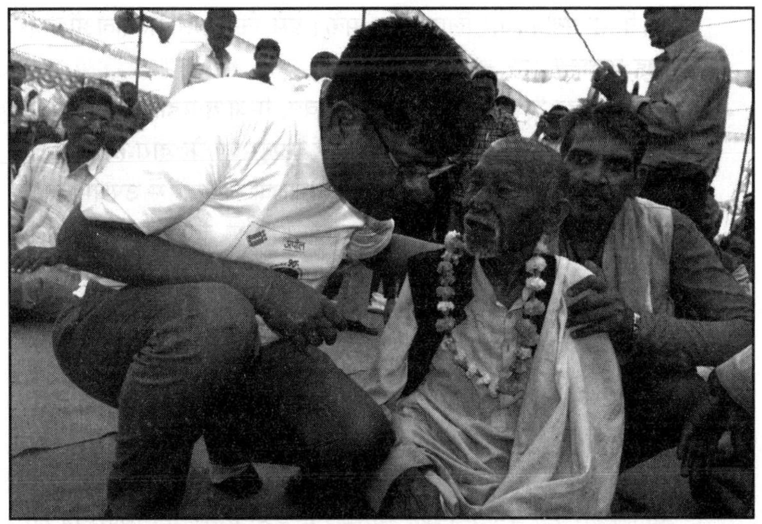

- अभियान की वजह से पूरे शहर में प्रिंटिंग प्रेस और इस तरह के छोटे-छोटे काम करनेवाले लोगों का नया रोजगार मिला।
- इस चुनाव में प्रत्येक अधिकारी/कर्मचारी एक-एक बूथ (कुल 8161) गोद लेकर, मतदाताओं के बीच जाकर लोगों से जुड़े। डीएम ने स्वयं एक बूथ खुद गोद लेकर आदर्श स्थापित किया। सभी की समस्याओं को सुना। इससे 90 प्रतिशत अभियान को न केवल गति और ऊर्जा मिली, बल्कि लोगों के मन से नकारात्मक सोच भी खत्म हुई।
- अभियान ने सरकारी और गैर-सरकारी संगठनों के लोगों को करीब ला दिया। डीएम ने ग्राम विकास अधिकारी, लेखपाल, व्यापारी, व्यापारी यूनियन, उद्योग मंडल, बी.एल.ओ., सुपरवाइजर, पेंशनर्स, महाविद्यालयों के प्राचार्य, कोटेदार, पी.आर.डी., ग्राम प्रधान, धर्मगुरु, डाककर्मी, मीडियाकर्मी, बैंककर्मी, किसान, अधिवक्ता, होमगार्ड, ग्राम रोजगार सेवक, मीटर रीडर, दवा व्यापारी, सफाई कर्मचारी, मजदूर, ठेकेदार, एन.सी.सी., एन.एस.एस. के प्रभारी, किन्नरों के साथ बैठक कर इन सभी को इस अभियान में अपना योगदान देने के लिए प्रेरित किया। इससे सामाजिक समन्वय स्थापित हुआ।
- इस दौरान पूरे बाँदा में विभागीय और स्कूली रैलियों का शुभारंभ हुआ। इन रैलियों ने 90 प्रतिशत के अभियान को एक अच्छी-खासी गति प्रदान

की। इन रैलियों द्वारा जन-जागरण, जागरूकता के साथ-ही-साथ बच्चों के नुक्कड़ नाटक और रंगोली के माध्यम से लोगों को जागरूक किया गया।

- 90 प्रतिशत अभियान से संबंधित प्रेरक स्लोगन अबकी बार, 90 पार। 90 प्रतिशत हो मतदान, बाँदा बने देश की शान। 90 प्रतिशत मतदान करना है, बाँदा को भव्य बनाना है। बाँदा नए लक्ष्य की ओर, 90 प्रतिशत मतदान का मचा है शोर आदि ने धूम मचाई और लोगों में नई ऊर्जा और उत्साह का संचार किया इससे सारे लोग जाग गए।
- डीएम की प्रेरणा से न केवल सरकारी विभाग, बल्कि गैर-सरकारी संगठनों ने भी सड़कों पर उतरकर रैलियाँ निकालीं। चौराहों पर सभाएँ की और बैनर, फ्लैक्स लेकर रैली निकालते हुए मतदाताओं को जागरूक करने का प्रयास किया। ऐसा पहली बार हुआ था, जिसमें सरकारी, गैर-सरकारी और शैक्षिक संगठनों ने मिलकर 90 प्रतिशत अभियान को अपना लक्ष्य अपनाते हुए और अपना मानते हुए कंधे से कंधा मिलाकर डीएम का साथ दिया।
- महिलाओं की सक्रिय भूमिका बढ़ाने के लिए महिला वार रूम की स्थापना की गई। वार रूम के द्वारा जनपद में जितनी भी गतिविधियाँ महिलाओं द्वारा संचालित हो रही थीं, उनकी बराबर निगरानी और उनका अभिलेखीकरण का कार्य किया गया जिससे 90 प्रतिशत अभियान ने नई ऊँचाइयों को प्राप्त किया।

महिला प्रेरक समितियाँ

जनपद की लगभग आधी आबादी (महिला मतदाताओं की कुल संख्या 5,93,689) को मतदान बूथ तक लाने के लिए आठ विकास खंड स्तरीय, 471 ग्राम स्तरीय, 1,454 बूथ स्तरीय प्रशिक्षित महिला समितियों का गठन किया गया। इन समितियों ने महिला मतदाताओं में जोश भरने और मतदान हेतु उत्साहित किया।

- प्रशिक्षित टीमों का नोडल प्रभारी राष्ट्रीय ग्रामीण आजीविका मिशन के डिप्टी कमिश्नर को बनाया गया। जिला स्तर पर गठित टीमों को दो हिस्सों में बाँटा गया। ग्रामीण क्षेत्र के लिए गठित टीम का प्रभारी राज्य ग्रामीण आजीविका मिशन की सुश्री शालिनी जैन एवं शहरी क्षेत्र की प्रभारी, खंड विकास अधिकारी को बनाया गया।

- 90 प्रतिशत लक्ष्य को प्राप्त करने के लिए राष्ट्रीय ग्रामीण आजीविका मिशन से जुड़ी महिलाओं ने अहम भूमिका निभाई।
- जनपद के आठ विकास खंड में 20 सहायता समूह की 20,000 सक्रिय महिलाओं ने अपने-अपने बूथ की जिम्मेदारी ली।
- हर बूथ में मतदान से 1 दिन पहले महिला मतदाता जागरूकता के अंतर्गत बुलावा बैठक प्रत्येक गाँव में आयोजित की गई।
- मतदान के दिन 'जगाओ और बुलाओ' टीम के द्वारा महिलाओं ने घर-घर जाकर बहू-बेटियों को मतदान केंद्र तक लाने व मतदान के बाद उन्हें घर छोड़ने की जिम्मेदारी निभाई।
- महिला मतदाताओं की संख्या बढ़ाने के लिए चारों विधानसभाओं में एक-एक पिंक बूथ बनाए गए, इनमें सभी मतदानकर्मी महिला नियुक्त की गई।
- इस पूरे अभियान के लिए एक सघन मॉनिटरिंग टीम बनाई गई। टीम ने ग्राम और जनपद स्तर पर मॉनीटरिंग करके इस पूरे अभियान की समीक्षा की। इसकी प्रतिदिन की प्रगति समीक्षा डीएम द्वारा की गई। समय-समय पर जो कमी मिली, उसे सुधारा गया।

- इस बार प्रत्येक मतदान केंद्र (843) को घराती-जनवासा-बराती की अवधारणा पर नए तरीके से सजाया गया। जिसमें टेंट, कुरसी, दरी, सूक्ष्म जलपान के साथ सांस्कृतिक कार्यक्रम का प्रबंध था। इसने मतदाताओं को अपनी ओर आकर्षित किया। यह मतदान प्रतिशत बढ़ाने का एक अहम कारण रहा इससे मतदाता में उत्साह पैदा हुआ।
- अभियान द्वारा एन.सी.सी., एन.एस.एस., रोवर्स रेंजर्स के छात्रों को सामुदायिक कार्य के अंतर्गत मतदान मेले के दिन अपना योगदान देने का तथा लोकतंत्र की शिक्षा के साथ-साथ सामाजिक सेवा करने का अवसर व अनुभव प्राप्त हुआ।
- सभी ग्रामों को प्रेरित करने के लिए बेस्ट वोटिंग रिवार्ड योजना के तहत पंचायत निर्वाचन-2015 में जिन गाँव में मतदान प्रतिशत सर्वाधिक था, उन्हें पुरस्कार स्वरूप सोलर लाइट प्रदान की गई इससे मतदाताओं को प्रोत्साहन मिला।
- प्रत्येक ग्राम पंचायत बी.एल.ओ. या बूथ स्तर पर अच्छा काम करनेवालों को प्रशस्ति-पत्र देकर सम्मानित किया गया। इसने सभी गाँव के बी.एल.ओ. को अच्छा कार्य करने के लिए प्रेरित किया, जिससे उनका गाँव पहचान में आ सके और उन्हें भी इस तरह की सरकारी योजना अनुदान का लाभ मिल सके।
- इस चुनाव में पुलिस और प्रशासन के बीच बहुत अच्छा तालमेल देखने को मिला। प्रशासन और पुलिस द्वारा अच्छी रणनीति और कार्ययोजना बनाकर सहयोगपूर्वक कार्य किया गया जिससे निष्पक्ष, शांतिपूर्वक और उत्साहवाला चुनाव हुआ।
- अभियान के दौरान सूचना विभाग और मीडिया (प्रिंट व इलेक्ट्रॉनिक) की अहम भूमिका रही जिन्होंने इस अभियान से जुड़ी हर छोटी और बड़ी खबर को प्रमुखता से जन-जन तक पहुँचाया। यह लक्ष्य लोगों की नजरों से कई बार गुजरने के कारण उनके मानसपटल पर अंकित हो गया, जिससे वो मतदान हेतु प्रेरित हुए।
- अभियान में सरकारी मशीनरी गाँव-गाँव तक पहुची। गाँव के दरवाजों पर अधिकारियों ने जनता के बीच जाकर उनको करीब से देखा व सुना। उनके मन की बातें जानी। प्रशासन और जनता के बीच की दूरी कम हुई

इससे सुशासन (Good Govrnance) को बढ़ावा मिला।

- अभियान में उत्कृष्ट कार्य करनेवाले प्रत्येक व्यक्ति को प्रशस्ति-पत्र देकर सम्मानित किया गया। इससे अच्छा कार्य करनेवालों का मनोबल बढ़ा।
- लोकसभा चुनाव-2019 में मतदान प्रतिशत अभी तक का बाँदा का उच्चतम मतदान प्रतिशत है।
- लोकसभा चुनाव-2014 में बाँदा का मतदान प्रतिशत 52.69 था, जो कि लोकसभा चुनाव-2019 में 63.24 हो गया। लोकसभा चुनाव-2019 में 10.55 प्रतिशत की वृद्धि हुई। प्रतिशत की दृष्टि से होनेवाली इस वृद्धि में जनपद बाँदा का प्रदेश में प्रथम स्थान है।
- लोकसभा चुनाव-2014 में बाँदा का कोई भी बूथ 90 प्रतिशत नहीं था। 2019 में 07 बूथ 90 प्रतिशत के जादुई आँकड़े को पार कर गए। यह अपने आप में गर्व की बात है।
- लोकसभा चुनाव-2019 में 60 प्रतिशत से अधिक और 70 प्रतिशत से कमवाले बूथ 645, 70 प्रतिशत से अधिक और 80 प्रतिशत से कमवाले बूथ 281, 80 प्रतिशत से अधिक और 90 प्रतिशत से कमवाले 43 बूथ थे। यह भी एक ऐतिहासिक उपलब्धि है।
- इस अभियान का मुख्य संदेश जनपदवासियों के लिए यह भी था कि '90 प्रतिशत को अपने जीवन का हिस्सा बनाओ, इससे सीखो। जीवन के प्रत्येक कार्य में 90 प्लस रहने की चेष्टा करो। इस भावना का विकास हुआ।' यह लोगों के जीवन को खुशहाल बनाने में मददगार साबित हुआ।
- लगभग 25 प्रतिशत से अधिक मतदाता जनपद से बाहर रहते हैं। उनके पास घर से, बी.एल.ओ., बूथ गोद लेनेवाले, 1950 हेल्पलाइन व अन्य माध्यम से आमंत्रण गया। पत्रक और वीडियो क्लिप भी भेजा गया। बाहरी मतदाता आश्चर्यचकित था कि इस चुनाव में क्या हो रहा है? भले ही वह वोट डालने न आया हो, पर चुनाव की गतिविधियों से रूबरू रहा।
- लोगों में टीम भावना का विकास हुआ। लोगों को जीवन में लक्ष्य बनाकर आगे बढ़ने की कला सीखने का मौका मिला।

90 प्लस मतदान अभियान ने हीरालाल को बनाया 'हीरो'

अमर उजाला ब्यूरो

डीएम हीरालाल।

बांदा। लोकसभा चुनाव में 90 फीसदी से अधिक मतदान की मुहिम ने ही यहां के डीएम हीरालाल को भारत निर्वाचन आयोग में 'हीरो' बना दिया। उनके अभियान की बांदा में प्रधानमंत्री नरेंद्र मोदी ने चुनावी सभा के सार्वजनिक मंच से सराहना की थी। डीएम 17 व 18 दिसंबर को भारत निर्वाचन आयोग, नई दिल्ली में आयोजित कार्यक्रम में 'बेस्ट इलेक्ट्राल प्रैक्टिसेज अवार्ड-2019' के लिए नामित और आमंत्रित किए गए हैं।

जिले के चार विधानसभा क्षेत्रों में 29 अप्रैल और 6 मई को दो चरणों में मतदान हुआ था। चुनाव की घोषणा होते ही डीएम ने 90 प्लस का नारा देकर मुहिम छेड़ दी कि बूथों पर 90 फीसदी से अधिक मतदान हो। दरअसल वर्ष 2015 में हुए पंचायत चुनाव में जिले की दो ग्राम पंचायतों कोलावल रायपुर और शाहपाटन में क्रमशः 91.80 व 90.70 प्रतिशत मतदान हुआ था। डीएम ने इसे ही आधार मानकर मुहिम छेड़ दी। उनकी दलील थी कि जब दो गांवों में 90 फीसदी से ज्यादा वोट पड़ सकते हैं तो अन्य गांवों में क्यों नहीं? मतदान को परवान चढ़ाने के लिए डीएम के निर्देशन में पूरा प्रशासन 90 प्लस अभियान में जुट गया। गांव-गांव में सांस्कृतिक कार्यक्रमों और कलाकारों की टोलियों से प्रचार हुए। ब्रांड एंबेसडर और बूथ एंबेसडर नियुक्त किए गए। डीएम ने ग्राम प्रधानों और अन्य प्रमुख लोगों को 20 हजार पत्र अपने हस्ताक्षरों से भेजे। अभियान के स्लोगन वाली टोपी, दुपट्टे, टीशर्ट बांटे गए। रोजी-रोटी के लिए पलायन कर गए लाखों मतदाताओं को मतदान के लिए लाने को ग्राम प्रधानों और श्रम विभाग को दायित्व सौंपा गया। एनसीसी, स्काउट, गाइड्स,

पीएम मोदी ने मंच से की थी सराहना, निर्वाचन आयोग डीएम को दे रहा अवार्ड

कैडेट्स, रेंजर्स आदि की रैलियां हुईं। दिव्यांग मतदाताओं की सूची बनाकर उन्हें मतदान कराने के लिए दिव्यांग कल्याण विभाग सहित कई विभागों को लगाया गया। महिला प्रेरक समितियां बनीं। जगह-जगह प्रेरक स्लोगन लिखे गए। मीडिया प्रबंधन भी हुआ।

मतदान के दिन डीएम ने गर्मी के मद्देनजर हरेक बूथ पर ठंडे पानी, गुड़, चना और चाय की व्यवस्था कराई। बूथों के बाहर सांस्कृतिक कार्यक्रम गीत और भजन से मतदाताओं को रिझाया गया। स्वीप की समय-समय पर बैठकें और इनोवेशन एंड स्टार्टअप समिट आयोजन हुए। विभागवार आयोजन करके कर्मचारियों को मतदान के लिए प्रेरित किया गया। वार रूम और सघन मानीटरिंग, मतदान मेला, रैलियां इत्यादि की गईं।

2019 सभी चुनें सही चुनें

लोकसभा चुनाव : बांदा के सात बूथ बने 90 प्लस के हीरो

दुरेंड़ी में सबसे ज्यादा 96.6 व 94.25 फीसद वोटिंग से हटेटी पुरवा दूसरा स्थान पर

ये बूथ रहे मतदान में अव्वल

विधानसभा क्षेत्र तिंदवारी

बूथ संख्या 259, कलेक्टर पुरवा : 90.18 फीसद

बूथ संख्या 342, कटीपुर (दुरेंड़ी) : 96.6 फीसद

विधानसभा क्षेत्र नरैनी :

बूथ संख्या 128, महुवरा : 91.00 फीसद

बूथ संख्या 05, कोलावल रायपुर : 93.06 फीसद

विधानसभा क्षेत्र बांदा

बूथ संख्या 06, पिपरी : 90.37 फीसद

बूथ संख्या 171, बिलेंदार का पुरवा : 91.86 फीसद

बूथ संख्या 149, महुता (हटेटी पुरवा) : 94.25 फीसद

जागरण संवाददाता, बांदा : लोकसभा चुनाव में जनपद के सात बूथ 90 प्लस अभियान के असल हीरो बनकर चमके। यहां के मतदाताओं ने गर्मी व लू को मात देते हुए 90 से 96 फीसद तक वोटों की बारिश की। दुरेंड़ी ग्राम पंचायत में बूथ संख्या-342 के मतदाता 96 फीसद के साथ अव्वल रहे तो सदर विधानसभा क्षेत्र में हटेटी पुरवा ग्राम पंचायत का महुता बूथ 94.25 फीसद के साथ दूसरे स्थान पर रहा।

राष्ट्रीय फलक में जिले को चमकाने के लिए जिला निर्वाचन अधिकारी हीरा लाल ने पूरी टीम के साथ दो माह जमकर मेहनत की। पहली बार जिले में इतने उत्साह के साथ मतदान हुआ। हर बूथ पर मतदान मेले में मनोरंजन के लिए गाने-बजाने की टोलियां मौजूद रहीं तो धूप में आने वाले मतदाताओं को जलपान के लिए नींबू पानी से लेकर लाई, चना, गुड़ और ठंडे पानी का इंतजाम किया गया था। जिले में सोमवार को मतदान के बाद 90 प्लस अभियान जरूर दूर रह गया। लेकिन जनपद ने एक नया कीर्तिमान स्थापित किया। मतदान प्रतिशत में लंबी छलांग लगाने वाला देश का पहला जिला बना। पिछले लोकसभा चुनाव में मतदान का प्रतिशत 53.20 फीसदी रहा था। तब एक भी बूथ 90 प्लस के आसपास भी नहीं पहुंचे थे। लेकिन इस बार सात बूथ 90 प्लस के हीरो बन गए। यहां वोटों की रिकार्ड बारिश हुई। अबकी बार लोकसभा चुनाव में तिंदवारी, बबेरू, नरैनी और सदर विधानसभा क्षेत्र के कुल 13,06,524 मतदाताओं में से 827907 ने अपने मताधिकार का प्रयोग किया। जिला निर्वाचन अधिकारी हीरा लाल के मुताबिक वर्ष 2014 के लोकसभा चुनाव के सापेक्ष इस बार 11 फीसद मतदान का ग्राफ बढ़ा है। जो अपने आप में रिकार्ड है। प्रदेश व देश में बांदा जिला छलांग लगाने में पहले स्थान पर शुमार हुआ है। बाहर रहने वाले 25 फीसद मतदाता वोटिंग करने में नहीं आए। यदि वे आ जाते तो 90 प्लस पार हो जाता। लेकिन भी पहली बार ऐसा हुआ है कि सात मतदेय स्थलों में 90 प्लस के ऊपर मतदान हुआ है।

चुनाव प्रेक्षक व डीएम ने किया मंथन

कलेक्ट्रेट सभागार में मंगलवार को चुनाव प्रेक्षक बख्तावर सिंह और जिला निर्वाचन अधिकारी हीरालाल ने बूथवार मतदान की समीक्षा की। कहां किस बूथ में क्या खामियां रह गईं और मतदान प्रतिशत न बढ़ने की वजह पर मंथन किया। उप जिला निर्वाचन अधिकारी संतोष बहादुर सिंह व एआरओ वंदिता श्रीवास्तव, सदर तहसीलदार अवधेश कुमार निगम सहित निर्वाचन विभाग के तमाम अधिकारी मौजूद रहे। प्रेक्षक व डीएम ने मतदान के ग्राफ पर संतोष जाहिर किया।

इस अभियान ने जिला प्रशासन की घर-घर, गाँव-गाँव, गली-मोहल्ले तक पहुँच (Connect) बनाई और आमजन से जुड़ाव बनाया। यह सुशासन स्थापित करने में काफी मददगार साबित होगा। इससे लोगों के मन में एक विश्वास आया कि जब लोकतंत्र मजबूत होगा तो हमारा देश, प्रदेश और जिला मजबूत होगा। इन सभी बातों को ध्यान में रखते हुए इस पूरे अभियान को एक नया आयाम मिला। इसका प्रेरणास्रोत मुझे माना गया। यह पूरी टीम की मेहनत, लगन और जुनून का ही कमाल था कि इस बार जनपद के हर बूथ पर मतदान प्रतिशत में ऐतिहासिक वृद्धि देखने को मिली। यह समस्त रणनीतियाँ भविष्य में होनेवाले चुनावों में प्रेरणा का कार्य करेंगी।

पुनः 25 दिसंबर, 2020 राज्यपाल और मुख्य सचिव ने पुरस्कार दिया। पूरे देश में प्रधानमंत्री ने 739 जनपद में केवल बाँदा के चुनाव संबंधी कार्य की तारीफ की। यह अहम बात है और गौरव प्रदान करती है।

प्रधानमंत्रीजी द्वारा तारीफ की तस्वीर

चुनाव पर्यवेक्षक के साथ

"कोई मतदाता पीछे नहीं रहा। लोकसभा 2019 चुनाव में डीईओ/डीएम हीरा लाल ने जमीनी स्तर पर काम किया। बाँदा में 25 अप्रैल, 2019 को आयोजित जनसभा में हमारे पीएम महोदय तक ने उनके प्रयासों की सराहना की। उन्होंने पहले की तुलना में सबसे अधिक मतदान प्रतिशत में वृद्धि की, पूरे राज्य में चुनाव को एक मॉडल बनाया है, जो लोकतंत्र को मूल रूप से मजबूत करने और गुणवत्तायुक्त भागीदारी के लिए आगामी चुनावों में अनुकरण के योग्य है।"

—श्री एल. वेंकटेश्वरलू

तत्कालीन मुख्य चुनाव अधिकारी, उत्तर प्रदेश

'2019 के लोकसभा चुनाव के दौरान मतदान प्रतिशत बढ़ाने के लिए 90 प्लस की पहल'

"श्री हीरा लाल (पूर्व डीएम, बाँदा) की परिकल्पना चुनावी क्षेत्र में एक अद्वितीय और महत्त्वपूर्ण उपलब्धि थी। बाँदा मॉडल, अगर देश भर में दोहराया जाता है, अन्य जिलों में भारत चुनाव आयोग के SVEEP जनादेश को आगे बढ़ाने की क्षमता है।"

—श्री राहुल वर्मा

फेलो सीपीआर, नई दिल्ली

क्र. सं.	विधानसभा का नाम एवं मतदान दिवस	दिव्यांगों की संख्या	मतदान करनेवाले दिव्यांगों की कुल संख्या	मतदान प्रतिशत
1.	तिंदवारी (29.04.19)	2193	1976	90.10
2.	बबेरू (06.09.19)	2557	2073	81.07
3.	नरैनी (06.09.19)	2622	2240	85.43
4.	बाँदा (06.09.19)	1782	1524	85.50
	योग	**9154**	**7813**	**85.35**

3.4 कुपोषण के अभिशाप से मुक्ति

जब जिलाधिकारी बाँदा बनकर कार्यभार ग्रहण करने बाँदा जा रहा था, तभी रास्ते में मोबाइल पर पूर्व परिचित सुश्री शैलवी शारदा (टाइम्स ऑफ इंडिया की पत्रकार) का फोन आया। सुश्री शैलवी ने कहा कि वो मुझे एक अनोखी बात बताना चाहती हैं। उन्होंने बताया कि बाँदा के लोगों को पता नहीं है कि बाँदा कुपोषण का शिकार है। यह भी बताया कि यूनिसेफ ने नरैनी ब्लॉक में एक पायलट प्रोजेक्ट किया था, जिसकी सफलता पर सुश्री शारदा ने न्यूज लिखी थी। मैंने बात सुनने के बाद अखबार की न्यूज की कतरन मँगवाई।

बाँदा पहुँचकर पता किया तो पता चला कि कुपोषण की समस्या आमजन को पता नहीं है। सुश्री शारदा की बात सही निकली। सबसे पहली और बड़ी चुनौती यह थी कि कुपोषण के अभिशाप से आमजन को जागरूक कैसे किया जाए?

11,985 कुपोषित, 6649 बच्चों को सूखा रोग

यूनिसेफ की टीम ने कुपोषण का लिया जायजा, आंगनबाड़ी केंद्रों का किया निरीक्षण

अमर उजाला ब्यूरो

बांदा। फिलीपींस से आई यूनिसेफ की चीफ रूथ रियानी ने कहा है कि विश्व स्वास्थ्य संगठन (डब्ल्यूएचओ) के सर्वे के मुताबिक अप्रैल तक बांदा [illegible] में पांच वर्ष तक की उम्र के दो लाख 60 हजार 314 बच्चों में 11,985 कुपोषित हैं। इनके अलावा 6649 बच्चे सूखा रोग की गिरफ्त में हैं।

यूनिसेफ की 20 सदस्यीय टीम ने मंगलवार को कुपोषण संबंधी जायजा लिया। नरैनी तहसील के बनसखा और [illegible], ब्लाक के डिंगवाही गांव में प्राथमिक स्कूल में आंगनबाड़ी केंद्रों का निरीक्षण किया। आशाओं से कुपोषित बच्चों की जानकारी ली। कुछ बच्चों का वजन और उनकी लंबाई नापी गई। 10 बच्चे कुपोषित मिले। दो अति कुपोषित थे। दो साल में उनका वजन मात्र सात किलो था। यह काफी कम बताया। टीम ने मीठा दलिया बनवाकर बच्चों को खिलवाया। टीम की मुखिया ने बताया कि जनपद में 1705 आंगनबाड़ी केंद्र हैं। इनमें 11,985 कुपोषित बच्चों को चिन्हित किया गया है। टीम ने कहा कि छह माह तक प्रसूता को बच्चे को अपना ही दूध पिलाना चाहिए। इसमें पौष्टिक अहार होता है। बेटी की शादी 18 वर्ष के बाद करने को कहा। टीम मुखिया ने आंगनबाड़ी और महिलाओं के कार्यों को सराहा।

आंगनबाड़ी केंद्र का निरीक्षण करतीं यूनिसेफ की टीम और उनकी मुखिया रूथ रियानी।

डीएम बोले, जिले में करिए कुछ बेहतर

यूनिसेफ टीम ने कलक्ट्रेट सभागार में डीएम हीरा लाल की अध्यक्षता में बैठक की। कुपोषण आदि के बारे में डीएम से विचार-विमर्श किया। केंद्र सरकार की मंशा के मुताबिक घरों को शौचालय उपलब्ध कराने को कहा। शिक्षा पर भी जोर दिया। डीएम ने टीम से कहा कि वह हमारे जनपद में अच्छा काम करें। उन्हें कोई समस्या हो तो बताएं। टीम के किस सदस्य को क्या करना है? इसकी ट्रेनिंग कराई जाए। दो पेजों का संक्षिप्त रिपोर्ट बनाकर उन्हें दें। बैठक में यूनिसेफ के प्रोग्राम मैनेजर अमित मल्होत्रा, एसडीएम [illegible] यादव, डा. रिया एस पांडेय, मिथली त्रिवेदी, आफताब मोहम्मद मौजूद रहे।

दिल्ली में जलवा पोषण अभियान की पहचान

बांदा का सुपोषण अभियान बन सकता है मॉडल

इनोवेशन से कुपोषण मिटाने की पहल में प्रदेश में बांदा अव्वल

अमर उजाला ब्यूरो

बांदा। जिले में चलाया जा रहा सुपोषण कार्यक्रम देश के लिए मॉडल बन सकता है। यहां चलाया गया नया इनोवेशन नायाब है। इसका उल्लेख करते हुए पोषण अभियान, नई दिल्ली ने बांदा मॉडल सुपोषण कार्यक्रम को अपनी वार्षिक रिपोर्ट 2019-20 में शामिल किया है। कहा है कि उत्तर प्रदेश में बांदा पहला ऐसा जनपद है जहां इनोवेशन के जरिए कुपोषित व सैम बच्चों का समुदाय आधारित प्रबंधन किया जा रहा है।

गौरतलब है कि जिलाधिकारी हीरा लाल की पहल पर जनपद में कुपोषण को लेकर विशेष जागरूकता अभियान की शुरुआत हुई। सर्वे के मुताबिक यहां 45 फीसदी बच्चे कुपोषित हैं। नेशनल फैमिली हेल्थ सर्वे के अनुसार बांदा में लगभग हर दो में एक बच्चा कुपोषण का शिकार है। यानी पांच वर्ष तक के बच्चों की आधी आबादी कुपोषित थी। कुपोषण की तीन अवस्थाएं बताई गई हैं। इनमें सामान्य बच्चों की तुलना में सैम बच्चों की जान का खतरा 9 गुना ज्यादा होता है।

वर्ष 2017 में नरैनी ब्लाक में कुपोषित बच्चों को लेकर 41 परियोजना की शुरुआत की गई थी। यहां इससे 38 फीसदी कुपोषित बच्चों में सुधार पाया गया। अभियान में 1,27,903 बच्चों का वजन किया गया। 1,16,176 बच्चों की जांच के लिए लंबाई और ऊंचाई नापी गई। सैम बच्चों की संख्या 5.7 प्रतिशत पाई गई। कुपोषित बच्चों की माताओं से उनके बच्चों के लिए पौष्टिकता युक्त खाना बनवाकर उन्हें खिलाया जा रहा है। ताकि माताओं के व्यवहार में परिवर्तन आ सके। उन्हें यह पता चले कि बच्चों को क्या खिलाना चाहिए?

यूनिसेफ की मंडलीय सलाहकार सुश्री गरिमा सिंह से नरैनी के कार्य की पूरी जानकारी ली। मैंने कहा कि नरैनी ब्लॉक के पायलट के नतीजे को जिले के सभी आठ ब्लॉकों में लागू करने की योजना बनाओ। यूनिसेफ और अन्य लोगों की मदद से कार्ययोजना बनवाई गई। मैंने लगभग चार माह तक, हर बैठक में कुपोषण पर

भाषण देकर जागरूक किया। समाचार-पत्रों में छपवाया। धीरे-धीरे यह मुद्दा बनने लगा। यह लोगों के जेहन में आया और इसमें लगभग छह माह लग गए। कुपोषण मुद्दा बन गया। लोग कुपोषण से बचने के उपाय सोचने लगे। इससे बचने की तैयारी की कार्ययोजना भी बन गई। पैसा, संसाधन, आवश्यक ज्ञान की व्यवस्था की गई।

कुपोषण क्या है?

सबसे पहले इसे देहाती भाषा में समझा और लोगों का समझाया। शरीर में पोषक तत्त्वों की कमी, यानी सही पोषण का न होना ही कुपोषण है।

कुपोषण के तीन लक्षण हैं :

1. आयु के अनुसार वजन का कम होना।
2. आयु के अनुसार लंबाई कम होना।
3. लंबाई के अनुसार वजन का कम होना।

राष्ट्रीय परिवार स्वास्थ्य सर्वे (NFSH-4) के अनुसार बाँदा में कुपोषण 47 प्रतिशत और सैम (गंभीर कुपोषण) 6.7 प्रतिशत था।

यूनिसेफ ने दिसंबर 2017 से नवंबर 2018 तक नरैनी ब्लॉक के बच्चों पर एक पायलट प्रोजेक्ट किया। इसमें 150 सैम बच्चों में 57 को स्वास्थ्य लाभ मिला। यह अनूठा प्रयोग बहुत कुछ कहता है और इसके दूरगामी परिणाम मिल सकते हैं। इसी को आधार बनाकर बाँदा सुपोषण कार्यक्रम की शुरुआत कराई। जिलाधिकारी की अध्यक्षता में एक टास्क फोर्स समिति बनाई। खनन, स्वास्थ्य, महिला एवं बाल विकास, मनरेगा, पंचायती राज, राष्ट्रीय ग्रामीण आजीविका मिशन, खाद्य एवं रसद को एक साथ आपस में समन्वय बनाकर कार्य करने हेतु योजना तैयार की गई। सभी ने अपने विभाग में उपलब्ध ज्ञान, धन, संसाधन आदि के साथ प्रतिभाग किया। यूनिसेफ जैसे गैर-सरकारी संगठनों को जोड़ा गया। आँगनबाड़ी, ए.एन.एम. और आशा बहुओं के क्षमतावर्धन पर विशेष ध्यान दिया। इनको यूनिसेफ की मदद से कई बार प्रशिक्षण दिलाकर आवश्यक क्षमता पैदा की गई।

पहली पहल : कुपोषित को कुपोषण से मुक्ति दिलाना।
दूसरी पहल : बचाव की कार्ययोजना कि कुपोषण हो ही न।

मात्र 1,69,199 बच्चे आँगनबाड़ी में दर्ज थे। स्वास्थ्य विभाग के अनुसार 2,60,314 बच्चे 5 साल तक के हैं। इसमें से 1,27,930 (49 प्रतिशत) बच्चों का परीक्षण कराया। कुल 6649 (5.7 प्रतिशत) बच्चे तीव्र कुपोषित मिले। 2840 (2.4 प्रतिशत) सैम मिले। कम वजनवाले 11985 (9.4 प्रतिशत) बच्चे पाए गए।

इनको कुपोषण से बाहर निकालने के लिए अभियान चलाया गया। 25 प्रतिशत तीव्र कुपोषित, 17.1 प्रतिशत सैम और 14.2 प्रतिशत कम वजनवाले कुपोषण से मुक्ति पा गए। इस ऐतिहासिक परिणाम ने सबका मनोबल बढ़ाया। यूनिसेफ और जिला प्रशासन बाँदा ने एक समझौता पत्र पर 19 जुलाई, 2019 को हस्ताक्षर किए। इसमें 6 सेक्टर के 14 फोकस एरिया में 43 गतिविधियाँ शामिल थीं। प्रत्येक माह लखनऊ से यूनिसेफ की टीम बाँदा आती थी। एक दिन पूरी सघन समीक्षा और अग्रिम कार्ययोजना पर विचार होता था। इसमें समस्याएँ हल की जाती थीं और आगे की रणनीति बनती थी।

हमने इसे मिशन मोड में लागू किया। कई अन्य इस क्षेत्र में कार्य कर रहे लोग और संस्थाएँ एक साथ साझेदार बने। समन्वय, क्षमता निर्माण और नियमित निगरानी से हमें उत्साहजनक परिणाम मिले, जो टीम को प्रेरित करते रहे और आगे बढ़ाते रहे।

24 अगस्त, 2019 को मैरीयट होटल, लखनऊ में एक दिवसीय कार्यशाला का आयोजन किया गया। इसकी पूरी कार्ययोजना प्रो. देवाशीष दास गुप्ता, आई.आई. एम. लखनऊ के नेतृत्व में बनवाई गई। प्रो. गुप्ता ने इस कार्यशाला को संबोधित किया। सुश्री रूथ लियानो यूनिसेफ उत्तर प्रदेश के नेतृत्व में उनके सभी सलाहकारों ने भाग लिया। बाँदा जनपद के प्रत्येक विभाग से 10 अच्छा प्रदर्शन करनेवाले कर्मियों ने भाग लिया। इस कार्यक्रम का मकसद उस वक्त तक प्राप्त नतीजों पर चिंतन, मनन, लोगों की क्षमता, ज्ञान और उत्साहवर्धन करना था। यह भी विचार किया गया कि कैसे इस मॉडल को पूरे प्रदेश में लागू किया जाए। यूनिसेफ ने इस मॉडल को कुछ आकांक्षावाले (इंसपाइरेशनल) जिलों में लागू करने की शुरुआत भी की।

नीति आयोग ने सितंबर 2019 में 'सही पोषण, देश रोशन' अभियान की प्रगति रिपोर्ट में पेज 73 पर बाँदा के इस मॉडल को अंकित किया है। इस मॉडल की सबसे बड़ी ताकत है कि यह समुदाय आधारित है तथा इससे जुड़े सभी लोगों को हर प्रकार के कुपोषण से लड़ने संबंधित समस्त पहलुओं पर क्षमतावर्धन किया गया है। कोई अतिरिक्त माँग कहीं से नहीं की गई, जनपद में उपलब्ध संसाधनों से काम कराया गया। इसके अच्छे और आकर्षक परिणाम सभी को अपनी तरफ खींचते हैं। यही कारण है कि प्रदेश स्तर पर भी इसे कई जिलों में यूनिसेफ के माध्यम से लागू किया गया।

मुख्य परेशानी : कुपोषण के बारे में आमजन को पता नहीं था। लोगों को इस मुद्दे पर जागरूक करना सबसे बड़ी बाधा थी। केवल 50 प्रतिशत बच्चे ही कवर हो पाए। समुदाय की कुपोषण के प्रति नीरसता, सभी संबंधित विभागों के मध्य तालमेल का घोर अभाव, इस कार्य में लगे कर्मियों में क्षमता अभाव, बचाव पर ध्यान न होना सहित अनेक चुनौतियाँ थीं।

कुपोषण एक अदृश्य सामाजिक समस्या है। इसके नुकसान करने की तीव्रता बहुत धीमी है। इसीलिए लोगों को न दिखाई देता है और न अचानक परेशानी पैदा करता है। यह एक अभिशाप है। बच्चा यदि माँ के पेट से लेकर 5 साल तक कुपोषित रहा तो 5 साल बाद कुपोषण की वजह से शरीर में आई कमी को दूर नहीं किया जा सकता। इसलिए इस अवधि का जीवन में अपना अलग महत्त्व है।

कुपोषण से निम्न हानियाँ हैं :

1. 5 साल तक के बच्चों की 53 प्रतिशत मृत्यु कुपोषण के कारण होती है।
2. बच्चे की शारीरिक व बौद्धिक क्षमता घट जाती है।
3. इससे देश का विकास बाधित होता है।

डी.एम. ने आकर ऐसा चमत्कार कर दिया।
सब बेखबर थे, सबको खबरदार कर दिया।
बाँदा जिले से उसने कुपोषण घटा दिया।
सेहत के साथ जीने का रास्ता दिखा दिया॥

—नज़रे आलम 'नज़र बाँदवी'

बाँदा सुपोषण अभियान : उद्देश्य

1. पोषण को आमजन का मुद्दा बनाना और कुपोषण को दूर करने के लिए इसे प्राथमिकता में लाना।
2. बच्चों में अल्पपोषण की जाँच, रोकथाम और प्रबंधन के लिए जिला स्वास्थ्य और आई.सी.डी.एस. प्रणाली को सुदृढ़ बनाना।

3. सभी संबंधित लोगों में जागरूकता पैदा करना और देखभाल करने की क्षमता पैदा करना और बढ़ाना, ताकि बच्चे को खिलाने और देखभाल की प्रक्रिया में सुधार हो सके।
4. पूरे देश में कुपोषण को दूर करने के प्रयासों में तेजी लाने के लिए, केंद्र सरकार ने 2018 में पोषण अभियान का कार्यक्रम भी शुरू किया।

इंटीग्रेटेड मैनेजमेंट ऑफ सीवियर एक्यूल मालन्यूट्रिशन (IMSAM) (यूनिसेफ की एक रिपोर्ट पर आधारित)

बच्चों में पाया जानेवाला कुपोषण एक बेहद गंभीर समस्या है। विश्व स्वास्थ्य संगठन के अनुसार सैम बच्चों का चिकित्सीय प्रबंधन आवश्यक है एवं लगभग 10 प्रतिशत सैम बच्चों में चिकित्सीय जटिलता पाई जाती है और ऐसे सैम बच्चों को अस्पताल में भर्ती करना अनिवार्य होता है। बचे हुए लगभग 90 प्रतिशत सैम बच्चों को जरूरी चिकित्सीय जाँच एवं एंटीबायोटिक एवं सूक्ष्म पोषक तत्त्व देकर एवं खान-पान संबंधित प्रबंधन समुदाय स्तर पर एनर्जी एवं न्यूट्रिएंटयुक्त भोजन के माध्यम से किया जा सकता है।

भारत में सैम प्रबंधन की वर्तमान स्थिति : भारत में सैम बच्चों के प्रबंधन से संबंधित नीति एवं कार्यक्रम में अभी केवल इन-पेशेंट केयर की ही सुविधा है, जो पोषण पुनर्वास केंद्रों (NRC) के माध्यम से केवल 1-2 प्रतिशत सैम बच्चों को ही सालाना मुहैया कराई जा रही है।

उत्तर प्रदेश में पायलट परियोजना : सैम बच्चों के चिह्नांकन एवं प्रबंधन के लिए यूनिसेफ के सहयोग से वर्ष 2018 में बाँदा जनपद नरैनी खंड में पायलट परियोजना क्रियान्वित की गई। इस परियोजना का मुख्य उद्देश्य सैम बच्चों की पहचान, संदर्भन एवं प्रबंधन की प्रणाली के मॉडल को दरशाना था। नरैनी खंड के 270 में से 50 आँगनबाड़ी केंद्रों को मॉडल साइट्स की तरह चुना गया। जहाँ आँगनबाड़ी कार्यकर्त्री द्वारा सैम बच्चों को प्रोजेक्ट टीम के द्वारा प्रत्येक चरण की शुरुआत एवं अंत पर वजन किया गया, सैम की स्थिति को रिकॉर्ड किया गया, खान-पान एवं चिकित्सीय संबंधित अतिरिक्त जानकारी भी एकत्रित की गई।

इन सत्रों के दौरान उपयुक्त पोषाहार व स्थानीय पौष्टिक खाद्य पदार्थ जैसे की मूँगफली, तिल, गुड़, तेल/घी, सब्जियों आदि का इस्तेमाल करते हुए पौष्टिक

विधियों को बताया गया। बच्चों को केंद्रों पर पोषाहार से बने पौष्टिक भोजन को एक बार दिया गया। इसके अतिरिक्त इन सत्रों के दौरान अभिभावकों को बच्चे के पोषण, स्वास्थ्य एवं साफ-सफाई संबंधित परामर्श भी दिया गया।

पायलट परियोजना के परिणाम : लगभग 38 प्रतिशत सैम बच्चों में पूर्ण सुधार (सैम से सामान्य) एवं 24 प्रतिशत में आंशिक सुधार देखा गया। पायलट का मॉनिटरिंग डाटा यह बताता है कि जिन सैम बच्चों ने चिकित्सा केंद्र से मिली एंटीबायोटिक एवं सूक्ष्म पोषक तत्त्वों का सेवन किया एवं जिन सैम बच्चों के अभिभावकों ने बाल पोषण सत्र के दौरान प्रदर्शित पोषाहार एवं अन्य खाद्य पदार्थों से बने खाद्यान्न का सेवन आँगनबाड़ी कार्यकर्त्री के परामर्श के अनुसार किया था, उन सैम बच्चों में अधिक सुधार आया। इसी प्रकार के भारत में किए गए एक अन्य समुदाय आधारित सैम बच्चों के प्रबंधन के पायलट (भंडारी, 2018) में सैम बच्चों के तीन समूह में से एक समूह के बच्चों को घर पर बना पौष्टिक आहार भी दिया गया, उस समूह में लगभग 42 प्रतिशत सैम बच्चों में सुधार देखा गया, जो नरैनी पायलट के तुलनीय है।

बाँदा पायलट परियोजना का स्केल : कार्यक्रम को पोषण अभियान के अंतर्गत, 26 जनवरी, 2019 को, 'बाँदा सुपोषण कार्यक्रम' के नाम से पूरे जनपद में आरंभ किया गया।

मुख्य चरण

- बाँदा सुपोषण कार्यक्रम में डीएम की अध्यक्षता में टास्क फोर्स का गठन।
- विभागों का समन्वय—खनन विभाग, स्वास्थ्य विभाग, महिला एवं बाल विकास, पंचायती राज एवं एस.आर.एल.एम. आदि।
- समन्वय बढ़ाने एवं गतिविधियों को बिना रुकावट चलाने के लिए कार्यक्रम का नोडल अफसर बनाया गया।
- कार्यक्रम की वित्तीय पूर्ति—खनन विभाग, बेटी बचाओ, बेटी पढ़ाओ, स्वास्थ्य विभाग एवं आई.सी.डी.एस.।
- यूनिसेफ जैसे गैर-सरकारी संगठन को कार्यक्रम से जोड़ा गया।
- 700 वजन मशीन, इंच टेप, स्केल, रिपोर्टिंग फॉर्मेट, समुदाय वजन वृद्धि चार्ट, काउंसलिंग टूल (सभी आँगनबाड़ी के लिए) मेडिसिन एवं सूक्ष्म पोषक तत्त्व (सभी स्वास्थ्य केंद्रों के लिए)—वित्तीय पूर्ति वी.एच. एन.एस.सी. फंड एवं गैर-सरकारी संस्थान के फंड्स द्वारा।

- स्वास्थ्य, आई.सी.डी.एस. विभागों के अधिकारियों, कर्मचारियों (आशा/ए.एन.एम./आँगनबाड़ी कार्यकर्त्री) का क्षमतावर्धन-1500 आँगनबाड़ी कार्यकर्त्री, 236 ए.एन.एम., वित्तीय पूर्ति बेटी बचाओ, बेटी पढ़ाओ फंड्स द्वारा एवं गैर-सरकारी संस्थान के फंड्स द्वारा।
- प्रत्येक विभाग के लिए स्टैंडर्ड ऑपरेटिंग प्रोसिजर एवं भूमिकाएँ और उत्तरदायित्व निर्धारित।
- डीएम द्वारा प्रत्येक सप्ताह कार्यक्रम की प्रगति की समीक्षा एवं माह में संबंधित सभी विभागों की समीक्षा।

क्रियान्वयन

- फरवरी से मई 2019 तक कार्यक्रम के प्रथम चरण को जनपद के सभी आँगनबाड़ी केंद्रों में क्रियान्वित किया गया।

इसके अंतर्गत सभी आँगनबाड़ी केंद्रों में फरवरी माह में पाँच वर्ष से कम उम्र के बच्चों का वजन एवं लंबाई/ऊँचाई का दो दिवसीय अभियान चलाया गया।

- अभियान में चिह्नित सभी कुपोषित एवं सैम/मैम बच्चों को तीन माह के प्रथम चरण के लिए नामांकित किया गया। प्रथम चरण मार्च से मई माह तक क्रियान्वित किया गया, जिसमें 1-7 मार्च, 1-7 अप्रैल एवं 13-19 मई के दौरान बाल पोषण सत्रों का आयोजन आँगनबाड़ी केंद्रों पर हुआ। इन बाल पोषण सत्रों की वित्तीय पूर्ति डिस्ट्रिक्ट माइनिंग फंड द्वारा की गई। इसके अतिरिक्त सैम बच्चों को स्वास्थ्य केंद्र अथवा पोषण पुनर्वास केंद्र से आवश्यक चिकित्सीय उपचार निःशुल्क प्रदान किया गया।

प्रथम चरण के परिणाम

1. स्क्रीनिंग एवं एनरोलमेंट

- कुल 1,27,903—बच्चों का वजन हुआ (पाँच वर्ष से कम आयु के बच्चों की कुल जनसंख्या का 49 प्रतिशत)
- कुल 1,16,176—बच्चों की लंबाई (कद) नापी गई (पाँच वर्ष से कम आयु के बच्चों की कुल जनसंख्या का 45 प्रतिशत)
- कुल सैम/मैम बच्चों की संख्या एवं प्रतिशत—6649 (5.7 प्रतिशत)
- कुल सैम बच्चों की संख्या एवं प्रतिशत—2840 (2.4 प्रतिशत)
- कुल मैम बच्चों की संख्या एवं प्रतिशत—3809 (3.3 प्रतिशत)

2. कार्यक्रम का परिणाम

- सैम एवं मैम बच्चे, जो लंबाई के सापेक्ष वजन की श्रेणी में सामान्य श्रेणी में आए—1659 (25 प्रतिशत)
- सैम बच्चे, जो लंबाई/ऊँचाई के सापेक्ष वजन की श्रेणी में सामान्य श्रेणी में आए—484 (17 प्रतिशत)

प्रथम चरण की चुनौतियों के बाद अगले चरण में सुधार

- प्रथम चरण में केवल 49 प्रतिशत बच्चों की ही स्क्रीनिंग हुई।
- प्रथम चरण में सहयोग कम मिला, जिसका मुख्य कारण परिवार को कुपोषण संबंधित समस्या को महत्त्व न देना, कार्यक्रम की आई.ई.सी. एवं कम्युनिटी मोबिलाइजेशन गतिविधियों व रणनीति की कमी निकल कर आई।
- प्रथम चरण में कुपोषण की बचाव संबंधित गतिविधियों की अपेक्षा कुपोषित बच्चों में प्रबंधन संबंधित गतिविधियों पर अधिक प्राथमिकता।

जन-जन की भागीदारी, सुपोषण के लिए है जरूरी : हीरा लाल

पोषण माह में हर स्तर पर हो सुपोषित समाज के निर्माण की तैयारी

सरिता प्रवाह ब्यूरो

लखनऊ। देश के सम्पूर्ण विकास में एक स्वस्थ समाज की अहम भूमिका होती है। इसके लिए जरूरी है कि सबसे पहले हम अपने गाँव को ही कुपोषण मुक्त बनाने की शुरुआत करें। इसके लिए यह एक सुनहरा मौका भी है क्योंकि सितम्बर माह को राष्ट्रीय पोषण माह के रूप में पूरे देश में मनाया जा रहा है।

यह पोषण अभियान एक कार्यक्रम न होकर एक जन आन्दोलन और समग्र भागीदारी के रूप में हैं। इस कार्यक्रम को सही मायने में धरातल पर उतारने के लिए जरूरी है कि स्थानीय पंचायत प्रतिनिधि, स्कूल प्रबन्धन समितियां, सरकारी विभाग, सामाजिक संगठन आगे आएं और सामूहिक प्रयास से देश को कुपोषण मुक्त बनाएं। यह बातें राष्ट्रीय स्वास्थ्य मिशन-उत्तर प्रदेश के अपर मिशन निदेशक डॉ. हीरा लाल ने राष्ट्रीय पोषण माह की शुरुआत पर कहीं।

डॉ. हीरा लाल ने कहा कि इस अभियान की सफलता इसी में निहित है कि घर-घर पोषण का त्योहार मनाया जाए। पंचायत प्रतिनिधि हर बच्चे, किशोर-किशोरी, गर्भवती व धात्री महिला को निर्धारित पोषण सेवा का लाभ प्रदान करने के साथ उस बारे में जागरूक बनाएं। वह सुनिश्चित करें कि गाँव की किसी भी लड़की की शादी 18 साल की उम्र से पहले न हो, क्योंकि कम उम्र में शादी से जहाँ एक ओर उस लड़की का स्वास्थ्य प्रभावित होता है वहीं जल्दी माँ बनने से कुपोषित बच्चे को जन्म देने की पूरी गुंजाइश भी रहती है। यह भी सुनिश्चित करें कि हर गर्भवती का संस्थागत प्रसव हो क्योंकि इसी में जच्चा-बच्चा की सुरक्षा निहित है।

खुले में शौच पर पूरी तरह रोक लगाएं और लोगों को बीमारियों से बचाएं। इसके अलावा गाँव के लोगों को साग-सब्जी व पौधों को लगाने के लिए प्रेरित करें ताकि परिवार को हरी साग-सब्जियां आसानी से मिल सकें। सुरक्षित पेयजल और स्वच्छ वातावरण का भी ख्याल रखें। ग्राम स्वास्थ्य स्वच्छता व पोषण दिवस (वीएचएसएनडी) की नियमित बैठक से इन कामों को आसान बनाया जा सकता है।

आंगनबाड़ी व आशा कार्यकर्ता दिखाएं समझदारी

सुपोषण की अलख जगाने में आंगनबाड़ी और आशा कार्यकर्ता महत्वपूर्ण जिम्मेदारी निभा सकती हैं। इसके लिए जरूरी है कि आंगनबाड़ी कार्यकर्ता केंद्र के साथ ही गृह भ्रमण के दौरान समुचित पोषण सम्बन्धी परामर्श नियमित रूप से प्रदान करें। बच्चों का नियमित और पूर्ण टीकाकरण सुनिश्चित करें, बच्चों के शारीरिक और बौद्धिक विकास की निगरानी करें और गर्भवती व नवजात शिशुओं की निगरानी के लिए नियमित गृह भ्रमण पर जोर दें। बच्चों का नियमित रूप से वजन करें और एमसीपी कार्ड कार्ड में दर्ज करें और लाल घेरे में आते ही निकटतम केंद्र पर जाने के लिए प्रेरित करें। इसी तरह से आशा कार्यकर्ता हर गर्भवती की प्रसव पूर्व जाँच कराएँ और संस्थागत प्रसव के लिए प्रेरित करें। नवजात शिशु की देखभाल व धात्री महिला की निगरानी के लिए निर्धारित गृह भ्रमण सुनिश्चित करें। अति कुपोषित बच्चों और कम वजन के बच्चों की निगरानी के लिए हर महीने गृह भ्रमण कर और जरूरी परामर्श दें।

स्कूल प्रबंधन समितियां व सामुदायिक रेडियो स्टेशन भी निभाएं जिम्मेदारी

स्कूल प्रबन्धन समितियां किशोर-किशोरियों को एनीमिया से बचाव के प्रति जागरूक बनाएं और बच्चों को साफ़-सफाई व स्वच्छता के प्रति सजग और जवाबदेह बनाएं ताकि उनका समग्र विकास सुनिश्चित हो सके। इसी तरह सामुदायिक रेडियो स्टेशन भी पोषण के विभिन्न पहलुओं से सम्बन्धित कार्यक्रम तैयार कर उसे प्रसारित कर एक बड़ा बदलाव ला सकते हैं। कृषि से उपलब्ध स्थानीय पोषक आहारों के बारे में जागरूकता फ़ैलाने की उनकी मुहिम भी रंग ला सकती है। इसके अलावा खाना बनाने की स्थानीय विधि, भोजन की कैलोरी में वृद्धि तथा पौष्टिक आहार पर कार्यक्रम प्रस्तुत कर सुपोषित समाज बनाने में मददगार साबित हो सकते हैं।

कार्यक्रम की सफलता के लिए समुदाय की सहभागीदारी अत्यंत जरूरी है। इसके लिए दूसरे चरण में कार्यक्रम को जन आंदोलन का रूप देने के लिए '90+' की रणनीति पर काम किया गया। इसके अंतर्गत कार्यक्रम में गतिविधियों के छह सूचकों का कवरेज का टारगेट 90+ प्रतिशत तय किया गया है। इसके अतिरिक्त, इस व्यापक रणनीति के तहत मीडिया प्लान, IEC प्लान एवं विभिन्न स्टेकहोल्डर के संवेदीकरण आदि कई गतिविधियाँ प्रस्तावित हैं।

3.5 जेल सुधार

आम धारणा है कि जेल सजा देने के लिए है और यह सजाघर है, जबकि वास्तव में जेल सुधार गृह है। यहाँ अपराधी को सुधारकर अच्छे जीवन में लाने का प्रयास होता है।

बतौर जिलाधिकारी, बाँदा प्रतिमाह पुलिस अधीक्षक और जिला जज के साथ निरीक्षण करना अनिवार्य है। तीनों लोग देखते हैं कि जेल में सभी व्यवस्था नियमानुसार हैं या नहीं, कोई गड़बड़ी तो नहीं है। जेल सुधार में अच्छा कार्य करनेवाली भारत की पहली महिला आई.पी.एस. श्रीमती किरण बेदी के बारे में काफी सुना था। इन्हीं की वजह से मन में उत्सुकता पैदा हुई। यदि बेदीजी जेल सुधार में अच्छा कर सकती हैं तो एक जिलाधिकारी क्यों नहीं?

कैदी की मुख्य समस्या : 1. अपराध-बोध, 2. समय का रुचि के अनुसार उपयोगिता का न होना, 3. समस्याओं को सुनकर समाधान देने का अभाव, 4. निराश और हताश जीवन और दिनचर्या।

जेल देखा जाए तो एक गाँव की तरह है और बैरक इसके मोहल्ले हैं।

पहली बार जब निरीक्षण के लिए गया तो मैंने पाया कि जेल में कुल बैरक-

18, कैदी क्षमता-567, कैदियों की संख्या-900, महिला कैदी क्षमता-30 महिला कैदी संख्या-33 हैं।

कैदियों के चेहरे से मुसकान गायब थी। सभी लोग हताश और निराश लग रहे थे। सभी चेहरे दुख, दर्द और परेशानी की वजह से काले दिख रहे थे। यह सब देखकर मुझे अच्छा नहीं लगा। मन व्यथित हुआ। पूरी जेल में एक मायूसी का माहौल दिखा।

तय किया कि इसे बदला जाए। विचार में आया कि 'नवीन गतिविधियाँ अपनाएँगे और बाँदा जेल को सर्वोत्तम बनाएँगे।' जेल अधीक्षक श्री आर.के. सिंह से वार्त्ता की। सबसे पहले लोगों का स्वास्थ्य ठीक रहे, इस पर प्रयास किया जाए। श्री रमेश सिंह राजपूत, योगा टीचर को जेल में योगा सिखाने के लिए भेजा और उनसे अपेक्षा की कि प्रत्येक बैरक से चार कैदियों का चयन करो। सभी को एक सप्ताह योगा सिखाओ। सीखने के बाद यह लोग अपनी-अपनी बैरक में प्रतिदिन सुबह योगा कराएँगे। यह बहुत कारगर रहा। सभी कैदी सुबह उठने लगे। अपनी-अपनी बैरक में योगा कराने लगे। सुबह का समय बहुत अच्छा और उपयोगी बीतने लगा। सभी की बीमारी ठीक होने लगी। लोग बीमार होने से बच गए। बचाव इलाज से बेहतर है। योगा बचाव का सबसे अच्छा और सरल साधन है।

अगले माह पुनः निरीक्षण पर गया तो दो नई गतिविधि शुरू कराई। पहली प्रतिदिन खेल और दूसरी सांस्कृतिक गतिविधियाँ।

सभी कैदियों से उनकी खेल में रुचि की जानकारी ली। विभिन्न खेलों का समूह बना दिया गया। सभी लोग दिन में अपने-अपने समूह में अपनी-अपनी पसंद का खेल खेलने लगे। फुटबॉल, कबड्डी, वॉलीबॉल, रस्साकशी आदि खेल प्रतिदिन होने लगे। इससे भी लोगों के समय का उपयोग सकारात्मक तरीके से होने लगा। इससे कैदियों को खुशी मिली और स्वास्थ्य भी अच्छा हुआ।

बाँदा में आमजन में सांस्कृतिक गतिविधियों से लगाव व जानकारी अच्छी थी। जेल में एक स्टेज था और उसके सामने सभी कैदी बैठकर कोई भी कार्यक्रम करते थे। यह तय किया गया कि प्रति सप्ताह एक दिन, दो-तीन घंटे सांस्कृतिक कार्यक्रम होगा। कैदी कार्यक्रम करेंगे और कैदी ही देखेंगे। इससे हर कैदी को अपना हुनर दिखाने का मौका मिलेगा। प्रति सप्ताह दो-तीन घंटे मनोरंजन होगा। इससे लोगों के अंदर की नकारात्मक ऊर्जा धीरे-धीरे खत्म हो जाएगी। लोगों के अंदर सकारात्मक ऊर्जा बढ़ेगी और हताशा तथा निराशा कम होगी।

योगा, खेल, सांस्कृतिक कार्यक्रम और सफाई अभियान से एक अच्छा माहौल बन गया। सफाई में रुचि रखनेवाले और सफाई पसंद करनेवाले कैदियों को इस कार्य में लगाया गया। प्रतिदिन नियमित सफाई होने लगी। प्रति सप्ताह सफाई अभियान चलने लगा। साफ-सुथरे माहौल ने जेल परिसर को ऊर्जावान और रमणीक बना दिया।

पुनः जब अगले माह निरीक्षण में गया तो आर्ट और हैंडीक्राफ्ट का कार्य शुरू करा दिया। लोगों को आवश्यक मैटेरियल उपलब्ध करा दिया गया। लोगों ने जेल की दीवारों पर खूब अच्छी पेंटिंग की। अच्छी-अच्छी कलाकृति बनाई। जेल का वातावरण बेहतर और रंग-बिरंगा हो गया। जेल परिसर खूबसूरत और मनमोहक दिखने लगा।

जेल के अंदर वृक्षों पर पक्षियों के रहने के विभिन्न प्रकार के घोंसले के रूप में आवास बनवाए, इससे पक्षियों का आवागमन बढ़ा। कैदियों का जो खाना बचता था, उसे पक्षियों को खिलाने की जिम्मेदारी कैदियों को दी। इससे जेल परिसर का प्रकृति के साथ जुड़ाव बढ़ा।

तीस महिला कैदियों के लिए स्किल विकास के कार्यक्रम चलाए गए, इससे उन्हें अपनी रुचि का कार्य मिला और उन्हें सकारात्मक समय बिताने में आनंद आया।

सभी त्योहारों को सभी कैदी पूरे जोश-खरोश से मनाएँ, इसकी समुचित व्यवस्था करवाई। होली, दिवाली, ईद इत्यादि पर मैं स्वयं शरीक होता था। प्रत्येक त्योहार एक जश्न का दिन होता था।

प्रदेश की सभी 72 जेलों में अभी तक कहीं भी डेयरी नहीं थी। मैंने पहली बार बाँदा में एक डेयरी प्रारंभ कराई। जिला जज श्री राधेश्याम यादव ने इसका उद्घाटन किया। गोबर से बर्मी कंपोस्ट बनाकर जेल फॉर्म में उपयोग होने लगी। दूध कैदी के उपयोग में आया। जिनकी रुचि दूध डेयरी में थी, वही कैदी इसका संचालन करते थे।

बुंदेलखंड/आसपास

जेल में हुनर साझा कर बंदी गढ़ रहे प्रतिभा की इबारत

लखनऊ जिला जेल में आज होगा तिनका-तिनका सम्मान समारोह

जागरण संवाददाता, बांदा : हुनर की जगह व समय का मोहताज नहीं होता है। जेल में निरुद्ध बंदियों की रचनात्मक प्रतिभाएं राष्ट्रीय पुरस्कार के दौड़ में शामिल किए गए हैं। सात बंदियों के हाथ से बनाए गए आकर्षक कढ़ाई युक्त पंखे व सबसे कम उम्र के बंदी की बनाई गई पेंटिंग प्रतिभा की नई इबारत गढ़ने की तैयारी में है। लखनऊ जिला जेल में शनिवार को आयोजित हो रहे तिनका-तिनका अवार्ड समारोह में बंदियों की प्रतिभाओं का आंकलन कर पुरस्कृत किया जाना है।

जनपद की जेल में जहां खूंखार बंदियों की कमी नहीं है वहीं कई हुनरमंद बंदी भी शामिल हैं। डीएम हीरा लाल व जेल अधीक्षक आरके सिंह की प्रेरणा ने उनके कढ़ाई-बुनाई व पेंटिंग के हुनर को चार चांद लगा दिया है। जेल के अंदर दोनों अधिकारियों के प्रयास से बंदी स्वालंबन की ओर कदम बढ़ा रहे हैं। कढ़ाई व हस्त कला में हुनरमंद बंदी अन्य बंदियों से अपने अनुभव साझा कर रहे हैं। इससे स्वालंबन व प्रतिभाओं को आगे बढ़ाने में पूरी टीम तैयार हो गई है। बंदियों की सात सदस्यीय टीम सजायाफ्ता सिकंदर बक्स, शिव प्रसाद निषाद, अजय व विचाराधीन बंदी अनिल, लवकुश, जानकी, अमित ने बिना किसी मशीन के अपने हाथों के हुनर के बल कपड़ों के पंखे तैयार किए हैं। उन्हें आकर्षक बनाने के लिए एक तरफ खरगोश, फूलपत्ती व दूसरी ओर लखनऊ जेल में आयोजित होने वाले राष्ट्रीय सम्मान समारोह तिनका-तिनका एवार्ड की कढ़ाई की है। पंखों के अंदर एलईडी लाइट भी लगाया है। इसी तरह सबसे कम उम्र के विचाराधीन बंदी धीरज कोटार्य ने जेल में रेडियो संचालन विषय व उसके बंदियों पर पड़ने वाले प्रभाव को अपनी पेंटिंग में उकेरा है। सभी बंदियों की कलाओं को तिनका-तिनका एवार्ड में शामिल कर पुरस्कार देने की तैयारी की जा रही है। जेल के वरिष्ठ अधिकारी व तिनका-तिनका फाउंडेशन की संस्थापक वर्तिका नंदा चयनित बंदियों की प्रतिभाओं को पुरस्कृत करेंगी।

08 बंदियों के बनाए पंखे व पेंटिंग ने राष्ट्रीय पुरस्कार के लिए की दावेदारी

मंडल कारागार में खुद तैयार किए पंखे दिखाते बंदी बाएं से दाएं अनिल, शिव प्रसाद, जानकी, अमित, अजय, लवकुश व सिकंदर • जागरण

दो महिला बंदी भी आयोजन में की गई शामिल

बांदा : जेल में निरुद्ध सजायाफ्ता बंदी संध्या सिंह व विचाराधीन बंदी ममता वर्मा ने बंदियों की समस्याएं व न्याय व्यवस्था पर लेखन शैली का प्रदर्शन किया है। उनके लेखों को भी राष्ट्रीय सम्मान समारोह तिनका-तिनका में शामिल किया गया है। दोनों महिला बंदियों को जेल निदेशालय ने न्यायालय से अनुमति दिलवाते हुए समारोह में बुलवाया है। जेल अधीक्षक आरके सिंह भी उनके साथ प्रतिभाओं का व्याख्यान करने के लिए लखनऊ बुलाए गए हैं।

पानी संरक्षण का कार्य भी पूरे जेल परिसर में कराया। एक तालाब भी खुदवाया। काफी लोगों ने अपनी रुचि से पानी संरक्षण में प्रतिभाग किया।

सभी कैदियों को मैगजीन, न्यूज पेपर, पुस्तकें इत्यादि उनकी रुचि के अनुसार उपलब्ध कराई गईं, ताकि लोग अपने समय का सदुपयोग पढ़ाई में कर सकें।

कैंपस में तुलसी और नीम के पौधे का औषधि के रूप में उपयोग कराया गया। कृषि फार्म में रुचि रखनेवाले कैदियों को जेल परिसर स्थित फार्म का प्रभारी बनाकर ऑर्गेनिक खेती कराई गई। फार्म को चार हिस्सों में बाँटकर प्रत्येक का एक प्रभारी और एक सहप्रभारी बनाया गया। कृषि अधिकारी, उद्यान अधिकारी को भेज कर सभी प्रकार की मदद दिलाई गई।

जेल के सामने एक पार्क था, उसे ठीक करा दिया गया। इससे जेलकर्मियों एवं मिलाई के लिए आनेवाले लोगों को अच्छी सुविधा मिल गई। प्रतिदिन अधिकारी की ड्यूटी लगाकर प्रत्येक कैदी की उसके वकील, परिजन के समक्ष समस्या सुनकर समाधान देने का प्रयास काफी कारगर रहा। सभी की समुचित पैरवी हुई। अनेक कैदियों को सजा कम कराने और जल्दी से जमानत मिलने में मदद मिली।

जेल प्रशासन उत्तर प्रदेश ने एक समिति बनाकर सभी जेलों के सभी कार्यों का मूल्यांकन कराया। सभी कार्यों में सबसे अच्छा करने के लिए, सबसे अच्छी जेल का इनाम बाँदा को मिला।

सभी का पूरा समय उनकी रुचि, लगन और आवश्यकता के अनुसार उत्पादकता में बीतने लगा। सभी एक गाँव के पड़ोसी और परिवार के रूप में रहने लगे। सभी को आनंद आने लगा। सचिव जल शक्ति, भारत सरकार श्री यू.पी. सिंह ने जेल विजिट किया। श्री आनंद कुमार, जेल महानिरीक्षक, उत्तर प्रदेश सरकार ने

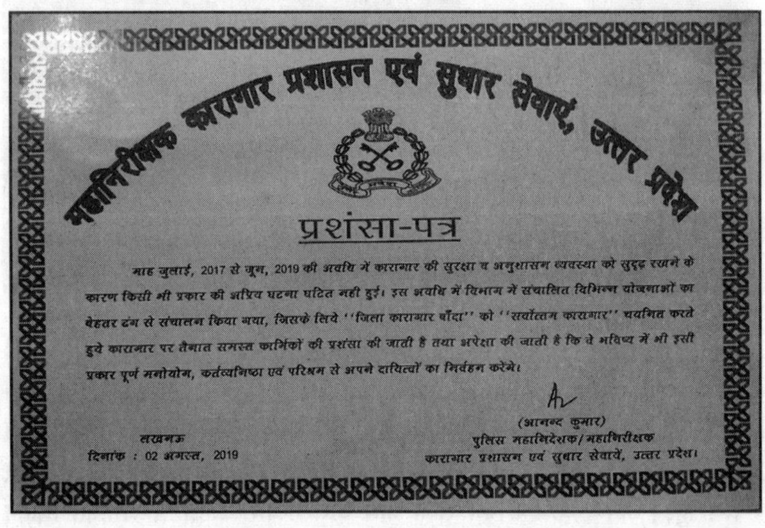

महानिरीक्षक कारागार प्रशासन एवं सुधार सेवाएं, उत्तर प्रदेश

प्रशंसा-पत्र

माह जुलाई, 2017 से जून, 2019 की अवधि में कारागार की सुरक्षा व अनुशासन व्यवस्था को सुदृढ़ रखने के कारण किसी भी प्रकार की अप्रिय घटना घटित नही हुई। इस अवधि में विभाग में संचालित विभिन्न योजनाओं का बेहतर ढंग से संचालन किया गया, जिसके लिये ''जिला कारागार बाँदा'' को ''सर्वोत्तम कारागार'' चयनित करते हुये कारागार पर तैनात समस्त कार्मिकों की प्रशंसा की जाती है तथा अपेक्षा की जाती है कि वे भविष्य में भी इसी प्रकार पूर्ण मनोयोग, कर्तव्यनिष्ठा एवं परिश्रम से अपने दायित्वों का निर्वहन करेंगे।

(आनन्द कुमार)
पुलिस महानिदेशक/महानिरीक्षक
कारागार प्रशासन एवं सुधार सेवायें, उत्तर प्रदेश।

लखनऊ
दिनांक : 02 अगस्त, 2019

निरीक्षण किया। प्रो. नितिन सिंह, आई.आई.एम. राँची ने भी निरीक्षण किया और सुधार कार्यों पर शोध-पत्र लिखा।

सुश्री वर्तिका नंदा, जेल सुधार एक्टिविस्ट और जेल सुधारक ने भी विजिट किया और सुझाव दिया। जेल सुधार के लिए इनके द्वारा 'तिनका-तिनका' पुरस्कार भी बाँदा जेल को दिया गया।

इस कार्य को करने में बहुत आनंद आया। यह एक विरला कार्य है। इधर अधिकारीगण का ध्यान कम जाता है, लेकिन श्रीमती बेदी के तिहाड़ के कार्य से मुझे प्रेरणा मिली और मैं कामयाब भी रहा।

कुछ काम पर लगे हैं तो कुछ अपने खेल में।
जीवन सुधर रहा है अब कैदी का जेल में।
मिलती नहीं मिसाल कहीं इसके मेल की।
काया पलटकर रख दी है डी.एम. ने जेल की।

—नज़रे आलम 'नज़र बाँदवी

3.6 पेड़ जियाओ अभियान

कोरोनाकाल में ऑक्सीजन की कमी की परेशानी, हैरानी और नुकसान से सभी परिचित हैं। ऑक्सीजन का हमारे जीवन में क्या महत्त्व है, इसका एहसास तब हुआ, जब कोरोना में लोगों की ऑक्सीजन की कमी एवं अनुपलब्धता के कारण मृत्यु हो रही थी। पेड़ ही हमें मुफ्त में ऑक्सीजन देते हैं। सामान्य समय में हम पेड़ के महत्त्व को नहीं समझ पाते हैं।

देश की आजादी के बाद से प्रतिवर्ष वृक्षारोपण का कार्यक्रम बरसात के सीजन में चलता है। पहले मई–जून में वृक्षारोपण की तैयारी कराई जाती है, जैसे ही बरसात शुरू होती है, बरसात की शुरुआत में ही वृक्षारोपण कराया जाता है। प्रत्येक जिले में इस कार्य हेतु एक समिति जिलाधिकारी की अध्यक्षता में बनी है। प्रभागीय वनाधिकारी इसके सदस्य सचिव हैं। सभी विभाग इसके सदस्य हैं। 1995 से मैं भी इस व्यवस्था में वृक्षारोपण करा रहा हूँ, लेकिन सफलता नहीं मिल रही है। वृक्षारोपण में वृक्ष आच्छादन क्यों नहीं बढ़ रहा है ? यह प्रश्न मुझे लगातार सताता है। इसका उत्तर ढूँढ़ना शुरू किया तो मुझे व्यक्तिगत तौर पर लगा कि हमारी योजना में बदलाव की जरूरत है। यह कारगर नहीं है। हम लोग पेड़ लगाओ (वृक्षारोपण) अभियान

जनांदोलन बनाएं पौधरोपण अभियान

डीएम ने कहा-जलवायु परिवर्तन रोकने के लिए पौधरोपण जरूरी

अमर उजाला ब्यूरो

पौधरोपण से पूर्व पूजा-अर्चना करते डीएम और एसपी। अमर उजाला

बांदा। पौधरोपण अभियान को जनांदोलन बनाया जाए। प्रदूषण और जलवायु परिवर्तन को रोकने के लिए पौधरोपण बहुत जरूरी है। वृक्षों के बिना सृष्टि की कल्पना नहीं की जा सकती। यह उद्गार जिलाधिकारी हीरा लाल ने अपने कैंप कार्यालय में आयोजित पौधरोपण उत्सव में व्यक्त किए।

बुधवार को पौधरोपण से पूर्व डीएम ने मंत्रोच्चारण के बीच पूजा-अर्चना की। आवास में खोदे गए तालाब किनारे आंवला, नीम, सहजन आदि पौधे रोपे। उन्होंने कई विभागों के अधिकारियों और कर्मचारियों से कहा कि जिले को हरा-भरा बनाने के लिए सभी कम से कम दो पौधे लगाएं। एसपी गणेश साहा ने कहा कि भावी पीढ़ी को शुद्ध वातावरण उपलब्ध कराने के लिए पौधरोपण की जरूरत है। एडीएम संतोष बहादुर सिंह, एडीएम (न्यायिक) संजय कुमार, सिटी मजिस्ट्रेट प्रदीप कुमार, एसडीएम संदीप कुमार, वंदिता श्रीवास्तव, मंसूर अहमद, मुख्य कोषाधिकारी विनोद कुमार, उप निदेशक सूचना भूपेंद्र सिंह यादव भी शामिल रहे।

चलाते हैं। इसको मैंने बदल दिया। इसका नया नाम रखा 'पेड़ जियाओ अभियान'। पेड़ लगाते हैं, लेकिन अधिकांश मर जाते हैं। जिंदा नहीं रहते हैं। पेड़ लगाओ और जियाओ। मैंने अपना ध्यान पेड़ लगाओ से हटाकर पेड़ जियाओ पर लगाया। पेड़ जिंदा रखने में स्वत: पेड़ लगाना जुड़ा है। वृक्ष लगाना अधूरा कार्य है। वृक्ष जिलाना वृक्षारोपण का पूरा कार्य है। इस सोच को धरती पर उतारने के लिए एक ठोस रणनीति तैयार की। लोगों का पेड़ से लगाव, देखभाल कर जिंदा रखें, इस मनोभाव को पैदा करना शुरू किया।

सबसे पहले 'पेड़ प्रसाद' की योजना शुरू की। धार्मिक विश्वास का सहारा लिया। हम लोग अपनी मान्यता और विश्वास के अनुसार मंदिर, मसजिद, गुरुद्वारा, चर्च आदि स्थलों में पूजा-पाठ करने जाते हैं। कुछ-न-कुछ प्रसाद ले जाते हैं। मिठाई, फूल-पत्ती, चादर आदि प्रसाद के रूप में अकसर चढ़ाते हैं। हमारा प्रसाद पूजा करानेवाले रख लेते हैं और पूर्व में चढ़े प्रसाद में से जो भगवान् का भोग कहलाता है, उसमें से देते हैं। इसी प्रक्रिया को पेड़ से जोड़ा। प्रसाद में मिठाई, कपड़ा, फल-फूल, पत्ती के साथ एक पौधा भी चढ़ाया जाए। पूर्व में चढ़ाए गए पौधे का भोग प्रसाद के रूप में मिलेगा। इसे लगाएँगे तो ध्यान रखेंगे, क्योंकि अब इस पौधे से मंदिर की आस्था जुड़ गई है, अब इस पौधे के साथ धार्मिक आस्था की ताकत है। इसलिए पूजा-स्थल से प्राप्त पेड़ से एक अटूट लगाव है और पूरी कोशिश है कि इसे जिंदा रखेंगे।

डीएम शुरू कर रहे नायाब अभियान, श्रद्धालुओं को बांटे जाएंगे पौधे, सीडीओ की अगुवाई में बनी कमेटी

हरियाली भी धर्म, सीख देंगे धार्मिक स्थल

बहुत जल्द मंदिर, मस्जिद-मजार और गुरुद्वारे आदि धार्मिक स्थलों पर एक पहल दिखाई देगी। यहां आने वालों को पौधा दिया जाएगा। संदेश दिया जाएगा कि हरियाली बढ़ाना भी एक धर्म है। श्रद्धालु इन पौधों को [illegible]।

जिले में हरियाली बढ़ाने के लिए जिलाधिकारी हीरा लाल यह नायाब अभियान शुरू कर रहे हैं। सीडीओ की अगुवाई में तैयार की गई यह टीम सभी पुजारियों-मुतवल्लियों या अन्य धार्मिक गुरुओं से सीधे संपर्क कर पौधा वितरण का दायित्व सौंपेगी।

जिले में वन क्षेत्र महज 2.50 फीसद है जबकि मानक के अनुसार इसे 33 फीसद होना चाहिए। हर वर्ष लाखों पौधो रोपित होते हैं, लेकिन देखरेख न होने से सूख जाते हैं या फिर जानवरों का निवाला बन जाते हैं। ऐसे में हरियाली बढ़ाने के लिए जिलेवासियों को धार्मिक भावना से जोड़ने का निर्णय लिया गया है। जिलाधिकारी ने इस अभियान की रूपरेखा तैयार कर ली है। धार्मिक स्थल अभियान का मुख्य केंद्र होंगे। जिलाधिकारी ने जिला स्तरीय अधिकारियों को इसका दायित्व सौंपा है। डीएम के साथ ही मुख्य विकास अधिकारी इसके नोडल होंगे। क्षेत्रीय वनाधिकारी जुनैद अहमद पौधे उपलब्ध कराएंगे। पौधे वन विभाग की नर्सरी में तैयार हो रहे हैं।

पर्यावरण संरक्षण

तीन दिन में तैयार होगा प्रस्ताव : जिलाधिकारी ने बताया कि धार्मिक स्थलों से पौधों का वितरण करने के लिए कमेटी प्रस्ताव तैयार करेगी। इसके लिए तीन दिन का समय निर्धारित किया है। कमेटी सभी धर्मगुरुओं, धर्मस्थल प्रबंधकों और स्थानीय दुकानदारों के साथ बैठक करेगी। इस दौरान प्रस्ताव प्रस्तुत कर सहमति पत्र प्रस्तुत किया जाएगा। अभियान अनवरत चलेगा।

इन पौधों को प्रमुखता

अभी इस समय फूलों का मौसम चल रहा है, इसलिए गेंदा, गुलाब, तुलसी सहित कई शोभाकार पौधों को अभियान में शामिल किया जाएगा। इसके बाद अभियान में नीम, पीपल और बरगद के पौधों को प्राथमिकता दी जाएगी।

इस नई नवाचारी सोच और कदम के लिए सबसे पहले पूजा स्थलों—मंदिर, मसजिद, गुरुद्वारे में पूजा करानेवाले अधिकृत लोगों के साथ बैठक की। पूरी योजना बताई। सभी को पसंद आई। सभी ने अच्छा कदम बताया। इसके बाद पूजा स्थल

के प्रबंधक-गण की बैठक की, ताकि सभी का साथ मिल सके। वन विभाग से प्रत्येक पूजा स्थल के लिए 500 पौधों के दान की व्यवस्था कराई। पेड़ प्रसाद देकर शुरू करें, ताकि नया माहौल तैयार हो। इस कार्य की समीक्षा की। खुद पूजा स्थल पर गए और पौधे बाँटे। पूरे जनपद के अधिकारी-गण को पूजा-स्थल की समीक्षा हेतु निर्धारण कर दिया। व्यापक प्रचार-प्रसार किया। शुरुआत रंग लाई। नंतीजे आने लगे। पेड़ प्रसाद का नया विचार परवान चढ़ने लगा।

श्रद्धालुओं को प्रसाद में दिए पौधे

गुरु गोबिंद सिंह जयंती पर अफसरों ने बांटे लोगों को पौधे, पर्यावरण की दिलाई शपथ

श्रद्धालुओं को पेड़ प्रसाद बांटते वन समेत कई विभागों के अधिकारी और गुरुद्वारा में रुमाला चढ़ाती सिख महिलाएं और ग्रंथी अमरलाल। संवाद

अमर उजाला ब्यूरो

बांदा। गुरु गोबिंद सिंह की जयंती पर गुरुद्वारा आए श्रद्धालुओं को अबकी पूड़ी-मिठाई के साथ एक नया प्रसाद मिला। यह प्रसाद पौधे थे। डीएम हीरालाल ने अपने हाथों से श्रद्धालुओं को तकरीबन सौ फुलवारी (गेंदा और गुलाब) के पौधे सौंपे और श्रद्धालुओं से इन्हें अपने घरों में लगाने का वादा कराया। साथ ही पेड़ों का महत्व बताया। कहा कि जल और जंगल दोनों जरूरी है। इसीलिए धार्मिक स्थलों में श्रद्धालुओं को पेड़-प्रसाद अभियान चलाया गया है। उन्होंने श्रद्धालुओं को शपथ भी दिलाई। बताया कि 22 मंदिर, एक मस्जिद तथा गुरुद्वारा में यह अभियान शुरू हो चुका है। इस अवसर पर डीएफओ संजय अग्रवाल, एसडीएम सुरजीत सिंह, उद्यान अधिकारी परवेज खां, नगर पालिका ईओ संतोष मिश्रा, लीड बैंक मैनेजर अभिजीत कुमार, सदर तहसीलदार अवधेश निगम, अपर जिला सूचना अधिकारी कुमारी शारदा, अभियान से जुड़े जुनैद अहमद, एसबीआई लाइफ इंश्योरेंस के सादिक नियाजी, वार्ड सदस्य लल्लू खां, पूर्व सभासद अब्दुल वहीद आदि शामिल रहे।

गुरु गोबिंद सिंह की जयंती मनाई

बांदा। सिखों के 10वें और अंतिम गुरु गोबिंद सिंह की 354वीं जयंती गुरुद्वारे में धूमधाम से मनाई गई। मुख्यालय के स्टेशन रोड स्थित सिंधी गुरुद्वारे में आयोजित जयंती उत्सव की शुरुआत शबद-कीर्तन से हुई। रागी जथो ने गुरुवाणी की। गुरु ग्रंथ साहिब पाठ का समापन हुआ। श्रद्धालुओं ने उस पर रूमाला अर्पित किया। मुख्य ग्रंथी अमरलाल ने कहा कि गुरु गोबिंद का जन्म पौष (पूस) माह की सप्तमी पर पटना में 2 जनवरी 1666 में हुआ था। पिता गुरु तेग बहादुर और मां गुजरी कौर थीं। गुरु गोबिंद सिंह ने खालसा पंथ की स्थापना की। उनके जन्मदिन को प्रकाश पर्व के रूप में भी मनाया जाता है। उन्होंने ही गुरु ग्रंथ साहिब को पूरा किया। गुरु गोबिंद ने सवा लाख जंगी पहलवानों से अकेले युद्ध कर उन्हें परास्त किया। गुरुद्वारे में अरदास भी की गई। देश की एकता, अखंडता, प्रेम और भाईचारा की कामना की गई। पूड़ी-सब्जी, मिठाई बंटी। ऊधम मूलचंदानी, श्याम अरेजा, नूतनलाल, जियंद राय, श्याम जेठानी, सुनील भागवानी भी शामिल रहे।

इसके बाद कक्षा 9 से 12 तक के बच्चों को पौधे लगाने के लिए तैयार किया गया। स्कूल के प्राचार्य के माध्यम से कक्षा अध्यापक से बच्चों से उनके पास उपलब्ध स्थान पर गड्ढे खुदवाए। गमले की व्यवस्था कराई, जब बच्चे पौधे लगाने और जिंदा रखने के लिए तैयार हो गए तो उन्हें आठ शहरी निकायों से उनकी माँग के अनुसार लगभग 50,000 पौधे वितरित कराए। इससे छात्रों में पौधों के प्रति लगाव पैदा हुआ। बच्चों ने इसे पसंद किया। लगभग 2 माह तक छात्रों को विभिन्न गतिविधियाँ कराकर पौधारोपण की सारी जानकारी दी। लगाव पैदा किया, तब अंत में पौधा दिया, ताकि लगाएँ और जिंदा रखें।

प्रसाद निषाद ने ध्वज़ा रोहण किया।

डीएम ने छात्र-छात्राओं को पौधरोपण के लिए किया प्रेरित।

बहुत लोग मुझे अपने जन्मदिन पर बुलाते थे। श्री राहुल जैन आए, कहा कि प्रतिवर्ष वह अपने जन्मदिन पर 100 पौधे लगाते हैं। वहीं से मैंने उनका यह आइडिया लिया। जो जन्मदिन पर कम-से-कम 100 पौधे लगाएगा, मैं आऊँगा। लोग धीरे-धीरे मुझे बुलाने के लिए यह कार्य करने लगे। माहौल बना। जिलाधिकारी को जन्मदिन पर बुलाना है तो 100 पौधे लगाने हैं। इसका फैलाव शुरू होता गया।

अकसर लोग मुझे शादी में बुलाते थे। किसी की शादी में जिलाधिकारी जाए तो मान-सम्मान और सामाजिक प्रतिष्ठा बढ़ती है। मैंने कहा कि जो कम-से-कम 100 पौधे बारातियों को गिफ्ट करेगा, वहाँ जाऊँगा। यह भी आइडिया चल पड़ा। मैं कई शादियों में गया। बहुत लोगों को घर को पेड़-पौधों से सजाने का शौक होता है। ऐसे घरों का पता कराया और उनके घर गया। इस अच्छे कार्य के लिए प्रशंसा-पत्र दिया। इससे लोगों में पौधों से घर सजाने और जिलाधिकारी को घर बुलाने का माहौल बना। अच्छे कार्य को पहचान मिली।

मंदिर, मसजिद, गुरुद्वारे को, होली को, दीवाली को।
धर्म, कर्म से जोड़ दिया है डी.एम. ने हरियाली को।
दुनिया में हर काम से पहले इतना हर इनसान करे।
सबको जीवन देनेवाले, पौधों का सम्मान करे।

—नज़रे आलम 'नज़र बाँदवी'

बरातियों को पौधों का तोहफा

संवाद न्यूज एजेंसी

वर-वधू को पौध का तोहफा देते डीएम हीरालाल। संवाद

बांदा। विभिन्न अवसरों और धार्मिक अनुष्ठानों में चल रहे पेड़ प्रसाद अभियान के तहत सोमवार को शहर के एक वैवाहिक समारोह में डीएम हीरा लाल ने वर-वधू सहित दोनों पक्षों के लोगों को पौधों का तोहफा दिया।

कहा कि इसे घर में संरक्षित करें और शुद्ध आक्सीजन हासिल करें। इंदिरा नगर में सुरेश कुमार गुप्ता की पुत्री ज्योति गुप्ता का विवाह था। कन्या पक्ष की सहमति पर डीएम हीरालाल अफसरों के साथ विवाहोत्सव में शामिल हुए। वर-वधू को बधाई के साथ पौध भेंट किए। उनके अलावा अन्य लोगों को गमले सहित 151 पौध सौंपे। कहा कि जीवन का अस्तित्व पेड़-पौधों बिना संभव नहीं है। जिस आक्सीजन से हमें जीवन मिल रहा है वह इन्हीं पेड़ों से मिलती है। इस अवसर पर डीएफओ संजय अग्रवाल, सदर तहसीलदार अवधेश कुमार निगम, रिटायर्ड सीडीओ हीरालाल, प्रशंसा गुप्ता, रिटायर्ड रेंजर जुनैद अहमद और मैग्जीन एडीटर गुरुशरन धनजन आदि उपस्थित रहे।

स्कूल में वार्षिक उत्सव में मुख्य अतिथि के रूप में बुलाते थे। मैंने शर्त रखी कि जो कम-से-कम 100 पौधे छात्रों एवं अभिभावकों को दान करेगा, वहाँ मैं आऊँगा। यह भी प्रयोग सफल रहा।

उद्देश्य यह कि लोगों को पेड़ से किसी-न-किसी भावना से जोड़ें, ताकि उनका पेड़ से लगाव बन सके। मीडिया को यह नवाचार खूब पसंद आया। खूब प्रचार-प्रसार किया। इस विचार को आमजन तक पहुँचाया।

3.7 योग रखे निरोग

बाँदा में योग के अभिनव प्रयोग,
गाँव-गाँव में हो रहा है अब योग।

इलाज से अच्छा बचाव (Prevention is better than cure)

योग प्रिवेंशन है, बीमार होने पर दवा खाकर ठीक होना क्योर है। हम बीमार हों ही क्यों? यही सोचना है और उपाय करना है। प्रतिदिन योग ही वह साध्य और साधन है, जिससे हम निरोग रह सकते हैं। सभी का ध्यान इलाज से बचाव पर लाना है। सबके तन और मन में योग को बसाकर उन्हें स्वस्थ, ऊर्जावान और दक्ष बनाए रखना ही लक्ष्य है।

—जिलाधिकारी डॉ. हीरा लाल आई.ए.एस.

'योग' शब्द संस्कृत की युज धातु से बना है, जिसका अर्थ जोड़ना है। छह दर्शनों में एक दर्शन है, जिसके प्रणेता महर्षि पतंजलि हैं। महर्षि पतंजलि के अनुसार, चित्त की वृत्तियों पर नियंत्रण करना ही योग है। चित्त वृत्तियाँ जब शांत होती हैं, तब मन शांत होता है, जब मन शांत होता है, तब स्वयं का पता चलता है, अन्यथा यह चंचल मन हमें बाहर ही भटकाता रहता है, जब हम स्वयं में स्थित होते हैं तो तनावमुक्त और स्वस्थ होते हैं। श्रीमद्भगवतगीता के अनुसार, योगः कर्मों में कुशलता ही योग है। योग हमें हर परिस्थिति में समान रहने की क्षमता प्रदान करता है। गरुड़ पुराण के अनुसार, दैहिक, दैविक, भौतिक त्रिविध ताप से तृप्त हुए मनुष्य के लिए योग एक परम औषधि है। योग के पीछे जो निहित अवधारणा है, वह है—शारीरिक, मानसिक, प्राणिक, चारित्रिक विकास।

मैंने जिलाधिकारी के तौर पर ठाना कि योग को गाँव-गाँव तक पहुँचाया जाए, इसके लिए एक ठोस कार्ययोजना बनाई, जिसके अंतर्गत जनपद के प्रत्येक विभाग को योग करना अनिवार्य बताते हुए प्रत्येक विभाग को पत्र लिखा, जिसका शीर्षक था, 'डीएम की चिट्ठी आई है—स्वास्थ्य और खुशहाली का संदेशा लाई है'।

मैं अपने जनपद के प्रत्येक व्यक्ति को स्वस्थ और खुशहाल देखना चाहता हूँ, इसीलिए मैंने बिना लागत के सहज-सरल तरीके से योग को जन-जन तक पहुँचाने के लिए ठाना है।

दैनिक जागरण,झाँसी,16,नवम्बर

योगा को जनपद का बनाया जाये मॉडल: डीएम

डीएम ने सभी अस्पतालों व एएनएम सेंटरों में योगा कराने के दिये निर्देश

बाँदा : जनपद के सभी स्वास्थ्य केन्द्रों व एएनएम सेण्टरों में योगा कराया जाये ताकि बनाये गये 75 योगा सेंटर माडल के रूप में विकसित हो सके। जिलाधिकारी हीरा लाल ने यह निर्देश अपने कैम्प कार्यालय में नेशनल मेंटल हेल्थ प्रोग्राम की समीक्षा बैठक के दौरान मुख्य चिकित्सा अधिकारी को दिये। उन्होंने कहा कि जनपद में जितने भी सीएचसी व पीएचसी के अलावा 288 एएनएम सेंटरों में योगा प्रारम्भ कराया जाये। उन्होंने मुख्य चिकित्सा अधिकारी को निर्देशित करते हुए कहा कि योगा की एक मोहर बनवायी जाये और लाल इंक से जितने भी ओपीडी में पर्चे बनाये जाये उन सभी पर्चों में यह मोहर लगायी जाये। मोहर में करो योग रहो निरोग जैसे स्लोगन का प्रयोग किया जाये। उन्होंने चिकित्सकों से यह भी कहा कि जितने भी मरीज आये उन सभी को योग के प्रति जागरूक करें और उन्हें बतायें कि योग से वह निरोगी जीवन जी सकते है। इसके साथ साथ जिलाधिकारी ने वाल राइटिंग और बैनर्स के माध्यम से भी इसका प्रचार प्रसार करने पर जोर दिया। उन्होंने सीएमओ से कहा कि वह सभी स्वास्थ्य केन्द्रों में योग से सम्बन्धित स्लोगन चिकित्सालयों में लिखवायें ताकि लोगों में जागरूकता आ सके। उन्होंने कहा कि जनपद में जो 75 योगा सेंटर चलाये जायेंगे उनमें मानसिक रोगियों को योगा कराया जायेगा और बीच-बीच में मानसिक रोग जागरूकता शिविर भी आयोजित किये जाये और लोगों को जागरूक किया जाये।

बाँदा : कैम्प कार्यालय में नेशनल मेंटल हेल्थ प्रोग्राम की समीक्षा बैठक लेते डीएम।

अभियान की गतिविधियाँ : 15 जून से 30 जून, 2019 तक प्रत्येक विकासखंड, सरकारी कार्यालयों में, स्कूलों में योग पखवाड़े के रूप में योग शिविर लगाए गए। पाँचवाँ अंतरराष्ट्रीय योग दिवस 21 जून, 2019 राजकीय इंटर कॉलेज मैदान, बाँदा में पूर्ण तैयारी के साथ उत्सव के रूप में मनाया गया, जिससे लोगों में उत्साह की लहर दौड़ी। योग गुरुओं की बैठक 1 जुलाई, 2019 को कैंप कार्यालय, बाँदा में की गई, जिसमें समाज निर्माण में युवाओं की भूमिका और उक्त उद्देश्य को रखा गया। योग पखवाड़े के तहत शिविरों के 32 योग संचालकों को प्रमाण-पत्र देकर सम्मानित किया गया। एलोपैथी, आयुर्वेदिक, यूनानी, होम्योपैथी एवं पशु चिकित्सा के चिकित्सकों को योगमय बनाना, ताकि ये लोग योग को जन-जन तक पहुँचाने में नेतृत्व दे सकें। 470 गाँव में 4-4 को प्रशिक्षण देकर योग ट्रेनर तैयार करना। बेसिक शिक्षा के 71 संकुल के 4-4 अध्यापकों को प्रशिक्षित करना। माध्यमिक शिक्षा के 170 विद्यालयों से 221 व्यायाम शिक्षक को प्रशिक्षित करना। उच्च शिक्षा के 93 विद्यालयों के एक-एक शिक्षक को प्रशिक्षित करना। 6 नगर पंचायतों एवं दो नगर पालिकाओं के 121 वार्डों में प्रत्येक से चार-चार व्यक्तियों को योग की ट्रेनिंग देना।

सर्वप्रथम पायलट प्रोजेक्ट के रूप में दो विकासखंड चयनित किए गए—पहला, बड़ोखर खुर्द, दूसरा नरैनी। 15 जुलाई, 2019 को समस्त प्रशिक्षुओं को कलेक्ट्रेट सभागार में जिलाधिकारी द्वारा संबोधित किया गया। उन्होंने कहा कि प्रत्येक व्यक्ति को सदैव स्वस्थ एवं ऊर्जावान देखना हमारा लक्ष्य है। इसके लिए हम प्रथम चरण में पायलट प्रोजेक्ट के रूप में योग का प्रभाव स्वास्थ्य पर देखना

चाहते हैं, यदि सकारात्मक प्रभाव पड़ा तो इसे आगे बढ़ाया जाएगा। विश्व योग सेवा ट्रस्ट टीम ने बड़ोखर खुर्द की 58 ग्राम पंचायतों को पाँच प्रशिक्षण केंद्रों में विभाजित किया और 16 जुलाई से 19 जुलाई, 2019 तक प्रशिक्षित किया, जिसमें 8 संकुल और 10 वार्ड सम्मिलित हुए। दूसरा ब्लॉक नरैनी 26 जुलाई, 2019 को समस्त प्रशिक्षकों को ब्लॉक सभागार नरैनी में जिलाधिकारी ने संबोधित किया। 30 जुलाई, 2019 से 2 अगस्त, 2019 तक 83 ग्राम पंचायत और 13 संकुल, 12 वार्डों को सात प्रशिक्षण केंद्रों में विभाजित कर प्रशिक्षित किया। पायलट प्रोजेक्ट के सफल और उत्साहवर्धक क्रियान्वयन के बाद अवशेष 6 ब्लॉकों, दो नगर पालिकाओं व 6 नगर पंचायतों में प्रशिक्षण दिया गया। सुपात्र योग प्रशिक्षकों को जिलाधिकारी द्वारा प्रशस्ति-पत्र देकर प्रोत्साहित किया गया।

संपूर्ण प्रशिक्षण राज्यपाल से पुरस्कृत बेसिक शिक्षा के प्राथमिक विद्यालय के सहायक अध्यापक योगाचार्य रमेश सिंह राजपूत, रमेश सिंह पटेल और मो. शरीफ फिजियोथैरेपिस्ट और उनकी टीम द्वारा कराया गया। 28 जुलाई, 2019 को कालिंजर वन महोत्सव में भी योग व प्राकृतिक चिकित्सा का स्टॉल लगाकर लोगों को योग के प्रति जागरूक किया गया।

12 सितंबर, 2019 को जी.आई.सी. के मैदान में बृहद योग सम्मेलन की तैयारी की गई। स्वामी विवेकानंद योग अनुसंधान संस्थान बेंगलुरु के कुलाधिपति प्रो. डॉ. एच.आर. नागेंद्र ने अपने शिष्यगणों के साथ उपस्थित होकर मुख्य अतिथि के रूप में संबोधित किया। उन्होंने कहा कि योग से न सिर्फ गंभीर रोग दूर होते हैं, बल्कि साँसों को धीरे-धीरे लेने और छोड़ने से मन शांत होता है। उन्होंने कहा कि योग सभी को अपने जीवन में अनिवार्य रूप से शामिल करना चाहिए। इस शिविर में 100 योग शिक्षक और 10,000 से ज्यादा स्थानीय नागरिक सम्मिलित हुए और वर्षा होने के बाद भी पानी और कीचड़ में खड़े होकर योग करके योग अभियान के प्रति अपना उत्साह प्रदर्शित किया और अभियान की महत्ता और बढ़ते प्रभाव पर अपने हस्ताक्षर किए।

जिंदगी को निखार देता है।
योग जीवन सँवार देता है।
योग क्या है समझ में आया है।
हमको डी.एम. ने जब बताया है।

—नज़रे आलम 'नज़र बाँदवी'

योग के लिए देश में बनेंगे डेढ़ लाख सेंटर

प्रधानमंत्री मोदी के प्रयासों से योग को अंतर्राष्ट्रीय मान्यता : डॉ. एचआर नागेंद्र, बांदा में हजारों लोगों ने किया योग

जीआईसी के ग्राउंड पर आयोजित कार्यक्रम में प्रख्यात योगाचार्य डा. नागेंद्र को गुलदस्ता भेंट करते डीएम हीरालाल और सामूहिक योगाभ्यास करते महिला व पुरुष।

अमर उजाला ब्यूरो

बांदा। प्रधानमंत्री के प्रयासों से योग को अंतर्राष्ट्रीय मान्यता मिली है। भारत सरकार देश में डेढ़ लाख वेलनेस सेंटर स्थापित कर रही है। इनमें योग शिक्षक रखे जाएंगे। व्यक्ति के बौद्धिक, मानसिक, शारीरिक और आध्यात्मिक विकास के लिए योग आवश्यक है। इससे असाध्य बीमारियां भी ठीक हो रही हैं। भारत सरकार योग को पाठ्यक्रमों में शामिल करने पर विचार कर रही है।

यह बात गुरुवार की सुबह यहां जीआईसी ग्राउंड में आयोजित विशाल सामूहिक योग में देश के ख्याति प्राप्त योगाचार्य और स्वामी विवेकानंद योग अनुसंधान, बंगलूरू के कुलाधिपति डा. एचआर नागेंद्र ने अपने संबोधन में कही। उन्होंने कहा कि हमारा लक्ष्य है कि अगले योग दिवस पर देश के 50 करोड़ लोग योगाभ्यास करें। उन्होंने कहा कि योग जीवन जीने की कला है। इसे कर्मयोग के रूप में अपनाएं। यहां सामूहिक योगाभ्यास शिविर के मेजबान डीएम हीरालाल ने कहा कि शिक्षा और स्वास्थ्य क्षेत्र में प्रगति से ही देश आगे बढ़ता है। दक्षिण कोरिया इसकी नजीर है। डीएम ने कहा कि वह चाहते हैं कि बांदा के लोग बीमार न पड़ें, इसीलिए वे यहां के लोगों के रोम-रोम में योग बसाना चाहते हैं। घर-घर योग पहुंचाने के लिए शिक्षक तैयार किए जा चुके हैं। जल्द ही सभी गांवों, स्कूलों और कार्यालयों में योगाभ्यास कराया जाएगा। योग शिविर को बाबा भीमराव अंबेडकर विश्वविद्यालय, लखनऊ के विभागाध्यक्ष डा. हरीशंकर सिंह ने भी संबोधित किया। उन्होंने योगाचार्य डा. नागेंद्र की शख्सियत का परिचय कराया। शिविर की शुरुआत मंच पर दीप प्रज्ज्वलन और धनवंतरि तथा स्वामी चिन्मयानंद के चित्रों पर फूल चढ़ाकर हुई। डीएम हीरालाल ने मेहमानों को फूलों का गुलदस्ता भेंट किया। डा. नागेंद्र को अंगवस्त्र भी प्रदान किया। पुलिस अधीक्षक गणेश साहा ने बड़ी तादाद में योग में आए लोगों का आभार जताया। कहा कि बांदा के लोग योग क्षेत्र में ब्रांड अंबेस्डर बन सकेंगे। सीडीओ हरिश्चंद्र वर्मा, एडीएम एसबी सिंह व संजय कुमार, सीएमओ डा. संतोष कुमार, सिटी मजिस्ट्रेट प्रदीप कुमार, उप निदेशक भूपेंद्र कुमार, डीआईओएस विनोद कुमार, बीएसए हरिश्चंद्र सहित बड़ी संख्या में राजनीतिक व सामाजिक कार्यकर्ता, शिक्षक व छात्र-छात्राएं आदि शामिल रहे।

बारिश की भी नहीं की परवाह

बांदा। सामूहिक योग के लिए जीआईसी ग्राउंड में जोरदार तैयारियां की गई थीं, लेकिन पूर्व संध्या और सुबह शुरुआत के पहले बारिश ने ग्राउंड गीला कर दिया, लेकिन यह आयोजन में रोड़ा नहीं बनी। भारी संख्या में आए लोगों ने ग्राउंड पर खड़े होकर योग किया।

14 सितंबर, 2019 को कलक्ट्रेट सभागार में जिलाधिकारी ने 100 योग प्रहरी एवं योग मित्रों को सम्मानित किया और कहा कि निःस्वार्थ भाव एवं अच्छी नियत से कार्य करने पर ही अच्छा परिणाम मिलता है। योग को आदत बना लिया जाए तो हमेशा स्वस्थ रहेंगे और बीमार नहीं होंगे। अब आप सभी को प्रत्येक गाँव में घर-घर योग का कार्यक्रम चलाना है तथा निःस्वार्थ भाव से, एक अच्छी नियत से कार्य करना है। प्रत्येक योग सेंटर में एक रजिस्टर रखा जाए, जिसमें आने-जानेवाले लोगों के हस्ताक्षर होंगे। स्वयं सहायता समूह की अधिक-से-अधिक महिलाओं को भी योग से जोड़ने पर बल दिया।

बाँदा के सभी कार्यालयों में योग प्रशिक्षण चलाए गए, जिसकी शुरुआत स्वयं कलेक्टर ने अपने कलेक्ट्रेट परिसर से की। प्रशिक्षण में उत्साह और जोश पैदा करने के लिए अनेक योग संबंधित स्लोगन रचे गए। योग की रैलियाँ निकाली गईं।

इस प्रथम चरण की ट्रेनिंग की उपलब्धियाँ संतोषजनक और उत्साहवर्धक थीं। गाँव में योग सेंटर चलने लगा। नगर निकायों में, बेसिक शिक्षा के स्कूलों में, कॉलेजों में योग होने लगा। स्वास्थ्य विभाग के कर्मचारियों में भी योग के प्रति जागरूकता उत्पन्न हुई और अपनी सेवाओं के साथ ही योग का उपचार बताने लगे। सरकारी परचों में 'करें योग, रहें निरोग' की सील लगने लगी। प्रत्येक कार्यालय में सभी अधिकारी एवं कर्मचारी मिलकर योगाभ्यास करने लगे।

अफसरों के साथ समीक्षा में बोले कि दफ्तरों में रखें सफाई

दफ्तरों में योगा अनिवार्य बढ़ेगी कार्यक्षमता:डीएम

बांदा | कार्यालय संवाददाता

कृषि क्षेत्र से जुडे विभागों की समीक्षा में डीएम हीरालाल ने कहा कि दफ्तरों की साफ सफाई रखे और हर दफ्तर में नियमित योग कराया जाए। योगा से काम की क्षमता बढती है। यदि किसानों से किसी ने धन उगाही की तो उसके खिलाफ कार्रवाई की जाएगी। साथ ही सरकारी व प्राइवेट संस्थानों में बेहतर काम करने वालों को सूची बनाई जाए ताकि उन्हें सम्मानित किया जा सके।

डीएम ने बैठक में दिए निर्देश। ● हिन्दुस्तान

डीएम ने मण्डी सचिवों को निर्देश दिए कि हर मण्डी में एक तालाब खुदवाए और इसकी कार्ययोजना बनाकर शासन को पत्र भेजे। उद्यान एवं मत्स्य अधिकारी को निर्देशित करते हुए कहा कि जो सब्जियां, मछलियां, मुर्गे, अण्डें आदि खाद्य सामग्री बाहर से न मंगाकर जिले में उत्पादन की योजना बनाए। आम जन से जुड़ाव की कोशिश लगातार हर विभाग करे ताकि लोगों का सरकारी अफसरों पर विश्वास बढे। कोई कार्य किसी विभाग में लंबित नहीं रहना चाहिए। समय पर हर फरियादी की समस्या का निस्तारण किया जाए।

अब जिला स्तरीय अधिकारी अपने-अपने घरों में मिट्टी के बर्तनों का प्रयोग खाना बनाने से लेकर खाने-पीने तक करें। दफ्तर में तो प्लास्टिक का प्रयोग पूरी तरह प्रतिबंधित है। डीएम ने कहा कि स्वदेशी अपनाकर समाज को मजबूत करें।

द्वितीय चक्र का प्रशिक्षण प्रारंभ करने के लिए कैंप कार्यालय में बैठकर चर्चा की गई। एन.आर.एल.एम. की सभी स्वयं सहायता समूह की महिलाओं को प्रशिक्षण दिया गया।

योग सेण्टर में स्वयं सहायता समूह की सखियों को जोड़ें : डीएम

कहा-जनपद के 100 योग सेण्टर माडल के रूप में चलायें

बाँदा ब्यूरो। बुधवार को योग मित्रों की समीक्षा बैठक में जिलाधिकारी ने कहा कि जनपद में जितने भी योग सेन्टर है, उनमें एनआरएलएम की स्वयं सहायता समूह की सखियों को योग सेण्टर से जोड़ने का कार्य किया जाये और द्वितीय चरण का प्रशिक्षण 15 दिन के अन्दर देना सुनिश्चित करें। सेण्टर में दरी खरीदने का कार्य लेखपाल, ग्राम प्रधान, सचिव, ग्राम्य निधि से करें और योग सेण्टर में एक हाजिरी रजिस्टर भी रखा जाये। कलेक्टरेट सभागार योग मित्रों की समीक्षा बैठक में जिलाधिकारी श्री लाल ने कहा कि जिस सेण्टर में योग कराया जायेगा। उस क्षेत्र के सभी लोगों को योग करने के लिये करेंगे और विशेष तौर पर बीमार लोगों को योग अवश्य कराया जाये ताकि उनका स्वास्थ्य ठीक हो सके। उन्होंने यूनानी डॉक्टर को निर्देश देते हुये कहा कि योग से होने वाले लाभ से सम्बन्धित हैण्डबिल एवं बैनर बनवाकर जिलाधिकारी की तरफ से अपील छपवाई जाये। योग सेण्टर क्षेत्र के जितने भी आसपास सरकारी अधिकारी व कर्मचारी एवं रिटायर्ड कर्मी है, उन सभी की सूची तैयार कर सेण्टर से जोड़ने का कार्य करें और योग करने के प्रति प्रेरित करें। योग मित्रों से कहा कि आप सभी लोगों को एक अवसर दिया गया है। इस अवसर का सही लाभ प्राप्त करें क्योंकि यह बहुत की पुनीत कार्य है। आप उस गाँव के आदर्श पुरुष एवं आदर्श महिला के रूप में जाने जायेंगे। बस मन में एक अच्छा कार्य करने की इच्छा शक्ति होनी चाहिये। आने वाले समय में सरकार योग में बहुत लोगों को रोजगार देगी। लेकिन इसके लिये आप सभी लोगों को कठिन मेहनत के साथ-साथ डिग्री भी हासिल करनी होगी। क्योंकि इसके बिना कुछ सम्भव नही है। सभी लोग योग के माध्यम से ज्यादा से ज्यादा पब्लिक कनेक्टिविटि बढाने का कार्य करें। जनपद में सौ योग सेण्टर है उनको माडल के रूप में चलाने का कार्य करें। जिलाधिकारी श्री लाल ने आयुर्वेद यूनानी डाक्टर पी आर वर्मा को निर्देश देते हुये कहा कि योग सम्बन्धित विलप को वॉट्सऐप ग्रुप के माध्यम से प्रचार-प्रसार करवायें। जिससे ज्यादा से ज्यादा लोगों को जानकारी हो सके। स्थानीय स्तर पर योग को बिना किसी अतिरिक्त संसाधन के लोकप्रिय बनाने में अपना सवावारित सुझाव दें। उन्होंने समस्त नगर पालिका अधिशाषी अधिकारियों को निर्देश दिये कि अपने-अपने नगर निकायों में योग सेण्टर प्रारम्भ कराकर योग करायें। बैठक में जिला बेसिक शिक्षाधिकारी हरिश्चन्द्रनाथ, आयुर्वेद यूनानी अधिकारी पी आर वर्मा, योग प्रशिक्षक रमेश राजपूत सहित लगभग सौ योग मित्र के अलावा सम्बन्धित विभाग के अधिकारी व कर्मचारी मौजूद रहे।

प्रत्येक योग सेंटर को चलानेवाले चार-चार योग शिक्षकों को 5 बिंदुओं की तैयारी के साथ मीटिंग का आयोजन किया गया, जिसमें जिलाधिकारी ने कहा कि :

1. योग केंद्र स्वत: जन-सहभागिता से संचालित करना एवं योग केंद्रों की संख्या बढ़ाया जाना आवश्यक है।
2. योग क्लिप, जो योग को बढ़ावा देने के लिए एक लघु फिल्म बनाई गई है, को सभी ग्रुपों में प्रतिदिन भेजकर प्रचार-प्रसार करना और प्रतिदिन एक नया वाक्य योग के संदर्भ में लिखेंगे।
3. स्थानीय स्तर पर योग को बिना किसी अतिरिक्त संसाधन के लोकप्रिय बनाने में अपना एक नवाचारी सुझाव दें।
4. अपने समान अन्य 10 लोगों को जोड़ना और 11 लोगों की टीम बनाकर काम करना।
5. प्रत्येक गाँव में महिलाओं के स्वयं सहायता समूह गठित हैं, उन्हें भी योग केंद्र से जोड़ना।

मंडल कारागार बाँदा के सभी बंदियों को योग प्रशिक्षण दिया गया, जिसमें प्रत्येक बैरक से 4-4 बंदियों को योग ट्रेनर बनाया गया। वहाँ आज भी योग हो रहा है।

बचाव इलाज से बेहतर है। हम लोग इलाज के मुरीद हैं। बचाव कठिन है और काफी समय लेता है। इसलिए धीरे-धीरे अपनी आसानी के लिए लोग बचाव से कन्नी काटकर इलाज की तरफ मुड़ते गए, लेकिन सच्चाई यह है कि कोई भी व्यक्ति बीमार नहीं होना चाहता। बीमार होकर, इलाज कराकर, पैसा खर्च कर, दर्द सहकर ठीक होने का आनंद भी दु:खदायी होता है।

मुझे बचाव के महत्त्व का अहसास 2014 में हो गया। मैं फिरोजाबाद मुख्य विकास अधिकारी था। कमर में दर्द था। सहारा हॉस्पिटल लखनऊ में जाँच कराई। पता चला कि वजन 10 किलो ज्यादा है। यही दर्द का कारण है। बीमारी कोई नहीं है। श्री सर्वेश कुमार यादव पीडी ने कहा कि मैं फिजियोथैरैपिस्ट डॉ. आशुतोष शर्मा, बॉडी ट्यूनिंग सेंटर फिरोजाबाद के यहाँ चलूँ। श्री यादव अपने एक जटिल रोग का इलाज भी शर्मा से करा रहे थे।

मैंने देखा कि फिजियोथैरैपिस्ट श्री शर्मा को अच्छी जानकारी है। पहले गुरुग्राम में थे। घरेलू परिस्थितियों के कारण वापस घर फिरोजाबाद आ गए। मैंने सुबह 6 बजे जिम जाना शुरू कर दिया। केवल बचाव के उपाय से दो माह में लगभग 5 किलो वजन घटा। यहाँ से महसूस हुआ कि इलाज से बचाव ज्यादा दमदार है।

मैंने सोच लिया कि बचाव से बीमारी को दूर रखना है। कभी भी दवाई नहीं खानी है। जीवन–शैली और खान–पान पर भी विशेषज्ञ से राय लेकर अपनी आदतों को बदला। इससे यह हुआ कि कोई बीमारी नहीं हुई और दवाई नहीं लेनी पड़ी। अब तो 5 बजे सुबह उठना, टहलना, योगा और व्यायाम करना आदत बन गई है।

21 जून को भारत की पहल पर विश्व योग दिवस मनाया जाता है। मुझे इस दिवस पर लोगों को बचाव के लिए जगाना, समझाना अच्छा लगता है। 21 जून, 2019 को तैयारी के साथ मनाया गया। एक प्रश्न मेरे मन में घर कर गया कि योग दिवस तो रोज होना चाहिए, क्योंकि योग प्रतिदिन की जरूरत है। इसी धारणा को उतारने के लिए योगामय बाँदा का अभियान चलाया। प्राइमरी के राज्य पुरस्कार से सम्मानित अध्यापक श्री रमेश सिंह राजपूत व उनकी टीम के नेतृत्व में यह चल पड़ा।

3.8 छात्र विकास कार्यक्रम

छात्रों का सर्वांगीण विकास हमारी जरूरत है और आवश्यक भी। हमारे सरकारी स्कूलों में मात्र पढ़ाई पर ध्यान दिया जाता है। अधिकांश सक्षम लोग अपने बच्चों को प्राइवेट स्कूल में पढ़ाना चाहते हैं, सरकारी में नहीं, क्यों? इसका उत्तर मैंने ढूँढ़ा। कौन-कौन सी गतिविधियाँ प्राइवेट स्कूल में होती हैं, लेकिन सरकारी स्कूल में नहीं? प्राइवेट स्कूल में होनेवाली समस्त गतिविधियों को सभी सरकारी स्कूलो में लागू करने का प्रयास शुरू किया, ताकि सरकारी स्कूल की गतिविधियाँ प्राइवेट के बराबर हो जाएँ।

इसके लिए निम्न कदम उठाए गए :

1. पुरातन छात्र एसोसिएशन
2. एजूकेशनल भ्रमण
3. एन.जी.ओ. पार्टनरशिप
4. एजूकेशन कैलेंडर
5. पी.टी.एम.
6. छात्र का रुचि मैपिंग और उसका विकास
7. मिड-डे मील
8. योगा
9. विकास खंड स्तर पर पत्रिका प्रकाशन
10. वार्षिकोत्सव।

इससे सभी छात्रों और अध्यापकों को नए कार्य और नवाचार करने का अवसर मिला। मासिक समीक्षा बैठक में प्रगति आँकी गई और बाधाएँ दूर की गईं। खंड शिक्षा अधिकारी की कार्यशैली पर विशेष नजर रखी गई। यह पूरी व्यवस्था बनाने और बिगाड़नेवाली सबसे महत्त्वपूर्ण कड़ी है। इससे इतना अच्छा असर आया कि सभी लोग इस प्रयास की तारीफ करने लगे। आम जनता में एक अच्छा संदेश गया। सभी सफल प्रयोगों को पूरे उत्तर प्रदेश में लागू करने हेतु शासन को पत्र लिखा। सभी कार्यक्रम एक के बाद एक पूरे प्रदेश में लागू हो गए।

एक दूसरा प्रयोग छात्रों को उनकी रुचि और आवश्यकतानुसार गाइडेंस देने का बनाया गया। स्कूल के बच्चे किस क्षेत्र में तैयारी करना चाहते हैं, इसकी सूची बनवाई गई। इंजीनियरिंग, मेडिकल, अध्यापन, वकील, अभिनय आदि में

अधिकतम छात्र जाना चाहते थे। लखनऊ से कोचिंग चलानेवाले विषय विशेषज्ञ श्री अनमोल, प्रयत्न कोचिंग, लखनऊ को बुलाकर इन्हें जानकारी दिलाई, कैसे पढ़ें, क्या करें। इस जानकारी से बच्चों को आगे बढ़ने कर रास्ता मिला।

छात्र निर्माण संवाद कार्यशाला को संबोधित करते मेजर मिथलेश पांडेय।

आईआईटी इंजीनियर ने छात्रों को टिप्स दिए

अमर उजाला ब्यूरो

कलक्ट्रेट में छात्र निर्माण संवाद का आयोजन

बांदा। छात्र निर्माण संवाद आयोजनों की श्रृंखला में शुक्रवार को कलक्ट्रेट सभागार में विभिन्न विद्यालयों के छात्र-छात्राओं से संवाद किया गया। उनसे अपने लक्ष्य तय करके लिखित रूप में माता-पिता के भी हस्ताक्षर कराकर अपने विद्यालयों को सौंपने को कहा गया है। आईआईटी कानपुर से आए सुरेंद्र प्रताप सिंह ने इस कार्यशाला में उपस्थित आदर्श बजरंग इंटर कालेज, राजकीय इंटर कालेज, आर्य कन्या इंटर कालेज, सरस्वती बालिका विद्या मंदिर, डीएवी इंटर कालेज से अलग-अलग संवाद किए। उन्हें इंजीनियरिंग से संबंधित कंपटीशन तैयारी की जानकारियां दीं। कार्यशाला को आदर्श बजरंग इंटर कालेज प्रधानाचार्य/कार्यक्रम के समन्वयक मेजर मिथलेश कुमार पांडेय ने भी संबोधित किया। कानपुर आईआईटी के बृजेश कुमार यादव, जीआईसी के अभिषेक कुमार, वीरेंद्र सिंह चंदेल, लोकेश गुप्ता, बलराम त्रिपाठी, राकेश [illegible] कमलेश आदि भी उपस्थित रहे।

मेजर मिथिलेश कुमार पांडेय, प्राचार्य, आदर्श बजरंग इंटर कॉलेज, बाँदा ने पूरे कार्यक्रम का समन्वय किया। यह प्रयोग काफी सार्थक रहा। जो छात्र कक्षा 11 व 12 में थे, उनके लिए काफी उपयोगी साबित हुआ।

तीसरा अभिनव प्रयोग : छात्र निर्माण संवाद

आदर्श बजरंग इंटर कॉलेज, बाँदा में प्रतिभा सम्मान समारोह 2019 के अवसर पर माध्यमिक स्तर के छात्रों को संबोधित करते हुए भविष्य के अपने कॅरियर को चुनने की सलाह दी।

पहले सेवाओं के क्षेत्रों की जानकारी आसानी से उपलब्ध नहीं हो पाती थी। वर्तमान में किसी भी क्षेत्र में जाने के लिए लक्ष्य निर्धारित कर उसकी व्यवस्थित तैयारी की जा सकती है।

उन्होंने छात्रों से माता-पिता की सहमति लेकर अपना लक्ष्य निर्धारित कर लिखित रूप से अपने विद्यालय में जमा करने को कहा।

कैसे भविष्य अच्छा बनेगा बता दिया।
जीवन सफल बनाने का रास्ता दिखा दिया।
डी.एम. मिले हैं जिनको भी शिक्षक के रूप में।
ठंडी सी छाँव मिल गई है उनको धूप में॥

—नज़्रे आलम 'नज़र बाँदवी'

उद्देश्य

- विद्यार्थियों को लक्ष्य निर्धारित करने के लिए प्रेरित करना।
- विद्यार्थियों को विभिन्न रोजगारपरक अवसरों के प्रति जागरूक करना।
- विद्यार्थियों को लक्ष्य प्राप्त करने के लिए सही दिशा एवं रणनीति बनाने के लिए प्रेरित करना।
- विद्यार्थियों को लक्ष्य लिखित रूप में लिखने और अपने शिक्षकों, अभिभावकों को अवगत कराने के लिए तैयार करना।
- विद्यार्थियों के इन लक्ष्यों को प्राप्त करने में शिक्षकों, अभिभावकों एवं विद्यालय को उनकी भूमिका का ज्ञान कराना।

जिले के युवा लिखेंगे सफलता की नई इबारत

छात्र निर्माण संवाद कार्यक्रम से करियर पर होगी निगाह

जागरण संवाददाता बांदा : जिले के माध्यमिक विद्यालयों के छात्र-छात्राएं अब लक्ष्य तय कर अपनी शैक्षिक साधना करेंगे। डॉक्टर बनना है या इंजीनियर, या फिर किसी अन्य क्षेत्र में करियर बनाना है। वह अभी से लक्ष्य प्राप्ति की दिशा में जुट जाएंगे। इसके लिए करियर काउंसिलिंग के साथ सेमिनार भी आयोजित किए जाएंगे। सेमिनार में सुपर 30 के आनंद कुमार के साथ ही अन्य विशेषज्ञ आमंत्रित किए जाएंगे।

अपने अभिनव प्रयोगों और प्रयासों से सुर्खियों में रहने वाले जिलाधिकारी हीरा लाल अब जिले के छात्र-छात्राओं के करियर को लेकर एक बड़े अभियान की रूपरेखा तैयार कर रहे हैं। इसकी शुरुआत भी नये तरीके से कर रहे हैं। तीन चरणों में होने वाले इस अभियान को नाम दे रहे हैं छात्र निर्माण संवाद कार्यक्रम। जिले के 300 माध्यमिक विद्यालयों के छात्र-छात्राएं अपने गुरुजनों के माध्यम से लक्ष्य प्राप्ति की पाती लिखेंगे। यह पाती जिलाधिकारी के लिए होगी। इन्हीं पाती से छात्र-छात्राओं को अलग-अलग वर्गों में बांटकर करियर

रविवार विशेष

काउंसिलिंग कार्यशाला का आयोजन किया जाएगा।

इसके तहत वह जिले के लगभग पांच लाख छात्र-छात्राओं से रूबरू होंगे। पढ़ाई में आने वाली अड़चनों को जानेंगे और समझेंगे। साथ ही हर छात्र के लिए लक्ष्य निर्धारण कराएंगे। इसके बाद विषय विशेषज्ञों के सेमिनार आयोजित होंगे। जिससे छात्रों को लक्ष्य की दिशा में आगे बढ़ने का मौका मिलेगा। अभियान में सबसे पहले हाईस्कूल और इंटर के छात्र-छात्राओं को शामिल किया जा रहा है।

बालिकाओं से सीधा संवाद

स्कूल-कालेजों में चल रहे छात्र-छात्रा निर्माण संवाद आयोजनों की श्रृंखला में सोमवार को सुबह डीएम हीरा लाल ने यहां राजकीय बालिका इंटर कालेज में छात्राओं से सीधे संवाद किया। उन्हें अपने जीवन का लक्ष्य निर्धारित कर उसे लिखित रूप में और माता-पिता के हस्ताक्षरों के साथ कालेज में सौंपने को कहा। छात्राओं ने डीएम से कई सवाल किए और अपनी जिज्ञासाएं पूछीं। डीएम ने उन्हें विस्तार से जवाब देकर संतुष्ट किया। प्रधानाचार्य बीना गुप्ता ने डीएम का आभार जताया। कालेज की टीचर्स उपस्थित रहीं। अमर उजाला

प्रक्रिया

छात्र निर्माण संवाद कार्यक्रम के अंतर्गत कॉलेज के विद्यार्थियों से जिलाधिकारी ने 7 बिंदु पर सीधा संवाद किया :

1. आप अपने जिंदगी के लक्ष्य को तय करें।
2. आपको कितनी ऊँचाई (लक्ष्य) पर जाना है, क्या आपने अपना लक्ष्य तय किया है ?
3. आजकल के बच्चे अपने आप को माता-पिता से ज्यादा होशियार समझते हैं इस धारणा को तोड़ना।
4. बच्चे अपने माता-पिता से सलाह लेकर अपना लक्ष्य निर्धारित करें।
5. छात्र अपने माता और पिता के संयुक्त हस्ताक्षर से लक्ष्य का प्रमाण-पत्र अपने कक्षाध्यापक को दें।
6. फैशन से दूर रहें, सादा जीवन, उच्च विचार अपनाएँ।
7. मोबाइल एवं सोशल मीडिया से दूर रहें। मोबाइल केवल सर्च इंजन गूगल की सहायता से पढ़ने के उद्देश्य से प्रयोग करें।

- **समय प्रबंधन :** सुबह से शाम एवं शाम से रात्रि तक की समय सारणी प्रतिदिन बनाएँ।
- इस संवाद के दौरान विद्यार्थियों को अपना लक्ष्य निर्धारित करने, अभिभावक की सहमति लेने, लक्ष्यों को लिखित रूप से अपने विद्यालय में जमा कराया गया।
- जमा कराए गए लक्ष्यों के प्रपत्र के आधार पर चार प्रमुख क्षेत्रों का चयन

अधिकांश विद्यार्थियों द्वारा किया गया—

1. इंजीनियरिंग सेवा
2. मेडिकल सेवा
3. प्रशासनिक सेवा
4. शिक्षण सेवा

- प्रत्येक चयनित क्षेत्र के विद्यार्थियों की सामूहिक कार्यशाला का आयोजन जिलाधिकारी के निर्देशन में कराया गया।
- इस कार्यशाला में विशेषज्ञों को आमंत्रित कर उनसे शैक्षिक मार्गदर्शन एवं संवाद करने का अवसर विद्यार्थियों को प्राप्त हुआ।

परिणाम

विद्यार्थी अपने लक्ष्य निर्धारण के प्रति सजग हो गए। अभिभावक एवं उनके शिक्षक विद्यार्थियों के लक्ष्यों से परिचित हो गए। विद्यार्थियों के लक्ष्यों के आधार पर विद्यालय ने अपनी शिक्षण प्रक्रिया में वांछित कार्यवाही की।

चौथा प्रयोग : एक दिन का अधिकारी

- शिक्षा ग्रहण करते हुए छात्र-छात्राएँ सैद्धांतिक अध्ययन तो बहुत करते हैं, किंतु उनको व्यवहारिक ज्ञान नहीं होता। अतः उनको व्यावहारिक ज्ञान कराने, कार्यालय कैसे चलते हैं? क्या-क्या कार्य होता है एवं अधिकारी किस प्रकार कार्य करते हैं? जब वह स्वयं अधिकारी बनेंगे तो उन्हें कार्य कैसे करना होगा? उस पद पर उनसे, उनके विभाग एवं जन सामान्य की क्या-क्या अपेक्षाएँ होंगी? प्रक्रिया से परिचित कराते हुए एक कुशल अधिकारी बनने के प्रति प्रेरित करने हेतु एक दिन के मुख्यमंत्री की तर्ज पर 'एक दिन का अधिकारी' कार्यक्रम बनाया गया।

उद्देश्य

- व्यक्तित्व विकास।
- सेवा योजना में अभिवृद्धि।
- कार्यालय प्रबंधन प्रशिक्षण।
- अधिकारी के गुण देखना व सीखना।
- सरकार व आम जनता के बीच की दूरी कम करना।

- छात्रों को सुशासन से परिचित कराना।
- छात्रों को अधिकारी बनने के लिए प्रेरित और प्रोत्साहित करना।

प्रक्रिया

- महाविद्यालयों में प्राध्यापकों एवं छात्र-छात्राओं को पत्र लिखकर कार्यक्रम से अवगत कराया गया।
- छात्र-छात्राओं के रजिस्ट्रेशन हेतु आवेदन भरवाया गया।
- जनपद स्तर के उच्चाधिकारियों में से किसी एक अधिकारी, जिसके साथ छात्र सीखना चाहता है, पर 2 पेज का लेख (WRITE-UP) प्रस्तुत करना।
- चयनित कार्यालय में 1 दिन रहकर वहाँ का अध्ययन करना और कार्यालय अध्ययन विषयक 2 पेज का लेख देना।
- इच्छित अधिकारी के साथ 1 दिन रहकर सीखना और अधिकारी के साथ रहने के उपरांत स्वयं को 1 दिन के अधिकारी के रूप में देखना।
- समस्त सीख पर एक लेख देना, जिसमें 5 बिंदुओं का संक्षिप्त विवरण भी होगा कि संबंधित अधिकारी—
  1. क्या-क्या विभागीय कार्य करते हैं?
  2. कैसे विभागीय कार्य संचालित करते हैं?
  3. अच्छी बातें, जो उन अधिकारी से सीखीं?
  4. अच्छी बातें, जो अपने जीवन में लागू करेंगे?
  5. कार्यक्रम के 5 फायदे।

उपरोक्त समस्त का एक साथ संकलन कर स्लाइड बनाकर कुल 5 स्लाइड का 5 मिनट का प्रस्तुतीकरण निर्धारित समय और तिथि पर किया गया। जिलाधिकारी द्वारा इन छात्रों को प्रमाण-पत्र दिया गया।

परिणाम

- छात्र-छात्राओं में अधिकारी बनने की इच्छा बढ़ी।
- छात्र-छात्राओं में प्रशासनिक व्यवस्था व पदों की महत्ता की समझ विकसित हुई।
- सरकार एवं आम आदमी के बीच की दूरी घटी और सुशासन व्यवस्था अच्छी हुई।

- छात्र-छात्राओं के व्यवहारिक ज्ञान में वृद्धि हुई।
- अधिकारी बनने के लिए छात्र-छात्राएँ प्रेरित हुए और उनका जोश बढ़ा।

दैनिक जागरण,झाँसी,30,जनवरी

1 दिन का अधिकारी बनने वाले बच्चों को डीएम ने किया सम्मानित

बाँदा : छात्र-छात्राओं को प्रशस्ति पत्र देकर सम्मानित करते जिलाधिकारी हीरा लाल।

प्रशस्ति-पत्र पाकर खुश हुये छात्र-छात्रायें

बाँदा ब्यूरो : छात्र-छात्राओं को प्रोत्साहित करने के लिये जनपद में चलाये जा रहे एक दिन का अधिकारी कार्यक्रम में जिलाधिकारी ने आधा दर्जन छात्र-छात्राओं को प्रशस्ति पत्र देकर सम्मानित किया। सम्मान मिलने पर छात्र-छात्राओं के चेहरे खुशी से खिल उठे। जिलाधिकारी की पहल पर जनपद में एक दिन का अधिकारी कार्यक्रम चलाया जा रहा है। जिसमें अब तक लगभग 50 छात्र-छात्राओं द्वारा प्रमुख प्रशासनिक पदों पर एक दिन का अधिकारी बनकर अपने व्यक्तित्व का विकास करने तथा अधिकारी के कार्य एवं कर्तव्यों का अनुभव प्राप्त किया। ऐसे ही एक दिन का अधिकारी बन चुके राजकीय महिला महाविद्यालय की छात्रा वैशाली गुप्ता, पं0 जवाहर लाल नेहरू महाविद्यालय के रोहित ने जिलाधिकारी के पद पर अनुभव प्राप्त किया। पं0 जेएन कालेज की सौम्या ने एक दिन के लिये मुख्य विकास अधिकारी के पद का कार्यभार का अनुभव सीखा। राजकीय इंटर कालेज के हिमांशु पं0 जवाहर लाल नेहरू महाविद्यालय की प्रज्ञा त्रिपाठी ने उपजिलाधिकारी, पं0 जवाहर लाल नेहरू महाविद्यालय की गीता ने जिला विकास अधिकारी के कार्यों को सीखा। बुधवार को जिलाधिकारी ने कैम्प कार्यालय में एक दिन का अधिकारी समिति के सदस्यों के समक्ष पीपीटी के माध्यम से अपने अनुभव प्रस्तुत किये। इसके बाद डीएम ने इन छात्र-छात्राओं को प्रशस्ति पत्र देकर सम्मानित किया। साथ ही भविष्य में प्रशासनिक शासकीय सेवाओं से जुड़कर जनहित में कार्य करने की शुभकामनायें दी। छात्र-छात्राओं ने जिलाधिकारी आवास कैम्पस में जल संरक्षण के लिये बनाये गये तालाब, कुआं तथा पौधरोपण के कार्यों को देखा। छात्र-छात्राओं को आवास का भ्रमण कराया गया। कार्यक्रम का संचालन सहायक निदेशक बचत आर के जैन, सहायक निदेशक सेवायोजन कौशलेन्द्र सिंह, आनन्द शुक्ला, योगेश्वर सिंह आदि मौजूद रहे।

"एक दिन का अधिकारी"

प्रमाण पत्र

कार्यालय : जिलाधिकारी, बाँदा, उ.प्र.

बाँदा जिला प्रशासन द्वारा छात्रों के व्यक्तित्व विकास, छात्र को अधिकारी बनने के लिये प्रेरणा एवं प्रोत्साहन देने तथा योज्यता में वृद्धि के उद्देश्य से चलाये जा रहे नवाचार कार्यक्रम "एक दिन का अधिकारी" के अन्तर्गत श्री अखिलेश कुमार कक्षा बी.एड. I yr विद्यालय पं. जवाहरलाल नेहरू महाविद्यालय – बाँदा के द्वारा मुख्य विकास अधिकारी के पद हेतु आवेदन किया गया। निम्नानुसार अपेक्षित कार्यवाही पूर्ण की गयी –

1. पद से सम्बन्धित कार्यो / दायित्वों का अध्ययन किया गया और 06.09.2019 को लेख प्रस्तुत किया गया।
2. सम्बन्धित कार्यालय का भ्रमण एवं सभी कार्यों का अध्ययन कर 13.09.2019 को लेख प्रस्तुत किया गया।
3. सम्बन्धित अधिकारी के साथ एक दिवसीय भ्रमण कर उनके कार्यों / दायित्वों के निर्वहन से सम्बन्धित अपनी सोच विकसित की और 15.10.2019 को लेख प्रस्तुत किया गया।
4. प्रशिक्षण के उपरान्त अपने अनुभवों का प्रस्तुतिकरण समिति के समक्ष पी.पी.टी. के माध्यम से 21.01.2020 को सफलतापूर्वक किया गया।

इनको मुख्य विकास अधिकारी के पद का आवश्यक एवं प्रारम्भिक ज्ञान हो गया है। इस internship से ये जागरूक, प्रेरित और प्रोत्साहित हुये हैं। जिला प्रशासन इनके उज्ज्वल भविष्य की कामना करता है कि ये अपने इच्छित पद को प्राप्त कर सकें।

21/01/20

आई.ए.एस.

जिलाधिकारी

दिनांक : 21.01.2020

स्थान : बाँदा, उ.प्र.

"एक दिन का अधिकारी"
प्रमाण पत्र
कार्यालय : जिलाधिकारी, बाँदा, उ.प्र.

बाँदा जिला प्रशासन द्वारा छात्रों के व्यक्तित्व विकास, छात्र को अधिकारी बनने के लिये प्रेरणा एवं प्रोत्साहन देने तथा योग्यता में वृद्धि के उद्देश्य से चलाये जा रहे नवाचार कार्यक्रम "एक दिन का अधिकारी" के अन्तर्गत श्री नरेन्द्र कुमार कक्षा बी.ए. II yr विद्यालय राजकीय महाविद्यालय-पिपरहरी जि.-बाँदा के द्वारा जिलाधिकारी के पद हेतु आवेदन किया गया। निम्नानुसार अपेक्षित कार्यवाही पूर्ण की गयी –

1. पद से सम्बन्धित कार्यो / दायित्वों का अध्ययन किया गया और 06.09.2019 को लेख प्रस्तुत किया गया।
2. सम्बन्धित कार्यालय का भ्रमण एवं सभी कार्यो का अध्ययन कर 24.09.2019 को लेख प्रस्तुत किया गया।
3. सम्बन्धित अधिकारी के साथ एक दिवसीय भ्रमण कर उनके कार्यो / दायित्वों के निर्वहन से सम्बन्धित अपनी सोच विकसित की और 10.12.2019 को लेख प्रस्तुत किया गया।
4. प्रशिक्षण के उपरान्त अपने अनुभवों का प्रस्तुतिकरण समिति के समक्ष पी.पी.टी. के माध्यम से 21.01.2020 को सफलतापूर्वक किया गया।

इनको जिलाधिकारी के पद का आवश्यक एवं प्रारम्भिक ज्ञान हो गया है। इस internship से ये जागरुक, प्रेरित और प्रोत्साहित हुये हैं। जिला प्रशासन इनके उज्ज्वल भविष्य की कामना करता है कि ये अपने इच्छित पद को प्राप्त कर सकें।

दिनांक : 21.01.2020
स्थान : बाँदा, उ.प्र.

21/01/20
हीरा लाल आई.ए.एस.
जिलाधिकारी, बाँदा

इसका समन्वय श्री राकेश कुमार जैन, जिला बचत अधिकारी श्री कोशलेंद्र कुमार, जिला सेवायोजन अधिकारी द्वारा किया गया।

बाँदा में साइंस पार्क बनवाने के लिए प्रयास किया। कांशीराम स्मृति उपवन पार्क में 5.68 एकड़ जमीन दी गई। शासन ने साइंस पार्क बनाने की मंजूरी दी। बाँदा के लिए यह एक ऐतिहासिक उपलब्धि है।

बुंदेलखंड के पहले साइंस पार्क को शासन की मंजूरी

सवा तीन करोड़ से बनेगा, नए साल से शुरू होगा काम

तीन चरणों में होगा निर्माण
इनडोर और आउटडोर दो हिस्सों में होगा पार्क, बुंदेलखंड के 11 जिले होंगे लाभान्वित

मेधावी छात्रों हेतु आई.आई.टी. कानपुर एवं राष्ट्रीय शर्करा संस्थान, कानपुर का भ्रमण विज्ञान क्लब, बाँदा द्वारा कराया गया।

- स्वयं करके सीखने की प्रक्रिया का विकास करने के उद्देश्य से देश के प्रसिद्ध तकनीकी शिक्षण संस्थान में छात्रों को ज्ञानार्जन करने का मौका दिया गया जिससे इस क्षेत्र में कॅरियर (भविष्य) बनानेवाले विद्यार्थियों को एक नई दिशा मिल सके।
- यात्रा के दौरान आधुनिक वैज्ञानिक प्रयोगशालाओं, सेंट्रल पुस्तकालय, क्लासरूम, हवाई पट्टी आदि का भ्रमण कराया गया। जहाँ सुपर कंप्यूटर, थ्री-डी टेक्नोलॉजी, लेजर टेक्नोलॉजी, नैनो टेक्नोलॉजी आदि प्रमुख विषय से रूबरू हुए।
- शुगर फैक्ट्री आदि का भ्रमण भी कराया गया।

3.9 किसान समृद्धि

भारत कृषि प्रधान देश है। भारत गाँवों में बसता है। गाँव में किसान रहते हैं। जल, जंगल और जमीन किसान की पूँजी है। बिना किसान को धनी बनाए, हमारा देश विकसित देश नहीं बन सकता।

हम सभी का सपना है कि भारत अतिशीघ्र विकसित देश बन जाए। इस उद्‌देश्य की पूर्ति हेतु किसान को समृद्ध बनाना हमारी जरूरत है। इसलिए भारत सरकार ने किसानों की आय 2015-16 की तुलना में 2022-23 में दोगुना करने की एक योजना चलाई है।

बाँदा की आर्थिक स्थिति पूर्णतया कृषि आधारित है। यहाँ पर कोई उद्योग नहीं है, जो भी थोड़ा-बहुत है, वह कृषि के सहयोग के लिए है। बाँदा के लोग कृषि/खेती सदियों से कर रहे हैं। खेती घाटे का सौदा है, इसलिए खेती को व्यापार में बदलना बहुत जरूरी है, तभी हम किसानों की आय बढ़ा सकते हैं। इसी दिशा में किसान उत्पादक कंपनी (एफ.पी.सी.) को खूब बढ़ावा दिया जा रहा है। गाँव के किसान मिलकर एफ.पी.सी. बनाएँगे और चलाएँगे। खेती को इस कंपनी के द्वारा कृषि व्यापार में बदलेंगे। मुख्य कार्य किसानों की सोच को बदलना है। इन्हें ज्ञान दिलाकर शक्तिशाली बनाना है, क्योंकि ज्ञान शक्ति है। किसानों की सोच बदले और नई सोच से शक्ति बढ़े, इसके लिए एक के बाद एक अनेक कदम उठाए गए।

विभिन्न प्रकार की खेती में जो स्वयं अच्छा कर रहे थे, कुछ अलग प्रकार से बेहतर कर रहे थे और अन्य की तुलना में आमदनी ज्यादा थी, खेती से अच्छा पैसा कमा रहे थे, ऐसे स्वयमेव जागरूक लोगों को चयनित किया गया और उन्हें ज्ञानार्जन यात्रा पर भेजा गया।

- आज के इस वैज्ञानिक युग में समय-समय पर कार्यशैली में बदलाव समय की आवश्यकता है। जो व्यक्ति अपने कार्य-प्रक्रिया में नवीन ज्ञान का समावेश नहीं करते हैं, समाज से पीछे छूट जाते हैं और कार्यालय, घर, अन्य जगहों पर पहचान नहीं बना पाते हैं। इस तथ्य को ध्यान में रखते हुए जिलाधिकारी ने ज्ञानार्जन यात्राओं की शुरुआत विभिन्न समूह जैसे बच्चों, किसानों, प्रधानों एवं लघु व्यवसायियों के लिए की।
- जिससे उनके ज्ञान में बढ़ोत्तरी हो सके, उनकी कार्यप्रणाली सुव्यवस्थित एवं आधुनिक तकनीकीयुक्त बन सके तथा वह समाज में एक विशेष पहचान बनाने में सक्षम हो सकें। ज्ञान शक्ति है। बाँदावासी हँसी-खुशी के

माहौल में ज्ञान अर्जित कर शक्तिशाली बन सकें।

समृद्ध किसान बाँदा का हो जाए इसलिए।
आय भी इसकी दोगुनी हो जाए इसलिए।
माहौल इस तरह का बनाया है डी.एम. ने।
खेती का सारा ज्ञान दिलाया है डी.एम. ने॥

—नज़रे आलम 'नज़र बाँदवी'

उद्देश्य

- तुलनात्मक कार्य करने की प्रक्रिया का विकास करना।
- आधुनिक तकनीकी और ज्ञान से परिचित कराना।
- समयानुसार एवं आवश्यकतानुसार विभिन्न समूह जैसे बच्चों, किसानों, प्रधानों एवं व्यवसायियों आदि में ज्ञान को खोजने एवं उसका प्रयोग कर आगे बढ़ने के लिए प्रेरित करना।

प्रक्रिया

- विभिन्न लक्ष्य समूहों का चयन।
- चयनित लक्ष्य समूहों को उनके कार्य के अनुसार विभागवार यात्रा का निर्धारण ताकि विभाग उन्हें यात्रा करा सके।
- यात्रा हेतु प्रमुख आदर्श/प्रसिद्ध स्थलों का चयन एवं संदर्भ सामग्री का निर्माण।

यात्राओं के आयोजन हेतु जिला स्तरीय सुसंगत नोडल विभाग

- छात्रों हेतु : जिला विज्ञान क्लब, बाँदा
- किसानों हेतु : कृषि विभाग, उद्यान विभाग एवं सहकारिता विभाग
- ग्राम प्रधानों हेतु : पंचायती राज विभाग
- दुग्ध उत्पादकों हेतु : दुग्ध विभाग

सब्जी उत्पादक किसानों हेतु भ्रमण यात्रा : उद्यान विभाग द्वारा कराया गया

जनपद के कृषकों की आय बढ़ाने, आधुनिक पद्धति से कृषकों को जोड़ने एवं देखकर सीखने की प्रक्रिया को दृष्टिगत रखते हुए सेंटर ऑफ एक्सीलेंस, उमरदा, कन्नौज में तीन दिवसीय ज्ञानार्जन यात्रा का आयोजन किया गया। इसका मुख्य उद्देश्य कृषकों को सब्जी की खेती की नवीनतम तकनीकी से परिचित

कराते हुए कम समय में ज्यादा सब्जी उत्पादन कर आय में बढ़ोत्तरी लाने के लिए सशक्त प्रयास करना है। इसका नेतृत्व श्री परवेज अहमद, तत्कालीन जिला उद्यान अधिकारी ने किया।

हरी झंडी दिखा किसानों को रवाना करते डीएम हीरालाल। अमर उजाला

सब्जी तकनीक सीखने कन्नौज गए 50 किसान

बांदा। जनपद के 50 प्रगतिशील किसान कन्नौज में सब्जी उत्पादन संबंधी प्रशिक्षण लेंगे। गुरुवार को जिलाधिकारी हीरा लाल ने हरी झंडी दिखाकर बस को रवाना किया। उन्होंने किसानों से कहा कि अभी की प्रगति और प्रशिक्षण के बाद की प्रगति का रोड मैप तैयार कर जिला प्रशासन को उपलब्ध कराएं। सब्जी उगाने की नई तकनीक सीखने के बाद अन्य किसानों को भी जागरुक करें। उद्यान अधिकारी परवेज खां को निर्देश दिए कि अगले सप्ताह महिलाओं को बाहर भेजने की कार्य योजना बनाएं। ब्यूरो

भारतीय सब्जी अनुसंधान, बनारस में महिलाओं को जिला उद्यान विभाग द्वारा एकीकृत बागवानी मिशन के तहत भ्रमण पर भेजा गया। वे आधुनिक ज्ञान लेकर आईं। आय बढ़ाने में यह ज्ञान कारगर साबित हुआ।

वाराणसी में सीख रहीं सब्जी की खेती के गुर

पंचायती विभाग द्वारा आदर्श ग्राम भ्रमण यात्रा

एक आदर्श ग्राम कैसा हो? उसमें क्या-क्या सुविधाएँ जन सामान्य के लिए हों? प्रधान कैसे अपनी बेहतर भूमिका ग्राम विकास में करे? इसके लिए ललितपुर जनपद की ग्राम पंचायत पवा एवं जनपद जालौन की ग्राम पंचायन इटौरा में प्रधानों हेतु मॉडल विलेज ज्ञानार्जन यात्रा का आयोजन किया गया। यह कार्य जिला पंचायत राज अधिकारी श्री संजय कुमार यादव की देखरेख में हुआ।

इसके अंतर्गत आधुनिक सुविधायुक्त विद्यालय, चाइल्ड फ्रेंडली शौचालय, तालाब, पेयजल व्यवस्था, वायस ऑफ पवा, हाट बाजार, प्रतीक्षालय, भूसा बैंक, ग्राम सफाई व्यवस्था, सोलर लाइट, सचिवालय, जिम, एन.आर.एल.एम. समूह कार्य, फूलों की खेती, रूफ वाटर हारवेस्टिंग सिस्टम, सोकपिट, ए.एन.एम. सेंटर एवं धार्मिक स्थल आदि का अवलोकन किया गया।

अन्ना हजारे : जिलाधिकारी, बाँदा की प्रेरणा से जनपद बाँदा में मॉडल विलेज बनाने के उद्देश्य से ग्राम प्रधानों के एक प्रतिनिधिमंडल को 27 जनवरी, 2020 को श्री मुहम्मत शफी, जिला सलाहकार (एस.बी.एम.-जी.) पंचायती राज विभाग के नेतृत्व में 'ज्ञानार्जन यात्रा' का नाम देकर महाराष्ट्र के जनपद अहमदनगर के मॉडर्न गाँव रालेगण सिद्धि एवं हिवरे बाजार भेजा गया। वहाँ कराए गए कार्यों एवं संचालन की जानकारी प्राप्त कराई। प्रतिनिधिमंडल ने इसी यात्रा के दौरान रालेगण सिद्धि में प्रख्यात समाजसेवी श्री अन्ना हजारेजी से भी मुलाकात की। इस

यात्रा के दौरान प्रधानों के प्रतिनिधि मंडल ने ग्राम विकास के साथ-साथ वहाँ की भौगोलिक परिस्थिति को देखते हुए किसानों द्वारा लाभपूर्ण कृषि के बारे में भी जानकारी प्राप्त की। उक्त ज्ञानार्जन यात्रा से लौटने के बाद जनपद बाँदा में ग्राम पंचायतों को विकसित करने, स्वच्छता के प्रति जागरूक करने एवं गिरते भू-जल को संरक्षित करने के प्रति आम लोगों का सहयोग लेते हुए ग्राम पंचायतों में कार्य किया गया।

जनपद के विकास खंड महुआ की ग्राम पंचायत गिरवाँ, छिबाँव, जखनी आदि विकास खंड तिंदवारी की ग्राम पंचायत बेंदा, सादीमदनपुर विकास खंड जसपुरा की ग्राम पंचायत रामपुर, सिंधनकलाँ विकास खंड बबेरू की ग्राम पंचायत पिस्टा, मुरवल, मंठा, विकास खंड कमासिन की ग्राम पंचायत पन्नाह, छिलोलर, विकास खंड नरैनी की ग्राम पंचायत में कटरा कालिंजर, डढवामानपुर, विकास खंड बिसंडा की ग्राम पंचायत में ग्राम भरेहदू, पारा विकास खंड बड़ोखर खुर्द की ग्राम पंचायत महोखर, गुरेह आदि ग्राम पंचायतों ने ज्ञानार्जन यात्रा से प्रेरित होकर यात्रा में गए संबंधित ग्राम प्रधानों ने अपनी-अपनी ग्राम पंचायतों को मॉडल गाँव बनाने में अपना प्रमुख योगदान दिया एवं जनपद की अन्य ग्राम पंचायतों ने भी इसी कार्य का अनुश्रवण करते हुए अपनी ग्राम पंचायतों को मॉडल बनाने के लिए प्रेरणा ली। श्री संकटा प्रसाद त्रिपाठी, प्रधान संघ अध्यक्ष ने इस कार्य में काफी सहयोग किया।

रालेगांव सिद्धि से प्रेरणा लेकर संवारेंगे गांव

कृषि विभाग द्वारा 'किसानों की बात किसान से' भ्रमण यात्रा

जनपद के 40 किसानों का समूह ग्राम दौलतपुर, जिला बाराबंकी के लिए

रवाना हुआ। दौलतपुर ग्राम के एक सम्मानित, प्रगतिशील किसान व पद्मश्री पुरस्कार से पुरस्कृत कृषक राम शरण वर्माजी के उन्नतिशील फार्म को देखा और विधिवत् अध्ययन किया। जिसमें उन्हें आधुनिक कृषि तकनीकों एवं उत्पादन के दौरान ध्यान रखनेवाली बारीकियों को बताया गया। उपनिदेशक श्री ए.के. सिंह और जिला कृषि अधिकारी श्री प्रमोद कुमार ने रुचि लेकर इसे संपन्न कराया।

उद्यान विभाग के उद्यान मिशन के तहत उत्कृष्ट केंद्र (Excellence Center) के लिए 1.08 करोड़ रुपए स्वीकृत कराए। बाँदा शहर के उद्यान विभाग की पौधशाला में इसे प्रस्तावित किया।

तहसील अतर्रा में कृषि विभाग का एक बहुत बड़ा फार्महाउस है। राष्ट्रीय कृषि योजना के अंतर्गत यहाँ भी एक कृषि उत्कृष्ट केंद्र (Excellence Center) 2.85 करोड़ का स्वीकृत कराया, ताकि कृषि फसलों की सारी जानकारी यहाँ से बाँदा के साथ पूरे बुंदेलखंड को मिले और उनकी आय बढ़े।

कृषि प्रक्षेत्र अतर्रा में लगे सोलर पंप का पानी देखते जिलाधिकारी।

कृषि प्रक्षेत्र कार्यालय के बाहर निरीक्षण करते जिलाधिकारी। • हिन्दुस्तान

माडल रूप में तैयार किया जाए अतर्रा कृषि प्रक्षेत्र

बांदा | हिन्दुस्तान संवाद

राजकीय कृषि एवं बीज सम्बर्धन प्रक्षेत्र अतर्रा का जिलाधिकारी ने निरीक्षण किया। तैयार की गई फसल को देखा और फसल सिंचाई के लिए स्थापित कराया गया सोलर पंप को भी देखा। कार्यालय में साफ सफाई और कृषि यंत्रों के रख रखाव सही से करने के निर्देश दिए। कृषि अधिकारी को निर्देश दिए कि कृषि फार्म हाउस को माडल के रुप में विकसित किया जाए। वन, पशु पालन, मत्स्य आदि विभागों के अधिकारियों को प्रक्षेत्र लाकर संचालित योजनाओं से प्रक्षेत्र का विकास कराया जाए।

बोले डीएम

- राजकीय कृषि फार्म हाउस का डीएम ने किया निरीक्षण
- फार्म को बेहतर बनाने के लिए अधिकारियों को दिए निर्देश

जिलाधिकारी हीरालाल ने कृषि फार्म हाउस अतर्रा का निरीक्षण किया। कहा कि इस फार्म को बहुउद्देशीय रुप में विकसित किया जाए। मत्स्य पालन विभाग के द्वारा तालाब व मत्स्य पालन करवाया जाए। पशु पालन विभाग के द्वारा पशु पालन कर जैविक खाद आदि तैयार कराई जाए। कृषि फार्म हाउस को माडल के रुप में विकसित करने के लिए कृषि निदेशक को पत्र लिखा जाए। कहा कि जो पेड़ सूख गए है वन विभाग से सम्पर्क कर कटवाकर वहां पर फलदार पौध रोपित कराए जाए। इसके बाद बीज गोदाम, भूसा गोदाम, जनरेटर व कृषि यंत्रों को देखा कहा कि कृषि यंत्रों का सही से रख रखाव किया जाए। कार्यालय की साफ सफाई नियमित कराई जाए। खराब कृषि यंत्रों की नीलामी कराई जाए। साथ ही नाली, खडंजा निर्माण के लिए प्रस्ताव तैयार करने के निर्देश दिए। कृषि फार्म हाउस में लगे सोलर पंप को देखा। इस मौके पर जिला कृषि अधिकारी प्रमोद कुमार, फार्म अधीक्षक लेखराज निरंजन आदि अधिकारी व कर्मचारी मौजद रहे।

किसान मंडी भ्रमण

बाँदा में 03 किसान मंडी बाँदा, अतर्रा और बबेरू हैं। तीनों में प्रतिदित 10

किसानों को मंडी निरीक्षक, मंडी सहायक द्वारा आदर-सम्मान के साथ बुलाया जाता था। मंडी विभाग की समस्त योजनाओं की जानकारी दी जाती थी। इसके बाद ये किसान पूरे मंडी परिसर का भ्रमण कर सभी गतिविधियाँ देखते थे। इससे किसानों को पूरी जानकारी मिली और इसका लाभ उठाया। सुश्री विभा खरे, सचिव, मंडी ने इसका नेतृत्व किया।

मंडी से खेती उपज के क्लस्टर बनाने की कार्ययोजना तैयार कराई गई। जिस गाँव में जो फसल ज्यादा पैदा हो रही है, उस फसल को उस गाँव में और आसपास के गाँव में फैलाव कर क्लस्टर बनवाने पर कार्य किया। क्लस्टर के सभी नियम-कानूनों को लागू करने पर जोर दिया। इससे भी एक नई सोच पैदा हुई। क्लस्टर के जो फायदे हैं, वह मिलने लगे। आय वृद्धि में सहायक सिद्ध हुई।

दुग्ध उत्पादकों हेतु : दुग्ध विभाग

दुग्ध विकास कार्यक्रम के अंतर्गत बाँदा मुख्यालय पर एक लाख लीटर प्रतिदिन क्षमता के डेयरी प्लांट स्थापना हेतु 103.16 करोड़ की लागत से स्वीकृत कराया गया। यह पूरे चित्रकूट मंडल के लिए है।

बाँदा : विकास भवन परिसर से किसानों को लखनऊ के लिये रवाना करते अधिकारीगण।

40 दुग्ध उत्पादक कृषकों को मिलेगा प्रशिक्षण

लखनऊ में बेहतर दुग्ध उत्पादन का हुनर सीखेंगे किसान

बाँदा ब्यूरो : खेती के साथ दुग्ध उत्पादन में किसानों का मुनाफा बढ़ाने के लिये उन्हें नई-नई तकनीकियों से दक्ष्य बनाया जायेगा। जनपद के 40 दुग्ध उत्पादक कृषक लखनऊ में दो दिन प्रशिक्षण लेंगें। कृषकों का दल विकास भवन से गुरूवार को लखनऊ के लिये रवाना हुआ। बुन्देलखण्ड का मुख्य व्यवसाय कृषि आधारित है। यहां खेती के साथ बड़ी संख्या में लोग दुग्ध उत्पादन व पशुपालन का काम करते हैं। खेती की तर्ज पर दुग्ध उत्पादन के कार्य को विकसित करने के लिये कृषकों को नई-नई तकनीकों से दक्ष बनाने का काम शुरू किया गया है। आत्मा योजना के अन्तर्गत गुरूवार को 40 किसान दुग्ध उत्पादन का प्रशिक्षण लेने के लिये लखनऊ रवाना हुये। विकास भवन परिसर में मुख्य विकास अधिकारी हरिश्चन्द्र वर्मा,उपकृषि निदेशक एके सिंह व जिला कृषि अधिकारी डा0 प्रमोद कुमार ने वाहनों को हरी झंडी दिखाकर किसानों के दल को रवाना किया। जिला कृषि अधिकारी ने बताया कि लखनऊ के चकगजरिया डेरी फार्म में कृषकों को दो दिवसीय प्रशिक्षण दिया जायेगा। जिसमे मुख्य रूप से यह जानकारी दी जायेगी कि जनपद व बुन्देलखण्ड के लिये पशुपालन में कौन से प्रजाति के पशु बेहतर हैं। दुग्ध के प्रोड्क्टों के बारे में भी जानकारी दी जायेगी। ताकि किसान अपने दुग्ध से विभिन्न प्रकार के उत्पाद तैयार कर उनकी बिक्री कर सके। इसके अलावा आधुनिक तकनीकि के हुनर भी सिखाये जायेंगे। जिससे कि जनपद के पशुपालक व दुग्ध उत्पादन करने वाले कृषक उत्पादन की क्षमता बढ़ाकर अपने मुनाफे में बढ़ोत्तरी कर सके।

विकास भवन भ्रमण

जिले में प्रथम बार किसानों की आय दोगुनी करने के उद्देश्य से एक नवोन्मेषी कार्यक्रम का शुभारंभ किया गया, जिसको 'किसान विकास भ्रमण' नाम दिया गया। इस कार्यक्रम में कृषि विभाग के अलावा अन्य विभाग जैसे पंचायती राज विभाग, डी.आर.डी.ए., पशुपालन विभाग एवं कृषि रक्षा अनुभाग, नेडा विभाग, समाज कल्याण विभाग, सहकारिता विभाग, आई.सी.डी.एस. विभाग द्वारा समस्त विभागीय जानकारी

दी गई।

उद्देश्य

- सरकारी विभागों एवं कृषकों के बीच की दूरी को कम करना।
- महत्त्वपूर्ण नवोन्मेषी कार्यक्रम के माध्यम से कृषकों और अधिकारियों के बीच कृषकों के मन में हिचक को दूर करना और समस्त विभागीय जानकारी देकर किसानों को शक्तिशाली बनाना।

प्रक्रिया

- क्षेत्रीय कर्मचारियों द्वारा किसानों के चयन में निम्नलिखित मापदंड को प्राथमिकता दी गई :
    1. ऐसे कृषक जो शिक्षित हों।
    2. जिनमें अपनी बात दूसरे तक पहुँचाने का संवाद कौशल हो।
    3. जिनमें सीखने की उत्सुकता, ललक और भूख हो।
    4. जिनमें समाज की सेवा करने की इच्छा हो। सामाजिक सोच हो।
- क्षेत्रीय कर्मचारियों यथा किसान सहायकों ए.टी.एम./बी.टी.एम. के माध्यम से ग्राम पंचायतों के 10-10 कृषकों को विकास भवन लाकर समस्त विभागों की संचालित विकास योजनाओं के बारे में बताना और विभाग में उपलब्ध सभी पत्रक आदि दिलाना।
- किसानों की आय दोगुनी करने के विषय में खेती प्रणाली को व्यावसायिक बनाने हेतु कृषि की नवीनतम तकनीकों, संकर बीजों के उपयोग को बढ़ावा देना, दलहन और तिलहन को वैज्ञानिक ढंग से उगाना।
- गुणवत्तापरक प्रमाणित बीजों का प्रयोग करना, खेती में कम लागत से अधिक उपज प्राप्त करने, कृषि उपज का सही मूल्य प्राप्त करने हेतु पैकेजिंग एवं ग्रेडिंग के विषय में जानकारी प्रदान की गई।
- इसके साथ-साथ मत्स्य पालन, बागवानी, दुधारू पशुओं को शामिल करना, मुर्गी पालन (कुक्कुट) और बकरी पालन, खेती के बदलते परिवेश में सभी को समेकित करना।
- आगे बढ़ने का प्रयास करने के लिए किसानों को जागरूक किया गया।

परिणाम

इस कार्यक्रम के अंतर्गत 25 दिसंबर, 2018 से 29 जुलाई, 2019 तक कुल

1083 कृषकों को कृषि विकास भवन एवं अन्य विभागों में उनको भ्रमण कराकर लाभान्वित कराया गया है।

किसानों को विभागों का कराया गया भ्रमण, दी जानकारी

बांदा। जिले के विभिन्न न्याय पंचायत के अंतर्गत गांव के किसानों को विभागों का भ्रमण कराया जा रहा है। सोमवार को न्याय पंचायत खप्टिहाकला के विभिन्न गांव के करीब एक दर्जन किसानों को विकास भवन के विभिन्न विभागों का भ्रमण कराया गया। कार्यालयों में मौजूद अधिकारियों ने संचालित योजनाओं की जानकारी दी। किसानों ने अधिकारियों से भी योजनाओं के बारे में पूछा।

जिलाधिकारी के निर्देशन पर किसानों को विभिन्न विभागों का भ्रमण कराया जा रहा है। सोमवार को तिन्दवारी विकास खण्ड के न्याय पंचायत खप्टिहाकला के विभिन्न गांव के किसानों को सरकारी कार्यालयों का भ्रमण कराया गया। विकास भवन में मुख्य विकास अधिकारी कार्यालय में पहुंचकर किसानों ने जानकारी ली। सीडीओ हरिश्चन्द्र वर्मा ने किसानों को बताया कि खरीफ फसल का समय चल रहा है। कम लागत और अधिक पैदावार वाली फसलों को खेतों में तैयार करें।

इसके बाद जिला कृषि अधिकारी कार्यालय किसान पहुंचे। जहां पर जिला कृषि अधिकारी डा. प्रमोद कुमार ने किसानों को बताया कि कम सिंचाई वाली फसलों को तैयार करें। दलहन और तिलहन क्षेत्र में अधिक पैदावार होती है तो ऐसे में इन्हीं फसलों का चयन करें। साथ ही किसानों को सुझाव दिया कि कम बारिश और कीट रोगों सहित अन्य आपदा से फसल प्रभावित होने पर फसलों का बीमा जरुर कराए। प्रधानमंत्री फसल बीमा के तहत ब्लाक और तहसील स्तर पर बीमा कम्पनी के कर्मचारी नियुक्त किए गए है। कहा कि अपने खेतों में एक फसल की बुआई न करें जरुरत और पैदावार को देखते हुए कई फसलें अलग अलग खेतों में तैयार करें।

अरहर सम्मेलन

स्थानीय कृषि उत्पादों की अरहर सम्मेलन के माध्यम से ब्रांडिंग करना।

बाँदा और बुंदेलखंड में तिलहन, दलहन, चना, सरसों आदि की अच्छी पैदावार है। पानी की कमी के कारण यहाँ रासायनिक खाद कम प्रयोग होती

है। इससे ये उत्पाद पौष्टिक, स्वादिष्ट, ऑर्गेनिक होते हैं, लेकिन लोगों को इन विशेषताओं का ज्ञान नहीं है। जिससे इनकी माँग अच्छी नहीं है। माँग कमजोर होने के कारण फसल की अच्छी कीमत नहीं मिलती है। 10 फरवरी, 2020 को विश्व तिलहन दिवस पर अरहर सम्मेलन का भव्य आयोजन अरहर के खेतों के मध्य किया गया। इस सम्मेलन के बाद आगंतुक गण विश्व प्रसिद्ध कालिंजर फोर्ट देखने भी गए। इससे कृषि पर्यटन भी हो गया। इसमें कृषि कार्य के लिए पुरस्कार प्राप्त 5 पद्मश्री आए। श्री बाबूलाल दहिया, सतना, मध्य प्रदेश; राम शरण वर्मा, बाराबंकी, उत्तर प्रदेश; किसान चाची, मुजफ्फरपुर, बिहार; कँवल सिंह चौहान, सोनीपत, हरियाणा; भारत भूषण त्यागी, बुलंदशहर, उत्तर प्रदेश ने प्रतिभाग किया। लगभग 35 जिलों के अग्रणी किसान आए। उनको प्रशस्ति-पत्र दिया गया। बुंदेलखंड की समस्त 19 मंडियों के आढ़ती और व्यापारी बुलाए गए। अनेक वैज्ञानिक बुलाए गए। मा. सांसद श्री आर.के. सिंह पटेल एवं विधायक श्री राजकरन कबीर ने भी भाग लिया। प्रचार-प्रसार का यह एक अनूठा तरीका था। लोगों को पसंद आया। खूब प्रचार-प्रसार हुआ। अगले दिन सभी मुख्य समाचार-पत्रों ने एक-एक पेज लिखा। लोगों को काफी प्रभावित किया।

दाल के कटोरे में समृद्ध होगी अरहर

बुंदेलखंड में आएगी बड़ी क्रांति

प्रोसेसिंग यूनिट से तैयार होंगे बुंदेली उद्यमी किसान

नदी किनारे बसे गाँवों का विकास

बाँदा से वागे, यमुना और केन तीन नदियाँ गुजरती हैं। इनके किनारे 130 गाँव बसे हैं। यदि गोमती नदी पर बसे लखनऊ, गंगा पर बसे कानपुर, संगम पर बसे प्रयागराज का विकास हो सकता है तो इन 130 गाँवों का विकास क्यों नहीं? इस दिशा में प्रयास शुरू किया गया। सभी 130 गाँव में अधिकारी भेजकर ठंडी में 'अलाव पे विकास का चौपाल' नाम से जन-जागरूकता बैठक कराई गई। इन गाँवों के विकास पर कार्यवाही प्रारंभ की। इन गाँवों को लखनऊ, कानपुर और प्रयागराज की भाँति नदी किनारे होने के कारण विकसित होने का सपना दिखाया गया। इस दिशा में कार्य कर रही अनेक संस्थाओं को पत्र लिखकर उनका सहयोग माँगा गया।

नदी किनारे के 130 गांव बनेंगे मॉडल

हर अधिकारी एक गांव गोद लेकर करे तैयारी, अच्छे एनजीओ होंगे चिह्नित

अमर उजाला ब्यूरो

बांदा। नदी किनारे आबाद जिले के 130 गांवों को चार माह के अंदर मॉडल के रूप में विकसित करना है। इसके लिए हर अधिकारी एक-एक गांव गोद लेकर मंथन करें और योजना बनाएं। साथ ही पानी पर अच्छा काम कर रहे एनजीओ और कम से कम 10 सोशल लीडर भी तलाशें करें।

यह बात डीएम हीरालाल ने अपने आवास पर फूलों के बीच आयोजित खिचड़ी चौपाल में अधिकारियों से कही। धरती पर बैठकर दोना पत्तल में खिचड़ी और मिट्टी के कुल्हड़ में पानी लिया। ये सब वही अधिकारी हैं, जिन्होंने नदी किनारे आबाद गांवों में खिचड़ी भोज और चौपालों का आयोजन कर ग्रामीणों को नदी प्रदूषित न करने की प्रेरणा दी। अफसरों से कहा कि अच्छी सोच के साथ अपनी जिम्मेदारियों का निर्वहन करें। कहा कि इसी सोच के

चौपाल में खिचड़ी का भोज करते डीएम व अन्य अधिकारी। संवाद

साथ नदी किनारे आबाद 130 गांवों को तीन से चार माह में मॉडल के रूप में तैयार करना है। नदियों की अहमियत बताई। एडीएम संतोष बहादुर सिंह व संजय कुमार, सीडीओ हरिश्चंद्र वर्मा, पीडी आरपी मिश्रा, सिटी मजिस्ट्रेट सुरेश कुमार, कृषि उप निदेशक एके सिंह, डीएसए हरिश्चंद्रनाथ, एसडीएम नरैनी वंदिता श्रीवास्तव, मुख्य पशु चिकित्साधिकारी डा.आईएन सिंह, उद्यान अधिकारी परवेज अधिकारी, अर्थ एवं संख्याधिकारी संजीव बघेल, अपर सूचना अधिकारी कु. शारदा, रिटायर्ड, विशेष कार्याधिकारी मुईन अहमद, रिटायर्ड एओ सईद अहमद, योगेश बाबू, प्रशंसा गुप्ता भी मौजूद रहे।

3.10 प्लास्टिक मुक्त बाँदा

हम सभी जानते हैं कि प्लास्टिक हजारों वर्ष तक विघटित नहीं होती है। प्लास्टिक मानव जीवन के साथ-साथ पृथ्वी के वातावरण एवं जलवायु परिवर्तन के लिए भी खतरा पैदा कर रही है। पशु-पक्षी प्लास्टिक खाकर जान गँवा रहे हैं। प्रतिवर्ष समुद्र में 10,00,000 समुद्री जीवों की जीवनलीला प्लास्टिक पदार्थ खाने से समाप्त हो रही है। इसके साथ-साथ प्लास्टिक प्रदूषण, मिट्टी की उर्वरा शक्ति को खत्म कर रही है।

प्लास्टिक की बोतलों, बरतनों आदि से कैंसर हो रहा है। प्लास्टिक नदी-नालों में रुकावट पैदा कर बाढ़ और विनाश लाता है। प्लास्टिक के उपयोग से होनेवाली हानियों को दृष्टिगत रखते हुए 19-8-2019 से जनपद को प्लास्टिक मुक्त कराने के उद्देश्य से नगरवासियों से शपथ लेकर एक कार्ययोजना तैयार कर अभियान की शुरुआत की गई, जिसको 'झोला युक्त-प्लास्टिक मुक्त, बाँदा' का स्लोगन दिया गया।

बीमारियों से सबको बचाएगी यह मुहिम।
वातावरण को स्वच्छ बनाएगी यह मुहिम।
डी.एम. की है अपील कि मुड़ जाइए सभी।
पन्नी को छोड़ झोले से जुड़ जाइए सभी॥

—नज़्रे आलम 'नज़र बाँदवी'

उद्देश्य

- जनपद में प्लास्टिक प्रदूषण को कम करने के लिए प्रयास करना
- साफ-स्वच्छ वातावरण का निर्माण करना।
- प्रदूषणजनित बीमारियों की रोकथाम का प्रयास करना।
- प्लास्टिक उद्योग को धीरे-धीरे घटाने के लिए जागरूक करना।

प्रक्रिया

- अधिकारियों एवं व्यापारियों के साथ बैठक की गई।
- जन-जागरूकता कार्यक्रमों का आयोजन किया गया।
- प्लास्टिक के विकल्प में आम जनमानस को झोला प्रयोग किए जाने हेतु प्रेरित करते हुए आम जनमानस को झोला वितरण किया गया।

तत्पश्चात् यदि किसी के पास प्रतिबंधित प्लास्टिक पाई जाती है तो उसके

अब झोला युक्त, प्लास्टिक मुक्त होगा बांदा

कैंसर से बचने के लिये पॉलिथीन का बन्द करें प्रयोग : डीएम

कपड़े के थैलों से लैस नजर आएंगे अधिकारी व कर्मचारी

जास, बांदा : जिलाधिकारी हीरा लाल ने पर्यावरण प्रदूषण पर नियंत्रण के लिए नई पहल की है। जनपद में पालीथिन उन्मूलन अभियान शुरू किया गया है।

पालीथिन पर्यावरण में जहर घोल रही है। इससे शहर के नाले व नालियां चोक हो रही हैं, वहीं पालीथिन खाने से बेजुबान मर रहे हैं। जमीन की उर्वरा शक्ति खत्म हो रही है। शासन ने पालीथिन से होने वाले नुकसान को गंभीरता से लेते हुए कई साल पूर्व प्रतिबंध लगाने के निर्देश दिए थे। फिर भी बिक्री व प्रयोग पर कोई अंकुश नहीं लग पा रहा है। प्रतिबंधित पालीथिन के प्रयोग व बिक्री करते पाए जाने पर सजा का भी प्राविधान है।

जिलाधिकारी हीरालाल ने पालीथिन के प्रयोग पर अंकुश लगाने के लिए नई पहल की है। उनके द्वारा मतदान पास, कुआं-तालाब जियाओ अभियान चलाए गए जो देश के लिए माडल बन चुके हैं। इसी तर्ज पर उन्होंने पालीथिन पर रोक लगाने की ठानी है। पालीथिन उन्मूलन अभियान शुरू करते हुए उन्होंने जिले के सभी छोटे-बड़े अधिकारियों व कर्मचारियों को पाती भेजी है। इसमें उन्होंने कहा है कि अब अधिकारी व सभी कर्मचारी कपड़े के थैलों के साथ आफिस आएंगे।

कोई भी मीटिंग व बैठक होगी उसमें अभिलेख फाइलों में नहीं लाएंगे, बल्कि उन्हें अपने साथ कपड़े के थैले में सभी कागजात रखकर लाने होंगे। उन्होंने जनपद को झोलायुक्त व प्लास्टिक मुक्त बनाने का नारा भी दिया है। अधिकारियों से कहा है कि डायरी व अभिलेख हाथ में लेकर आने की प्रथा खत्म करनी होगी। डीएम ने खुद कपड़े के थैले का प्रयोग शुरू कर दिया है।

कपड़े के बैग • जागरण आर्काइव

आदेश

- प्रतिबंधित पॉलीथिन से दूरी बनाने को प्रशासन की नई पहल
- जिला स्तरीय अधिकारियों के पास पहुंची डीएम की पाती

"डीएम के निर्देश पर सभी जिला स्तरीय अधिकारियों व कर्मचारियों के साथ खंड विकास अधिकारियों को पत्र भेजा जा रहा है। इसका अनुपालन हर हाल में कराया जाएगा। ताकि जनपद को पालीथिन मुक्त किया जा सके।"

राजेंद्र प्रसाद मिश्रा, प्रभारी सीडीओ, बांदा

हर रोज खप रही दो क्विंटल पालीथिन : जिले में हर रोज करीब दो हजार क्विंटल पालीथिन की खपत हो रही है। पालीथिन की खपत में अधिकारी व कर्मचारी आगे हैं।

विरुद्ध दंडात्मक कार्यवाही सुनिश्चित की जाएगी। ऐसा संदेश प्रसारित कराया।

- जनपद के व्यापारियों, शैक्षिक संस्थानों एवं आम जनमानस को अपने दैनिक जीवन में प्लास्टिक का उपयोग न करने की शपथ दिलाई।
- जिलाधिकारी द्वारा व्यावसायिक प्रतिष्ठानों व जनसामान्य के बीच स्वयं जाकर शपथ-पत्र एकत्रित कर झोले वितरित किए गए।

परिणाम

- जिलाधिकारी के प्रयास का व्यापारियों एवं जनमानस पर गहरा असर पड़ा।
- व्यापारियों द्वारा बायोडिग्रेडेबल थैलों में सामान दिया जाने लगा।
- जनसामान्य द्वारा कपड़े के झोलों का अपने दैनिक जीवन में प्रयोग किए जाने का सफल प्रयास दिखाई दिया।
- साथ ही अभियान को और सशक्त बनाने के लिए प्लास्टिक की बोतल के प्रयोग को रोकते हुए ताम्र/स्टील/मिट्टी के बरतन का प्रयोग करने के लिए प्रेरित किया गया।

- जनपद में मिट्टी के बरतनों के प्रयोग पर जोर दिया गया। अधिकारियों एवं कर्मचारियों ने इसका प्रयोग प्रारंभ किया।
- जनपद के पूर्णतया प्लास्टिक मुक्त होने तक यह प्रयास अनवरत जारी रहेगा।

मिट्टी के बरतन : सबसे पहले एक आदेश कर अनुरोध किया गया कि बैठकों में कुल्हड़ में चाय दी जाए। यह स्वादिष्ट एवं पर्यावरण के लिहाज से अच्छा है। खाने-पीने में मिट्टी के बरतनों को बढ़ावा देने के लिए मिट्टी के बरतन व्यापारी को बुलाकर तहसील सदर में प्रदर्शनी लगवाई गई। मिट्टी के बरतनों की शहर में उपलब्धता के लिए मिट्टी के बरतन की एक दुकान खुलवाई। खुद जाकर उद्घाटन किया। जिलाधिकारी बँगले में सारे बरतन मिट्टी के उपयोग किए। जनपद के सभी कुम्हारों को बुलाकर उन्हें सम्मानित और उत्साहित किया। दीपावली पर उपजिलाधिकारी और मैंने स्वयं उनके घरों पर जाकर मिठाइयाँ दी, ताकि इनका मनोबल बढ़े। कुम्हारी कला के पट्टे की समीक्षा की। प्लास्टिक को हटाकर मिट्टी के बरतन का उपयोग बढ़वाना अभियान का एक हिस्सा था।

गरीबों के चेहरे पर लाई मुस्कान

कुम्हारों को डीएम की सौगात

मिट्टी के दीपक बनाने वालों की बस्ती में अफसरों के साथ पहुंचे डीएम

रात 8 से 10 बजे तक ही छूटेंगे पटाखे

दोना-पत्तल : खाने-पीने में दोना-पत्तल का प्रचलन बढ़ाने के प्रयास किए गए। फुटपाथ पर दोना-पत्तल बेचनेवालों की दुकान पर जाकर देखा और उनके कार्य को समझा। मैं बैठकों में खाना जमीन पर बैठकर दोना-पत्तल में ही खाता था, ताकि लोग प्रेरित हों और इसे आदत बनाएँ।

दोना-पत्तल बेचने वाले सम्मानित

फुटपाथी दुकानदारों को डीएम हीरालाल ने माला पहनाकर मिठाई दी

अमर उजाला ब्यूरो

बांदा। महंगे और चमकते-दमकते शोरूम में सजी क्राकरी और प्लास्टिक, पॉलिथीन और थर्माकोल के बर्तनों से रुझान हटाकर दोना-पत्तल के रीति और रिवाज को फिर जीवित करने के लिए चलाए जा रहे अभियान में डीएम हीरालाल ने गुरुवार को शहर में फुटपाथों पर दोना-पत्तल बेच रहे गरीब दुकानदारों से मुलाकात की। उन्हें माला पहनाकर सम्मानित किया और मिठाई का डिब्बा सौंपा। दोना-पत्तल को और बढ़ावा देने पर जोर दिया। शहर कोतवाली के आसपास फुटपाथों पर रोजाना महिला-पुरुष दोना-पत्तल बेचते हैं। इन्हीं में से कल्लू, अशोक, बेबी और कृष्णा आदि से डीएम मिले और उन्हें प्रोत्साहित किया। उनकी समस्याएं पूछीं। बांदा के बाशिंदों से कहा कि 'समारोहों में दोना-पत्तल और कुल्हड़ के इस्तेमाल का पुराना रिवाज फिर वापस ले आएं तो पर्यावरण में काफी सुधार आएगा। डीएम ने कहा कि ऐसे समारोहों में वह खुद शामिल होंगे और वह पौधों का वितरण भी करेंगे। डीएम ने अपने साथ मौजूद सिटी मजिस्ट्रेट सुरेंद्र सिंह को निर्देश दिया कि प्लास्टिक हटाओ अभियान में तेजी लाएं। साथ ही दोना-पत्तल और माटी कला के व्यवसायियों को चिह्नित कर उनकी समस्याओं का समाधान करें और उनके व्यवसाय में यथासंभव मदद करें। साथ ही मौके पर मौजूद तहसीलदार अवधेश कुमार निगम को कहा कि दोना-पत्तल और कुल्हड़ के प्रति लोगों का रुझान बढ़ाने के लिए कार्यक्रम तैयार करें। सिटी मजिस्ट्रेट के स्टेनो मोहम्मद अशरफ और डीएम कैंप कार्यालय के सलमान आदि भी थे।

दोना-पत्तल बेचने वालों के साथ डीएम हीरा लाल, सिटी मजिस्ट्रेट।

3.11 नेकी की दीवार

एक दिन तहसीलदार सदर बाँदा श्री अवशेष कुमार निगम ने बताया कि उनके द्वारा 'नेकी की दीवार' नाम से एक कार्यक्रम चलाया जा रहा है। मैंने जाकर मौके पर बारीकी से इसके बारे में समझा और देखा। इस कार्यक्रम से बहुत से गरीबों की मदद हो रही थी। इस कार्यक्रम में हमारे लिए अनुपयोगी हो चुकी वस्तुओं का एक अच्छा उपयोग देखने को मिला। इस अहम पहलू ने मुझे प्रभावित किया। मौके पर ही मैंने निर्णय लिया कि जनपद की पाँचों तहसीलों में श्री निगम के नेतृत्व में इसे लागू करवाया जाए।

मौके से आने के बाद इस पर रिसर्च किया तो पाया कि कुछ अन्य शहरों में भी यह कार्यक्रम चल रहा था। निगमजी के इस पुनीत कार्य को बाँदा में शुरू कराया, यह मुझे बहुत अच्छा लगा और एक माह के अंदर अतर्रा, नरैनी, बबेरू और पैलानी में भी 'नेकी की दीवार' शुरू हो गया।

इनसानियत का जज्बा जगाने के वास्ते।
इनसान को इनसान बनाने के वास्ते।
नेकी की एक दीवार सजाई गई है यूँ।
कितने घरों की लाज बचाई गई है यूँ॥

—नज़रे आलम 'नज़र बाँदवी'

उद्‌देश्य

- समाज के प्रति अपनी जिम्मेदारियों का निर्वहन।
- जिम्मेदार नागरिक बनने एवं बनाने की भावना विकसित करना।
- नागरिकों के व्यक्तित्व में उदारता, दानी प्रवृत्ति का विकास करना।
- निर्बल वर्ग के प्रति सहयोग हेतु समाज को प्रेरित करना।
- अनावश्यक/अनुपयोगी वस्तुओं का उचित प्रबंधन करना।
- अपने व्यक्तित्व में संतुष्टि का भाव विकसित करना।
- परिवार, समाज में अपनी सकारात्मक पहचान बनाना।
- दानी व्यक्तियों एवं जरूरतमंदों के मध्य एक सार्थक मंच उपलब्ध कराना।
- समाज में एक-दूसरे की सहायता करने की भावना विकसित करना।
- प्रत्येक व्यक्ति के अंदर समाजसेवा करने की भावना को मंच प्रदान

करना और इस भावना को जगाना।

दैनिक जागरण,झाँसी,15,सितम्बर

तहसीलदार की पहल से बनी तहसील परिसर में नेकी की दीवार

अन्य विभाग संचालित करेंगे ने की की दीवार :डीएम

बाँदा ब्यूरो : जिलाधिकारी ने सदर तहसील में नेकी की दीवार मुहिम के तहत सहयोग करने वाले तहसीलदार समेत लेखपाल अमीन व लिपिक आदि कर्मचारियों को प्रशस्ति पत्र प्रदान कर उन्हे सम्मानित किया। अनेक अधिकारियों ने अपने विभाग में नेकी की दीवार संचालित करने का संकल्प लिया।

उलेखनीय है कि जिलाधिकारी हीरा लाल द्वारा सदर तहसील में पिछली 25 अगस्त से संचालित नेकी की दीवार पर टंगे वस्त्रों का अवलोकन किया और प्रसन्नता जताई कि यह सामाग्री गरीबों के हितों मे काम आएगी। इस दौरान नगर मजिस्ट्रेट,मेडिकल कालेज प्राचार्य, बेसिक शिक्षाधिकारी,जेलर,महिला कालेज के प्रोफेसर,वन विभाग, वास्थ्य,विकास समेत जनपद स्तरीय अनेक अधिकारियों ने अपने-अपने विभागो मे नेकी की दीवार संचालित करने का संकल्प लिया।

बाँदा : तहसील में नेकी की दीवार कार्यक्रम में प्रमाण पत्र देते डीएम।

प्रक्रिया

- किसी सार्वजनिक स्थल, कार्यालय एवं प्रतिष्ठान की दीवार का चयन करना।
- नेक कार्य के प्रति समर्पित 2–3 सरकारी कर्मियों का स्वयंसेवकों की तरह कार्य करने के लिए चयन करना।
- नेकी की दीवार को स्थापित भवन के रंग से अलग रंग में तैयार करना।
- उक्त दीवार में 'आप सभी के सहयोग से, आप सभी के सहयोग को' नेकी की दीवार पर अंकित कराना।

प्रक्रिया

- आप सभी अपने अतिरिक्त/अनुप्रयोग कपड़े/सामान यहाँ छोड़ सकते हैं।
- जरूरतमंद अपनी जरूरत/उपयोग के सामान यहाँ से निःशुल्क ले जा सकते हैं।
- असामाजिक तत्त्वों से उक्त की निगरानी हेतु दीवार के पास या तो सी.सी.टी.वी. कैमरा लगाया जा सकता है या फिर निगरानी हेतु किसी व्यक्ति को रखा जा सकता है।
- दानी व्यक्तियों द्वारा उपलब्ध कराए गए कपड़े/जूते, चप्पल, कॉपी-पुस्तकें एवं अन्य घरेलू उपयोग के सामान को व्यवस्थित रखने के लिए एक कमरे को भंडारण कक्ष बनाना होगा।
- दानी व्यक्ति से उक्त सामान प्राप्त करते हुए यह ध्यान रखना होगा कि कपड़े फटे/गंदे आदि न हों तथा अन्य सामग्री (खाद्य आदि) उपयोग हेतु उपयुक्त हो।
- दानी व्यक्तियों का एक रजिस्टर में संपूर्ण ब्योरा जैसे नाम, पता, पद एवं मोबाइल नंबर आदि अंकित किया जाएगा।

- 'नेकी की दीवार' से सामान/कपड़े प्राप्त करनेवाले व्यक्ति की निगरानी तो की जाएगी, परंतु उसके स्वाभिमान की रक्षा को दृष्टिगत रखते हुए उससे उसका नाम, पता आदि की जानकारी न ली जाए।
- समाज में सहृदय दानी प्रवृत्तियों के नागरिकों को समय-समय पर सम्मानित किया जाए, जिससे समाज के प्रति अधिक-से-अधिक लोग प्रेरणास्रोत बनें।
- 'नेकी की दीवार' संचालित करनेवाले प्रतिष्ठान/कार्यालय/समाजसेवियों को जिलाधिकारी बाँदा द्वारा समय-समय पर सम्मानित किया जाएगा।

परिणाम

- जनपद में असहाय/जरूरतमंद एवं गरीब व्यक्ति 'नेकी की दीवार' से अपनी आवश्यकतानुसार सामान निःशुल्क ले जाते हैं, जिससे इस तबके के लोगों को मदद मिल रही है।
- 'नेकी की दीवार' में सहयोग करनेवाले व्यक्तियों को सामाजिक सेवा करने का मौका मिल रहा है।

'नेकी की दीवार' मे सहयोग करने वालो को मिला प्रशस्ति पत्र

सहारा न्यूज ब्यूरो
बांदा।

तहसील सदर में बीते 25 अगस्त से संचालित नेकी की दीवार का निरीक्षण जिलाधिकारी द्वारा शुक्रवार को किया गया। जिसमें उन्होंने इस पुनीत कार्य की सराहना की। उन्होंने कहा कि लोगों के घरो में अतिरिक्त पड़ी सामग्री का जरूरतमंद लोगों के उपयोग में आ जाती है। इससे प्रेरित होकर चारो तहसीलों के एसडीएम ने अपनी अपनी तहसीलों में नेकी की दीवार की मुहिम चलाने का संकल्प लिया। शनिवार को जिलाधिकारी ने नेकी की दीवार में सहयोग करने वालों को प्रशस्ति पत्र देकर सम्मानित किया।

शनिवार की दोपहर एक बजे जिलाधिकारी हीरालाल ने नेकी की दीवार मुहिम के अन्तर्गत सहयोग करने वाले अवधेश कुमार निगम तहसीलदार बांदा, रमेश कुमार श्रीवास्तव लेखपाल, रमेश चन्द्र अवस्थी लेखपाल, सुरेश कुमार श्रीवास्तव लेखपाल, रामकृष्ण त्रिपाठी संग्रह अमीन, सुशील कुमार नजारत चतुर्थ श्रेणी, दिनेश कुमार राजस्व लिपिक, कमलेश बाबू लेखपाल, रामकिशोर वर्मा लेखपाल, संतोष देवी चतुर्थ श्रेणी नजारत, अब्दुल मजीद लेखपाल, अमरदीप गौतम लेखपाल, कुमारी प्रीती कुशवाहा लेखपाल, फूलचन्द्र पाण्डेय राजस्व निरीक्षक आफिस को सम्मानित करते हुये प्रशस्ति पत्र प्रदान किया गया। इस मुहिम के अन्तर्गत कानसेप्ट नोट का वितरण किया गया। जिसमें इसके उद्देश्य एवं प्रक्रिया का विस्तृत उल्लेख किया गया है।

इस अवसर पर नगर मजिस्ट्रेट, प्राचार्य राजकीय मेडिकल कालेज बांदा, जिला बेसिक शिक्षा अधिकारी, जेलर, राजकीय महिला डिग्री कालेज के प्रोफेसर, वन विभाग, स्वास्थ्य विभाग व विकास विभाग के जनपद स्तरीय अधिकारी उपस्थित रहे। इनके द्वारा अपने अपने विभागों में नेकी की दीवार संचालित करने का संकल्प लिया गया।

शुक्रवार को जिलाधिकारी ने किया था नेकी की दीवार का निरीक्षण

चारो एसडीएम ने अपनी तहसीलों में संचालित करने का लिया संकल्प

बांदा : नेकी की दीवार में सहयोग करने वाले लोग प्रमाण पत्रों के साथ, साथ में हैं जिलाधिकारी हीरालाल। फोटो : एसएनबी

3.12 बाँदा पर्यटन

पर्यटन एक सामाजिक, सांस्कृतिक एवं आर्थिक गतिविधि है। इस यात्रा में जनसामान्य अपने रोजमर्रा के वातावरण से बाहर निकलकर किसी पर्यटक स्थल पर जाता है। मुख्य रूप से चार प्रकार के पर्यटन होते हैं—

1. अंतरराष्ट्रीय पर्यटन
2. प्रदेश पर्यटन
3. लंबी दूरीवाला पर्यटन
4. कम दूरीवाला पर्यटन

बाँदा ऐतिहासिक, सांस्कृतिक और भौगोलिक दृष्टि से पर्यटन विकास के लिए काफी क्षमता और अवसरवाला जिला है। इन सभी क्षमताओं को पर्यटन में परिवर्तित करना एक चुनौती है। पर्यटन लोगों की आमदनी बढ़ाता है और जन-सामान्य को रोजगार के नए अवसर देता है और इससे मनोरंजन हेतु नए, आकर्षक और आनंददायी स्थल का सृजन होता है।

लोगों ने कहा कि बाँदा में घर से बाहर निकलने की कोई जगह नहीं है। इसी ने मेरा ध्यान पर्यटन की तरफ खींचा। आर्थिक और रोजगार विकास को बढ़ाने के लिए बाँदा के विभिन्न स्थलों को पर्यटन स्थल के रूप में विकसित करना शुरू किया।

कालिंजर दुर्ग : इसके विकास के लिए जिलाधिकारी की अध्यक्षता में कालिंजर विकास समिति बनाई।

- उत्तर प्रदेश के बाँदा जनपद में स्थित भारत सरकार द्वारा संरक्षित यह ऐतिहासिक कालिंजर दुर्ग विश्वकला धरोहर के लिए अनुपम कृति है। इस दुर्ग की गणना चंदेलों के आठ प्रमुख दुर्गों में की जाती है।
- उत्तर प्रदेश और मध्य प्रदेश की सीमा पर स्थित यह दुर्ग एक सजग प्रहरी के रूप में चिरकाल से अपनी महत्त्वपूर्ण भूमिका निभाता आ रहा है।
- यहाँ कालिंजर और शिव एक-दूसरे के पूरक एवं पर्याय हैं। अभिलेखों में इसे कालिंजर, कालिंजराद्रि, कालिंजरगिरि एवं कालिंजरपुर आदि नामों से तथा शिव (नीलकंठ) के अधिवास के रूप में विख्यात कहा गया है।
- कालिंजर का पौराणिक महत्त्व शिव के विषपान से है।

देखने योग्य प्रमुख स्थान

- उत्तर की ओर से जाने पर दुर्ग में आलमगीर दरवाजा, गणेश दरवाजा, चौबुरजी दरवाजा, बुद्ध भद्र दरवाजा, हनुमान द्वार, लाल दरवाजा और बारा दरवाजा नामक सात दरवाजे हैं।
- राजा महल और रानी महल नामक शानदार महल हैं।
- पत्थर से बनी सीता सेज एवं सीताकुंड।
- बुड्ढा-बुढ़िया नाम के दो संयुक्त तालाब, चर्म रोगों के लिए लाभकारी हैं।
- जहाँ सहस्त्रों तीर्थ एकाकार हों, कोटि तीर्थ।
- दुर्गम स्थान पर शिला खोदकर बनाई गई मांडूक भैरव एवं भैरवी की प्रतिमा।
- पाताल गंगा, पांडव कुंड, सिद्ध की गुफा, भैरव कुंड, रामकटोरा, सूरसरि गंगा, बल खंडेश्वर, चरण पादुका, भड़यांचर आदि दर्शनीय स्थल हैं।
- विशाल कल्पवृक्ष।
- पौराणिक नीलकंठ मंदिर।
- रॉक क्लाइंबिंग के लिए खड़ी पर्वतमाला।

माहौल हो रहा है बड़ा खुशगवार भी,
पर्यटन से बढ़ रहा है यहाँ रोजगार भी।
डी.एम. ने पर्यटन की तरफ ध्यान दे दिया,
सेहत का और सुकून का सामान दे दिया।

—नज़रे आलम 'नज़र बाँदवी'

कालिंजर के नीचे तलहटी में अरहर सम्मेलन किया। कृषि पर्यटन को बढ़ावा दिया गया। किले के चारों तरफ वृहद् वृक्षारोपण कराया गया, ताकि हरियाली बढ़े। चार दिवसीय कालिंजर महोत्सव 20-21-22-23 फरवरी, 2020 को आयोजित कराया गया। यह आयोजन सुश्री वंदिता श्रीवास्तव, उपजिलाधिकारी, नरैनी के नेतृत्व में सफलतापूर्वक आकर्षक ढंग से संपन्न हुआ।

बुंदेलखंड की सांस्कृतिक धरोहर है कालिंजर दुर्ग व मंदिर

अनुपमा की शिव आरती व नृत्य की प्रस्तुति ने बांधे दर्शक, कालिंजर महोत्सव के दूसरे दिन कार्यक्रम ने बढ़ाया आकर्षण

कालिंजर दुर्ग को अंतर्राष्ट्रीय पर्यटन स्थल बनाने की कवायद हुई तेज

विकास समिति की बैठक में डीएम ने दिए निर्देश, केंद्र सरकार ने स्वीकृत किए 8 करोड़ रुपये

भूरागढ़ दुर्ग

भूरागढ़ दुर्ग बाँदा शहर से सटी केन नदी के किनारे स्थित है। दुर्ग का इतिहास और महत्त्व महाराजा छत्रसाल के पुत्रों बुंदेला शासनकाल से जुड़ा है। इस दुर्ग से अनेक क्रांतिकारियों का इतिहास जुड़ा है। यह दुर्ग बलिदान, देशभक्ति, संप्रभुता और समानता का प्रतीक है।

मकर संक्रांति से पाँच दिन पहले भूरागढ़ दुर्ग में मेला लगता है। इस मेले को 'आशिकों का मेला' कहा जाता है। अपने प्रेम को पाने के लिए यहाँ लोग आकर पूजा करते हैं और मन्नत माँगते हैं। दुर्ग के नीचे नटबाबा के मंदिर में ऐसा करने से उन्हें उनका मनचाहा प्रेम मिलता है, ऐसी यहाँ के लोगों की मान्यता है। प्रेम से जुड़ी नटबाबा की कहानी ही ऐसा करने के लिए लोगों को आकर्षित करती है। यह संरक्षित किला है।

नटबली में आज से शुरू होगा 2 दिवसीय मेला

शान्ति व सुरक्षा व्यवस्था के लिये तैनात किये गये मैजिस्ट्रेट

बाँदा- ऐतिहासिक नटबली मेले के लिए सफाई के बाद तैयार मन्दिर।

बाँदा ब्यूरो। केन नदी तट पर ऐतिहासिक भूरागढ़ दुर्ग मे नटबली की समाधि पर दो दिवसीय मेले की शुरूआत 14 जनवरी को होगी। इस सम्बन्ध मे बैठक के दौरान जिला प्रशासन द्वारा तैयारियों को अन्तिम रूप दिया गया। शान्ति एवं सुरक्षा व्यवस्था के लिये मैजिस्ट्रेट तैनात किये गये है। ऐतिहासिक दुर्ग भूरागढ़ एवं नटबली समाधि पर 14 व 15 जनवरी को विशाल मेला लगता है। जिसमें शहर व आसपास के गाँवों से लोग बड़ी संख्या में पहुँचते हैं। विकासभवन सभागार में मुख्य विकास अधिकारी हरिश्चन्द्र वर्मा की अध्यक्षता में बैठक आयोजित हुई। सीडीओ ने बताया कि जिलाधिकारी द्वारा मेले की तैयारियों को समय से पूर्ण करने के निर्देश दिये गये है। उन्होंने कहा कि मेले के दौरान केन नदी घाटों पर बड़ी संख्या में श्रद्धालु स्नान करते है। लिहाजा पर्याप्त संख्या मे पुलिस बल तैनाती के लिये पुलिस अधीक्षक से अनुरोध किया गया। शान्ति एवं सुरक्षा व्यवस्था के लिये मैजिस्ट्रेट नामित किये गये। नगर मैजिस्ट्रेट को मेला मैजिस्ट्रेट के रूप मे जिम्मेदारी दी गई है। बाँदा-झाँसी राजमार्ग पर जैम की स्थिति से निपटने के लिये प्रभारी अधिकारी यातायात वही रेल पटरी व केन नदी के रेलवे पुल पर सुरक्षा व्यवस्था का जिम्मा प्रभारी निरीक्षक रेलवे पुलिस तथा जीआरपी के जवान संभालेंगे। मेले के दौरान रेल संचालन के लिये रेल चालकों को हॉर्न देते हुये संचालन के दौरान हॉर्न बजाने के लिये स्टेशन मास्टर से अपेक्षा की गई। पावर कार्पोरेशन ग्रामीण एवं पेयजल से सम्बन्धित विभाग के अधिशाषी अभियंताओं को निर्देश दिये गये कि विद्युत लाइनों का परीक्षण एवं आवश्यकतानुसार मरम्मत कराकर निर्बाध गति से विद्युत आपूर्ति की जाये। जल संस्थान को टैकरों से पेयजल आपूर्ति के लिये निर्देशित किया गया। नगर पालिका ईओ,जिला पंचायत राज अधिकारी तथा बड़ोखर के खण्ड विकास अधिकारी को सफाई व्यवस्था के निर्देश दिये गये। बताते चलें कि मेले में व्यवस्थाओं को लेकर मेला समिति की ओर से मदन मोहन शर्मा मानव ने जिलाधिकारी को पत्र लिखा था। जिसके क्रम मे प्रशासन द्वारा तैयारियों को पूर्ण किया गया। बैठक में सम्बन्धित विभागों के अधिकारी मौजूद रहे।

सीडीओ हरिश्चन्द्र वर्मा।

डीएम आज वितरित करेंगे पौध

बाँदा। केन नदी तट पर ऐतिहासिक भूरागढ़ दुर्ग के पास नटबली समाधि में लगने वाले मेले के पहले दिन 14 जनवरी को जिलाधिकारी हीरा लाल लोगों को पर्यावरण संरक्षण के प्रति जागरूक करेंगे। मण्डी परिसर में दोपहर 12 बजे से 2 बजे तक जिलाधिकारी द्वारा फूलदार पौधों का वितरण किया जायेगा। पौध वितरण समारोह के दौरान सीडीओ हरिश्चन्द्र वर्मा,जिला उद्यान अधिकारी परवेज खां सहित सम्बन्धित विभागों के अधिकारी उपस्थित रहेंगे। वही अखिल भारतीय उद्योग व्यापार मण्डल के जिलाध्यक्ष मनोज जैन,पूर्व चेयरमैन राजकुमार राज,अमित सेठ भोलू,रजत सेठ,नटबली समाधि मन्दिर में भव्य कलश की स्थापना करायेंगे। साथ ही मुख्य विकास अधिकारी के स्टेनो अनूप रावत एवं महमूद हुसैन उर्फ बिल्ला भईया द्वारा गत वर्षों की भाँति 14 जनवरी को सुबह 9 बजे नटबली मन्दिर परिसर में खिचड़ी भोज का आयोजन किया जायेगा। श्री रावत ने अधिक से अधिक लोगों से खिचड़ी भोज में शामिल होकर प्रसाद ग्रहण करने की अपील की।

बांबेश्वर पहाड़

- बाँदा शहर और केन नदी से सटा यह पहाड़ सबसे ऊँचा है। यहाँ से पूरे बाँदा का विहंगम और मनोरम दृश्य दिखाई देता है। सूर्योदय की खूबसूरत छटा देखते ही बनती है।
- बांबेश्वर पहाड़ में सूर्य दर्शन स्थल के रूप में विकसित करने की योजना तैयार कर विकसित की गई।

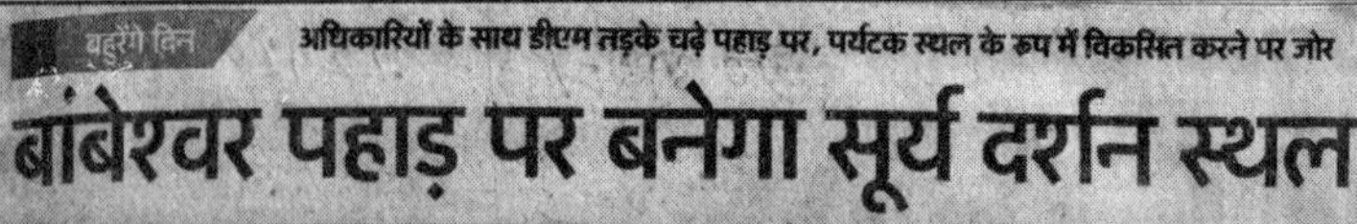

बढ़ेंगे दिन

अधिकारियों के साथ डीएम तड़के चढ़े पहाड़ पर, पर्यटक स्थल के रूप में विकसित करने पर जोर

बांबेश्वर पहाड़ पर बनेगा सूर्य दर्शन स्थल

बांबेश्वर पहाड़ का अफसरों के साथ निरीक्षण करते डीएम हीरालाल। अमर उजाला

गोशालाओं का आकस्मिक निरीक्षण

तिंदवारी। डीएम हीरालाल ने सोमवार की दोपहर यहां स्थित कान्हा आश्रय केंद्र का निरीक्षण किया। गोबर बायो गैस प्लांट सहित अन्य व्यवस्थाएं एक हफ्ते में दुरुस्त करने के निर्देश दिए। डीएम को यहां 206 पशु नजर आए। सभी में टैग लगे थे। इसके अलावा कस्बे में भी कई अन्ना पशु घूमते दिखाई पड़े। डीएम ने उन्हें तत्काल गोशाला लाने के निर्देश दिए। खाली पड़े मैदान में टिनशेड और पौधरोपण के लिए नगर पंचायत ईओ अजय कुमार यादव को निर्देश दिए। निरीक्षण के समय एसडीएम सुरजीत सिंह, पशु चिकित्साधिकारी नंदलाल कुशवाहा, चेयमैन प्रतिनिधि भूरेलाल फौजी, लिपिक राजनारायण सिंह सहित राजस्व विभाग के कर्मी उपस्थित रहे। डीएम ने इसके बाद गोआश्रय स्थल, खपटिहा कलां, जय हनुमान गो सेवा समिति, पिपरहरी, गो सेवा केंद्र, तुर्रा एवं गौतम पुरवा का भी निरीक्षण किया। मुख्य पशु चिकित्साधिकारी डा. आईएन सिंह को निर्देश दिए कि गोशाला के पशुओं का सत्यापन कराएं। फर्जी आंकड़े पाए गए तो सख्त कार्रवाई की जाएगी। एसडीएम, पैलानी मंसूर अहमद, एसडीएम अतर्रा सौरभ शुक्ला आदि भी उपस्थित रहे।

अमर उजाला ब्यूरो

बांदा। शहर के बांबेश्वर पहाड़ को सूर्य दर्शन स्थल के रूप में विकसित किया जाएगा, ताकि लोग तड़के यहां से सूर्य दर्शन कर सकें। साथ ही सेल्फी प्वाइंट भी बनेगा। संबंधित विभागों को इसकी कार्य योजना तैयार करने के निर्देश डीएम हीरालाल ने दिए हैं।

सोमवार को तड़के डीएम बांबेश्वर पहाड़ पहुंच गए। दुर्गम रास्तों और चट्टानों को पार कर पहाड़ की चोटी पर बैठकर पूरा जायजा लिया। शहर का विहंगम दृश्य दर्शनीय था। उसी समय सूर्योदय हो रहा था। पहाड़ से यह नजारा बेहद लुभावना था। अपने साथ मौजूद अधिकारियों और खासकर नगर पालिका ईओ संतोष कुमार मिश्रा और जल संस्थान अधिकारियों को निर्देश दिए कि पहाड़ की चोटी पर स्थित मंदिर तक जाने के लिए शेष सीढ़ियों का भी निर्माण कराएं। इस स्थान पर सूर्य दर्शन स्थल और सेल्फी प्वाइंट विकसित कराएं। नगर पालिका ईओ को रास्ते की सफाई और सोलर लाइट के निर्देश दिए। कहा कि कम लागत पर इस स्थान को आकर्षक पर्यटन स्थल के रूप में विकसित किया जा सकता है। एसडीएम सुरजीत सिंह, अर्थ एवं संख्याधिकारी संजीव बघेल, आरईएस एक्सईएन शमीम अहमद, तहसीलदार अवधेश निगम भी शामिल रहे।

केन सेल्फी पॉइंट एवं केन आरती

यहाँ की प्रमुख नदी केन के तट पर सेल्फी पॉइंट बनाया गया। बाँदा की जीवन-रेखा केन नदी एवं जल संरक्षण के प्रति जनसामान्य को जागरूक करने के लिए 26 नवंबर, 2019 से प्रत्येक मंगलवार को केन जल आरती की जा रही है। इसके साथ ही जनपद की अन्य नदियों बागै, यमुना आदि में भी जल आरती की जा रही है। इसका आयोजन नगरपालिका के अधिशासी अधिकारी और सहायक अभियंता श्री श्रीश सिंह ने कराया।

बाँदा की जीवन-दायिनी एवं जीवन-रेखा केन नदी के सम्मान के लिए जल संरक्षण जागरूकता अभियान के अंतर्गत 17 जनवरी, 2020 को कॉमेडी किंग/

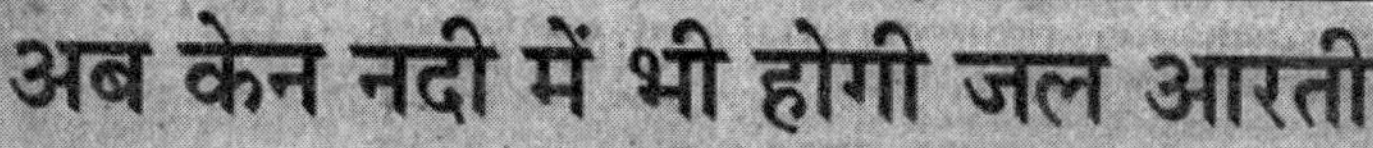

अब केन नदी में भी होगी जल आरती

डीएम हीरालाल बोले-सुबह-शाम सैर सपाटे की होगी व्यवस्था, सेल्फी प्वाइंट भी बनेगा

संवाद न्यूज एजेंसी

बांदा। कालिंजर पर्वत के बाद अब उसी के नीचे बह रही केन नदी को भी सुबह-शाम के सैर सपाटे, सेल्फी और आरती प्वाइंट बनाने की कवायदें शुरू हो गई हैं। बुधवार को डीएम हीरालाल ने अफसरों के साथ केन नदी घाटों का सघन भ्रमण किया।

अधिकारियों को निर्देश दिए कि नदी के तटों और घाटों की सफाई कराकर एक हफ्ते के अंदर यहां जल आरती पूजन की व्यवस्था करें। विकास प्राधिकरण से कहा कि घाट किनारे सेल्फी प्वाइंट बनाकर इसका बोर्ड भी लगाएं। वन विभाग को निर्देश दिया कि यहां जामुन, आम, बेल आदि फलदार पौध लगवाएं।

नगर पालिका सफाई और रोशनी की व्यवस्था करे। डीएम ने कहा कि केन नदी के यह घाट प्राकृतिक छटा से भरपूर और रमणीय हैं। नदी किनारे चट्टानें और टीले पर आकर्षक सेल्फी प्वाइंट बन सकते हैं। घाटों का सुंदरीकरण कराकर जल पूजन आरती शीघ्र कराने के निर्देश दिए। डीएम के साथ डीएफओ संजय अग्रवाल, विकास प्राधिकरण एई पीके ओझा, नगर पालिका ईओ संतोष मिश्रा और सूचना विभाग के अंगद शर्मा शामिल थे।

अधिकारियों के साथ केन नदी घाट का निरीक्षण करते डीएम हीरा लाल। संवाद न्यूज एजेंसी

अध्यक्ष फिल्म विकास परिषद्, उत्तर प्रदेश श्री राजू श्रीवास्तव ने अपने हास्य कार्यक्रम के माध्यम से जल की उपयोगिता बताते हुए भविष्य के प्रति सचेत करते हुए जनसामान्य को जल संरक्षण की शपथ दिलाई। इसका समन्वय सईद अहमद, सेवानिवृत्त प्रशासनिक अधिकारी ने किया।

ऑक्सीजन पार्क

जनपद बाँदा में जनसामान्य के मनोरंजन हेतु कोई स्थान न होने के कारण नगरवासी अपने परिवार के साथ मनोरंजन हेतु घूमने-फिरने एवं बच्चे खेलकूद के झूले इत्यादि से वंचित थे। घूमने एवं शुद्ध वायु के लिए ऑक्सीजन पार्क की स्थापना की गई। जीवन विभिन्न प्रकार की व्यवस्थाओं से संचालित होता है। रहने के लिए

हम घर बनाते हैं। पानी पीने के लिए कुएँ, तालाब, नल की व्यवस्था करते हैं। प्रकाश के लिए विद्युत/सोलर की व्यवस्था करते हैं, लेकिन जिससे हमारा जीवन (24 × 7) चलता है, उसके बारे में हम कुछ नहीं सोचते हैं। सोते-जागते जिस वायु को हम लेते हैं और जिससे हम जिंदा रहते हैं। उसके महत्त्व को बहुत कम लोग समझते हैं, क्योंकि प्राणवायु (ऑक्सीजन-O_2) को प्राप्त करने के लिए हम लोगों को कोई प्रयास नहीं करना पड़ता। हमें वायुमंडल से पब्लिक गुड्स के रूप में मुफ्त और असीमित मात्रा में ऑक्सीजन प्राप्त होती है। शहरीकरण के कारण शहरों में आबादी का घनत्व बढ़ता जा रहा है, जिससे ऑक्सीजन की कमी होती जा रही है। इसके पीछे मुख्य कारण यह है कि हमें जो पौधे रात-दिन ऑक्सीजन मुफ्त में देते हैं, उन्हें लगाने के बारे में हम कोई सार्थक प्रयास नहीं करते हैं, बल्कि लगातार अंधाधुंध कटाई से ऑक्सीजन की मात्रा में कमी आई है।

पेड़ों की कटान से प्रदूषण बढ़ता है। वायुमंडल में ऑक्सीजन की कमी से विभिन्न प्रकार की जानलेवा बीमारियाँ बढ़ रही हैं और जीवन घट रहा है, जबकि स्वास्थ्य व खुशहाल जीवन के लिए शुद्ध ऑक्सीजन की प्रचुर मात्रा में आवश्यकता है। इसके लिए घर की बिजली आदि की तरह ही हमें ऑक्सीजन पैदा करने के बारे में सोचना चाहिए। यह हमारे जीवन की सबसे पहली महत्त्वपूर्ण आवश्यकता है, जिसका हम पूरी तरह से एहसास नहीं करते। इस उद्देश्य को प्राप्त करने के लिए जनपद में एक नया प्रयोग किया जा रहा है।

जिले को जल्द मिलेगा ऑक्सीजन पार्क का तोहफा

नवाबटैंक के पास कई विभाग मिलकर बनाएंगे आकर्षक पार्क, डीएम ने निरीक्षण कर अधिकारियों को दिए जरूरी निर्देश

जागरण संवाददाता, बांदा : पार्कों की दशा सुधारने की दिशा में लगातार कार्य कर रहे डीएम हीरा लाल की पहल पर शहर को जल्द ही भव्य व आकर्षक आक्सीजन पार्क का तोहफा मिलेगा। रविवार की शाम डीएम ने पार्क स्थल का निरीक्षण किया। सिंचाई, वन व विकास प्राधिकरण के अधिकारियों को पार्क तैयार करने के लिए जरूरी निर्देश दिए।

शहर में अछूत छटा बिखेरता आक्सीजन पार्क बनाना डीएम हीरा लाल का ड्रीम प्रोजेक्ट है। वह इस पर लगातार कार्य कर रहे हैं और योजनाएं बना रहे हैं। माह भर पहले उन्होंने नवाबटैंक के पास सिंचाई विभाग की पड़ी पांच हेक्टेअर जमीन का स्थलीय निरीक्षण किया था। अधिकारियों को वहां पार्क बनाने की कार्य योजना बनाने को कहा था। इसी कड़ी में रविवार को डीएम हीरा लाल ने अधिकारियों के साथ मौके का निरीक्षण किया। उन्होंने नवाब टैंक और बगल में बने कच्चा तालाब सहित पूरी जमीन का निरीक्षण किया। इस दौरान सिंचाई विभाग की जमीन पर [illegible] वन विभाग के अधिकारियों से बातचीत की। कहा कि जमीन [illegible] [illegible] वन विभाग की [illegible] और सिंचाई विभाग की जमीन में करीब 25 हेक्टेअर [illegible] में आक्सीजन पार्क तैयार कराया जाए। इसी प्रकार [illegible] व

[illegible] पौधे लगाए जाएं। वन विभाग पौधे उपलब्ध कराएगा और विकास खंड बड़ोखर खुर्द के बीडीओ व सिंचाई विभाग सर्वे पौधारोपण, उसकी सुरक्षा और ट्री गार्ड [illegible] लगाने की व्यवस्था करेगा। उन्होंने कहा कि इस पार्क को तैयार करने में जिला प्रशासन भी पूरा सहयोग देगा। इसके अलावा सिंचाई, वन, विकास प्राधिकरण व बीडीओ अपने पर्यावरण संरक्षण के मद का पैसा यहां खर्च करेंगे। शहर में लोगों के खुली हवा में बैठने के लिए कोई उपयुक्त स्थान नहीं है। उनकी इच्छा है कि यहां आक्सीजन पार्क तैयार किया जो शहरवासियों के लिए बैठने के लिए बेहतर स्थान हो। इसमें किसी भी तरह की लापरवाही बर्दाश्त नहीं की जाएगी। जहां भी समस्याएं आएं, अधिकारी उनसे मिलकर निस्तारित कराएं। इसकी प्रगति रिपोर्ट से भी उन्हें हर रोज अवगत कराएं।

निरीक्षण में उनके साथ एसडीएम सदर संदीप कुमार, वन विभाग के जुनैद अहमद, विकास प्राधिकरण के अधिकारी मौजूद रहे। इस मौके पर डीएम ने नवाब टैंक व [illegible] पार्क का भी निरीक्षण किया। वहां नियमित सफाई करने के निर्देश अधिकारियों को दिए।

ऑक्सीजन पार्क का निरीक्षण कर विभागीय अधिकारियों को निर्देशित करते जिलाधिकारी हीरा लाल • जागरण

किसानों को जल्द जारी होंगे 116 करोड़

जागरण संवाददाता, बांदा : रविवार को वह बुंदेलखंड एक्सप्रेस-वे की प्रगति की समीक्षा करने आए अपर मुख्य सचिव गृह व यूपीडा के सीईओ अवनीश अवस्थी ने अधिकारियों से कहा कि जमीनों का अधिग्रहण जल्द से जल्द हो। किसानों के मुआवजे आदि के लिए अवशेष 116 करोड़ रुपये जल्द ही जारी किए जाएंगे। अपर मुख्य सचिव सुबह आठ बजे हेलीकाप्टर शहर में आए। मंडलायुक्त शरद कुमार सिंह, डीआइजी दीपक कुमार, डीएम हीरालाल व एसपी गणेश साहा ने उनकी अगवानी की। पुलिस लाइन में सिपाहियों ने उन्हें सलामी दी और देश भक्ति गीत पेश किए।

पुलिस लाइन के तालाब का किया लोकार्पण : अपर मुख्य सचिव ने जन सहयोग से पुलिस लाइन में खोदे गए तालाब का लोकार्पण किया। पूजा-पाठ करने के बाद उन्होंने तालाब परिसर में करंजद, नीम व पीपल के पौधे रोपे।

डीआइजी ने चार नई चौकियों के लिए सौंपा ज्ञापन : अपर मुख्य सचिव ने शांति व्यवस्था के संबंध में डीआइजी दीपक कुमार से जानकारी ली। डीआइजी ने मंडल में कालिंजर दुर्ग में पुलिस चौकी स्थापित करने, चिल्ला चौकी को थाना बनवाने, कालाखेड़ा को रिपोर्टिंग पुलिस चौकी, नरैनी में सहबाजपुर को रिपोर्टिंग पुलिस चौकी बनाएं। पुलिस बैरिक आदि की व्यवस्था किए जाने को मांगपत्र सौंपा। अवनीश अवस्थी ने गुड मार्निंग पुलिस की सराहना की।

ये रहे मौजूद : बैठक में स्थानीय अधिकारियों के साथ यूपीडा के मैनेजमेंट अधिकारी श्रीश चंद्र वर्मा, मुख्य अभियंता यूपीडा मनोज गुप्ता, सलाहकार जगतराज, भूमि अध्याप्ति अधिकारी चुनकुराम, यूपीडा वरिष्ठ सलाहकार जगदीश शर्मा के अलावा डीएम हीरा लाल, एसपी जीपी शाहा, एडीएम संतोष बहादुर सिंह, प्रभागीय वनाधिकारी संजय अग्रवाल, जिला उद्यान अधिकारी परवेज खां व सदर तहसीलदार अवधेश निगम आदि रहे।

पौधारोपण करते अपर मुख्य सचिव गृह अवनीश अवस्थी • जागरण

बाँदा शहर के प्रसिद्ध नवाब टैंक के बगल में स्थित वन विभाग का चेतना पार्क (क्षेत्रफल 0.368 हेक्टेयर) तथा वन निगम का डिपो (क्षेत्रफल 1.12 हेक्टेयर), वन विभाग की नर्सरी (क्षेत्रफल 4.532 हेक्टेयर) और सिंचाई विभाग का एक तालाब और विभाग के गेस्ट हाउस से लगी जमीन में सरदार वल्लभभाई पटेल ऑक्सीजन पार्क के निर्माण की परियोजना बनाकर कार्य शुरू कराया गया। इसमें ऐसे पौधे लगाए जाएँगे, जिससे अधिक-से-अधिक ऑक्सीजन प्राप्त हो सके। इससे प्रचुर मात्रा में ऑक्सीजन नगरवासियों को ही नहीं, अपितु जनपदवासियों को भी प्राप्त हो सकेगी।

सिंचाई विभाग, वन निगम, बाँदा विकास प्राधिकरण, खेलकूद विभाग तथा जिला उद्यान विभाग की सहायता और समन्वय से लखनऊ स्थित डॉ. राम मनोहर लोहिया पार्क और जनेश्वर मिश्र पार्क की तर्ज पर इस ऑक्सीजन पार्क को विकसित करने का सार्थक प्रयास किया गया। इससे जनपद बाँदा के लोगों को ऑक्सीजन के साथ हरियाली और खुशहाली मिली। इस कार्य का नेतृत्व एवं समन्वय श्री अरविंद कुमार पांडेय, अधिशासी अभियंता, केन कैनाल ने किया।

सिंचाई विभाग का 1-1 पार्क तहसील अतर्रा और बबेरू में भी है। इनका क्षेत्रफल क्रमशः 3.372 हेक्टेयर व 1.878 हेक्टेयर है। इन दोनों को भी इसी ऑक्सीजन पार्क की भाँति विकसित किया गया, ताकि तहसील स्तर पर भी यह सुविधा उपलब्ध कराई जा सके। देखने और सुनने में तो यह बहुत आकर्षक और प्रभावी नहीं लगता है, लेकिन जब दिल्ली के प्रदूषण और ऑक्सीजन की कमी के कारण दिल्ली गैस चैंबर के नाम से खबर छपती है तो यह एहसास होता है कि समय रहते हमें यह प्रयास कर लेना चाहिए। ऐसे प्रयोग प्रत्येक जनपद में होने चाहिए, ताकि पूरे प्रदेश को विभिन्न जिलों से शुद्ध ऑक्सीजन का प्रवाह हो सके तथा पर्यावरण को दूषित होने से रोका जा सके।

ऑक्सीजन पार्क को जलयुक्त नवाब टैंक के चारों ओर विकसित किया गया। जल और जंगल का एक स्वाभाविक-प्राकृतिक आपसी रिश्ता है। यह स्थल (जल-जंगल) बाँदा के खुशहाली सूचकांक (हैप्पीनेस इंडेक्स) को बढ़ाएँगे। नवाब टैंक और ऑक्सीजन पार्क को कालिंजर के साथ पर्यटन स्थल के रूप में विकसित करने का प्रयास पूर्व से जारी है। पर्यटन जिले के रूप में विकसित करने में ऑक्सीजन पार्क बहुत बड़ा योगदान देगा।

इनकी एक ठोस रणनीति तैयार करने के लिए प्रो. देवाशीष दास गुप्ता आई.आई.एम. लखनऊ ने हमें निःशुल्क समस्त जानकारी और ज्ञान दिया। बाँदा

आए और मौके पर सभी स्थलों का भ्रमण किया। पर्यटन स्थल विकसित करने में पूरा साथ दिया।

पर्यटन अधिकारी श्री शक्ति सिंह ने भी विभाग द्वारा जनपद में पर्यटन विकास हेतु कराए जा रहे अनेक कार्यों की समीक्षा कराकर इसे गति प्रदान की। होटल और ट्रेवल संघों के साथ बैठक करके पर्यटन को बढ़ाने में सभी का सहयोग प्राप्त किया गया।

3.13 महिला विकास

हमारी लगभग आधी आबादी महिलाओं की है। महिला विकास के बिना देश को 'विकसित देश' बनाने का सपना पूरा नहीं हो सकता। महिला विकास के लिए सबसे ज्यादा आवश्यक है कि ये आपस में संपर्क-संवाद-सहयोग करें, जिससे इनकी ताकत बढ़े, जब सभी एक साथ मिलकर कार्य करेंगी तो कम लागत और कम समय में ज्यादा लाभ होगा। इसी के मद्देनजर स्वयं सहायता समूह का गठन होता है। इन सामूहिक महिलाओं को विभिन्न प्रकार की सहायता भी दी जाती है। राष्ट्रीय ग्रामीण आजीविका मिशन इसी कार्य में लगा है। महिलाओं को घर की देहरी से बाहर निकालना और उन्हें आपस में मिलाकर समूह बनाना एक पुनीत कार्य है। समूह की ताकत से सभी महिला सदस्यों का सभी प्रकार से विकास करना लक्ष्य है।

प्रत्येक जनपद में जिलाधिकारी की अध्यक्षता में एक समिति बनी है। इसका एक प्रबंधन कार्यालय है। इसमें 6 प्रकार के जिला मिशन प्रबंधक हैं। इसी प्रकार से प्रत्येक ब्लॉक में खंड विकास अधिकारी/प्रोजेक्ट अधिकारी के नेतृत्व में ब्लॉक मिशन प्रबंधन कार्यालय है। इसमें भी 7 प्रकार के ब्लॉक मिशन प्रबंधक कार्य करते हैं। देश और प्रदेश का मिशन, जिले के मिशन को निर्देशित करता है।

जनपद बाँदा में महिला विकास को प्राथमिकता पर लिया गया और कुल 6 गतिविधियों पर ध्यान देकर आगे बढ़ाया गया :

1. डेयरी विकास।
2. नीम के पेड़ से आय का नया साधन।
3. पशु चिकित्सा विभाग की बुंदेलखंड महिला समृद्धिकरण ब्रायलर पालन योजना।
4. चना, अरहर, गुड़ आदि की ट्रेडिंग।
5. ज्ञानार्जन यात्रा : दीन दयाल उद्यमिता विकास शोध संस्थान, चित्रकूट (बाँदा)
6. योगा : ताकि स्वस्थ रहें, बीमार हों ही न।

कमजोर को मजबूत बनाया है डी.एम. ने,
महिलाओं का सम्मान बढ़ाया है डी.एम. ने।
हर क्षेत्र में महिलाओं को अवसर दिला दिया,
महिलाओं को समाज में आगे बढ़ा दिया।

—नज़रे आलम 'नज़र बाँदवी'

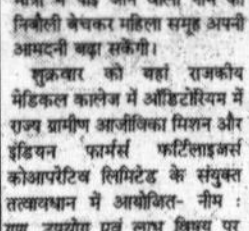

बांदा में महिला समूहों के लिए पांच परियोजनाएं लागू

नीम की निबौली से आमदनी बढ़ाएंगी महिलाएं, अप्रैल से शुरू होगी खरीद, 15 रुपये किलो भाव,नीम-गुण उपयोग लाभ संगोष्ठी में नीम पर चर्चा

अमर उजाला ब्यूरो

बांदा। प्रदेश के कृषि राज्य मंत्री और बांदा जनपद प्रभारी लाखन सिंह राजपूत ने कहा है कि बांदा जनपद में महिला समूहों की आमदनी बढ़ाने के लिए विभिन्न प्रकार के पांच प्रोजेक्ट लागू किए गए हैं। उन्होंने कहा कि यहां काफी मात्रा में पाई जाने वाली नीम की निबौली बेचकर महिला समूह अपनी आमदनी बढ़ा सकेंगी।

शुक्रवार को यहां राजकीय मेडिकल कालेज में ऑडिटोरियम में राज्य ग्रामीण आजीविका मिशन और इंडियन फार्मर्स फर्टिलाइजर्स कोआपरेटिव लिमिटेड के संयुक्त तत्वावधान में आयोजित- नीम : गुण, उपयोग एवं लाभ विषय पर

कार्यशाला में नीम के गुणों की जानकारी देते डीएम हीरा लाल।

राज्यमंत्री ने कहा कि नीम के जरिए समाज के अंतिम छोर पर बैठे व्यक्ति अपनी आमदनी बढ़ा सकते हैं। उन्होंने किसानों को राय दी कि परंपरागत खेती छोड़कर नई तकनीक अपनाएं। नीम एक आयुर्वेदिक औषधि भी है। उन्होंने कृषि विभाग के अधिकारियों से कहा कि नीम के बारे में किसानों को किसान पाठशाला में जानकारियां दें। उन्होंने कहा कि बांदा जनपद में 5000 महिला समूह कार्यरत हैं।

डीएम नीम रत्न से सम्मानित

बांदा। जिलाधिकारी हीरा लाल को ग्लोबल नीम आर्गनाइजेशन ने नीम रत्न से सम्मानित किया। शुक्रवार को आयोजित संगोष्ठी में डीएम ने घोषणा की कि नीम की निबौली खरीद का काम अप्रैल माह से शुरू हो जाएगा। इफको इसकी खरीद करेगा। उन्होंने कहा कि जिले में 1680 महिला समूहों को मुर्गी पालन व्यवसाय से जोड़ा गया है। कई समूह डेयरी उद्योग से जोड़े गए हैं। नीम की निबौली से भी महिला समूहों को आमदनी बढ़ाने का मौका है। उन्होंने कहा कि डेयरी में दूध के साथ गाय के मूत्र व गोबर की बिक्री की व्यवस्था कराई जाएगी।

यहां के प्रशासन द्वारा गरीब महिलाओं की आमदनी बढ़ाने के लिए किए जा रहे, प्रयास बहुत सराहनीय हैं। जिला प्रशासन पंडित दीनदयाल उपाध्याय के सपनों को साकार करने में लगा हुआ है।

विपणन निदेशक योगेंद्र कुमार ने कहा कि नीम संजीवनी है। उन्होंने महिला समूह से कहा कि नीम के पेड़ों का अधिक से अधिक संवर्धन करें। इसमें पांच वर्ष बाद निबौली आती है, लेकिन फारेस्ट रिसर्च इंस्टीट्यूट नीम की ऐसी प्रजातियां विकसित कर रही है। इसमें तीन वर्ष में निबौली आएगी। निदेशक ने कहा कि बांदा में जिलाधिकारी ने नीम से आमदनी बढ़ाने का विकासोन्मुख जनांदोलन किया है। महिला समूह इफको के उत्पाद बेचकर भी आमदनी बढ़ा सकते हैं। इफको के प्रयास से किसानों की 20 से 25 फीसदी आमदनी बढ़ी है।

ग्लोबल नीम आर्गनाइजेशन अध्यक्ष/नीम मैन बांके सिंह ने कहा कि अमेरिका ने नीम का पेटेंट कर लिया था। हमारी संस्था ने इसे खत्म कराया। उन्होंने बताया कि इफको 15 रुपये किलो नीम के निबौली खरीदेगा। संस्थापक पीपल, नीम अभियान डा.धर्मेंद्र कुमार ने नीम के गुण बताए। इफको के राज्य विपणन निदेशक ऋषि पाल सिंह ने भी संबोधित किया। सीडीओ हरिश्चंद्र वर्मा ने सभी का आभार जताया। संचालन उपायुक्त ग्रामीण आजीविका मिशन करुणा शंकर पांडेय ने किया।

प्रत्येक गतिविधि का एक जिला मिशन प्रबंधक को प्रभारी बनाया गया, ताकि लगातार सुचारु रूप से कार्य आगे बढ़ता रहे। सुश्री शालिनी जैन, सुश्री निखा सचान सहित सभी जिला मिशन प्रबंधकों ने रुचि लेकर कार्य किया।

प्रत्येक ब्लॉक से पाँच दुग्ध उत्पादकों, पशुपालकों का चयन किया गया। इनकी विभागीय अधिकारियों के साथ बैठक कराकर समस्त जानकारी दिलाई गई। डेयरी हेतु समूह की चयनित 183 महिलाओं को अच्छी डेयरी पर जिले के अंदर ज्ञानार्जन यात्रा पर भेजा गया। 30 लोगों को जनपद के बाहर अच्छी डेयरी पर भेजा गया। 300 महिलाओं को डी.आर.आई. चित्रकूट तीन दिवसीय प्रशिक्षण पर भेजा गया।

डेयरी में काम करनेवाली बड़ी-बड़ी कंपनियों के साथ संपर्क स्थापित कर दुग्ध उत्पादन और बिक्री में मदद ली गई। नमस्ते इंडिया (कानपुर), पारस डेयरी (बुलंदशहर), ज्ञान डेरी (लखनऊ), श्याम डेयरी (प्रयागराज) राज डेयरी (बिंदकी, फतेहपुर) कृष्णा डेरी (घाटमपुर, कानपुर देहात), नीबा डेरी (घाटमपुर), एकता डेयरी (कानपुर), नारायण डेरी (कानपुर), नमो डेरी (घाटमपुर) से संपर्क, संवाद कर सहयोग लिया गया। डेयरी के विषय विशेषज्ञ से भी विचार-विमर्श जारी रखा गया।

महिला दुग्ध उत्पादकों को आवश्यक जानकारी दिलाकर, सभी प्रकार का सहयोग देकर उनके डेयरी व्यवसाय को बढ़ाया गया जिससे आय बढ़ी। मनोबल बढ़ा। ज्ञान प्राप्त कर शक्तिशाली बने।

नीम से आय बढ़ाने का एक नया कार्यक्रम शुरू किया गया। नीम कोटेड यूरिया के लिए इफको को नीम के बीज (निंबोली) की जरूरत होती है। 427 समूह सखी द्वारा समूह की बैठकों में इस नई योजना को बताया गया। समूह के माध्यम से गाँव में उपलब्ध नीम के पेड़ से निंबोली इकट्ठी कराई गई। ब्लॉक स्तर पर

इफको ने खरीदने की व्यवस्था की। इफको ने 40,000 नीम के बड़े पेड़ 8 ब्लॉकों के समूह को वितरित कराए। 27 दिसंबर, 2020 को 700 लाभार्थियों को बुलाकर जागरूकता अभियान चलाया गया। प्रभारी मंत्री और इफको के निदेशक, विपणन श्री योगेंद्र कुमार एवं सदस्यों ने भाग लिया। 'नीम मैन' के नाम से प्रसिद्ध श्री वी.के. सिंह ने भी भाग लिया। लखनऊ से आए श्री विभाष रंजन, मिशन निदेशक, वृक्षारोपण ने उद्घाटन किया। मुझे दो बार नीम रत्न का लगातार दो वर्षों तक पुरस्कार मिला। यह नया और अनूठा प्रयोग काफी प्रभावी था, क्योंकि इसमें लागत न के बराबर थी।

निबौली बेचकर आमदनी बढ़ा सकेंगे महिला समूह : राज्यमंत्री

बांदा (एसएनबी)। महिला समूहों की आय बढ़ाने के लिए पांच प्रोजेक्ट जनपद में लागू किये गये हैं। नीम की निबौली महिला समूह बेंचकर अपनी-अपनी आमदनी बढ़ा सकेंगी। यह बात राज्यमंत्री कृषि, कृषि शिक्षा तथा अनुसंधान लाखन सिंह राजपूत ने राज्य ग्रामीण आजीविका मिशन तथा इंडियन फारमर्स फर्टिलाइजर कोऑपरेटिव लिमिटेड बांदा द्वारा राजकीय मेडिकल कालेज के प्रेक्षागृह में नीमगुण, उपयोग एवं लाभ सम्बन्धी संगोष्ठी को सम्बोधित करते हुए कही। उन्होंने कहा कि किसान परम्परागत खेती को छोड़कर नयी तकनीक अपनायें जिससे वह अपनी आमदनी दोगुनी कर सकें। श्री राजपूत ने कहा कि नीम एक आयुर्वेदिक औषधि है। राज्यमंत्री कृषि श्री राजपूत ने कहा कि जनपद बांदा में पांच हजार महिला समूह कार्यरत हैं और इन गरीब महिलाओं की आमदनी बढ़ाने के लिए जिला प्रशासन द्वारा प्रभावी प्रयास किये जा रहे हैं, यह बहुत ही सराहनीय प्रयास है तथा जिला प्रशासन पंडित दीनदयाल उपाध्याय जी के सपनों को साकार करने का कार्य कर रहा है।

जिलाधिकारी हीरा लाल ने संगोष्ठी को सम्बोधित करते हुए कहा कि इस कार्यक्रम का उद्देश्य यह है कि समूह की महिलायें नीम से जुड़कर समृद्ध बनें। डीएम ने कहा कि इफ्को द्वारा नीम की निबौली की खरीद की जायेगी तथा जनपद में अप्रैल से निबौली खरीद की व्यवस्था कर दी जायेगी। जिलाधिकारी ने कहा कि जिला प्रशासन द्वारा ग्रामीण महिलाओं की आमदनी बढ़ाने के लिए पांच प्रोजेक्टों पर कार्य कराया जा रहा है। 1680 महिला समूह को मुर्गी पालन

बांदा : गोष्ठी को संबोधित करते जिलाधिकारी हीरा लाल। फोटो एसएनबी

मेडिकल कालेज प्रेक्षागृह में संगोष्ठी को संबोधित करते हुए बोले राज्यमंत्री

व्यवसाय से जोड़ा गया है। ग्लोबल नीम आर्गेनाइजेशन द्वारा जिलाधिकारी को नीम रत्न का पुरस्कार प्रदान किया गया है। विपणन निदेशक योगेन्द्र कुमार ने कहा कि नीम संजीवनी है तथा नीम में सभी रोगों को हरण करने की क्षमता है, इसलिए आप लोग नीम के अभियान में जुड़ें तथा नीम के पेड़ों का अधिक से अधिक संवर्धन करें। इफ्को ग्रामीण जीवन के उत्थान तथा किसानों की आमदनी बढ़ाने के लिए लगातार कार्य करता रहा है तथा इफ्को के प्रयास से किसानों की 20 से 25 प्रतिशत आमदनी बढ़ी है। नीम मैन/अध्यक्ष ग्लोबल नीम आर्गेनाइजेशन वीके सिंह ने गोष्ठी को सम्बोधित करते हुए कहा कि अमेरिका ने नीम का पेटेन्ट करा लिया था किन्तु हमारी संस्था ने नीम के पेटेन्ट को खत्म कराया। उन्होंने कहा कि नीम से प्रयोग से विभिन्न बीमारियों से बचा जा सकता है। इफ्को द्वारा नीम की निबौली 15 ₹ प्रति किलो खरीदी जायेगी। संस्थापक पीपल नीम अभियान डॉ. धर्मेन्द्र कुमार ने गोष्ठी को सम्बोधित करते हुए कहा कि नीम बहुत ही लाभदायक है। नीम के दातून से जहां हम एक ओर अपने दांतों को साफ करते हैं, वहीं दूसरी ओर नीम का रस दवा का कार्य करता है। राज्य विपणन निदेशक इफको श्री ऋषिपाल सिंह ने गोष्ठी को सम्बोधित करते हुए कहा कि इफ्को किसान और कृषि की उन्नति के लिए लगातार कार्य कर रहा है। इफ्को किसानों के चेहरे पर मुस्कान लाने का कार्य करती है। इफ्को बुंदेलखण्ड क्षेत्र में निबौली की खरीद के माध्यम से महिलाओं की आमदनी बढ़ाने के लिए कार्य प्रारम्भ करेगी। मुख्य विकास अधिकारी हरिशचन्द्र वर्मा ने संगोष्ठी के अंत में अतिथियों का आभार व्यक्त करते हुए कहा कि दक्षिण भारत में नीम के बाग लगाये जा रहे हैं। इसी प्रकार हमें भी नीम के अधिक से अधिक पेड़ लगाने चाहिए। संगोष्ठी का संचालन उपायुक्त ग्रामीण आजीविका मिशन करुणाकर पाण्डेय ने किया। संगोष्ठी में उप निदेशक कृषि एके सिंह, उप निदेशक सूचना भूपेन्द्र सिंह यादव, सहायक निबंधक सहकारिता वीरेन्द्र बाबू, इफको तथा सहकारिता विभाग के अधिकारी तथा बड़ी संख्या में महिला समूहों की सदस्य उपस्थित रहीं।

पशु चिकित्सा विभाग की बुंदेलखंड महिला समृद्धिकरण ब्रायलर पालन योजना को महिला समूह के माध्यम से कराया गया। प्रत्येक को अपने घर में एक छोटे से कुक्कुट बाड़े का निर्माण कर मुर्गी पालन करना था। इसलिए उन्हें पैसा, प्रशिक्षण, चूजे सभी कुछ योजना के तहत दिया गया। स्थानीय स्तर पर इन्हें मुर्गी पालन कर रहे स्थलों पर भेजकर व्यवहारिक प्रशिक्षण दिलाया गया। ये मौके पर देखकर, बातचीत कर सीखे। श्री अखिलेश सचान, पशु चिकित्साधिकारी ने रुचि लेकर इस कार्य का बढ़ाया।

अंडा, माँस की बिक्री के लिए बाँदा स्थित थोक पोल्ट्री विक्रेताओं से संपर्क, संवाद कर हर तरह का सहयोग लाभार्थी को दिलाया गया। प्रदेश में सबसे पहले

बाँदा ने आजीविका समूह के माध्यम से इस योजना को लागू किया।

बाँदा में कई अच्छे किस्म के कृषि उत्पाद हैं। अरहर, नरैनी का देसी गुड़, चना आदि ऑर्गेनिक, स्वादिष्ट और पौष्टिक कृषि उत्पाद बाँदा में प्रचुर मात्रा में हैं। इनकी ट्रेडिंग हेतु महिला समूहों को प्रेरित और जागरूक किया। इसके लिए समस्त जानकारी, प्रशिक्षण के माध्यम से दी गई। जो महिलाएँ इसमें पहले से कार्य कर रही थीं, उन्हीं को और आगे बढ़ाया गया। इससे उनकी उसी लागत से आय में बढ़ोत्तरी हुई। नरैनी ब्लॉक समूह ने दो मशीन भी लगाई। जिससे प्रोसेसिंग कर मूल्य (Value Addition) बढ़ाया जाए। इसका उद्घाटन विश्व तिलहन दिवस, 2020 पर मेरे द्वारा ही किया गया था।

समूह की महिलाओं को दीनदयाल उद्यमिता विकास शोध संस्थान, चित्रकूट में तीन दिवसीय आवासीय प्रशिक्षण दिलाया गया। श्री सुजीत कुमार, मिशन निदेशक ने आजीविका मिशन लखनऊ से इसके लिए धन की व्यवस्था कराई। महिलाओं को यह काफी अच्छा लगा। काफी कुछ देखा और सीखा। पहली बार जिले से बाहर गई महिलाओं के लिए यह अनूठा अनुभव था।

फिट इंडिया और योगामय बाँदा अभियान के तहत प्रत्येक ग्राम से तीन-चार महिलाओं को योग का प्रशिक्षण दिलाया गया। इन योग प्रशिक्षित महिलाओं ने अपने गाँव में समूहों को योग सिखाया और करवाया। इससे लोग स्वास्थ्य के प्रति जागरूक हुए और बीमार न हों इसलिए योगा का सहारा लिया। महिला और महिला समूहों को स्वास्थ्य के प्रति सतर्क और सचेत किया गया। श्री रमेश सिंह राजपूत और श्री रमेश सिंह पटेल योगाचार्य ने प्रशिक्षण देकर एक अच्छे कार्य को अंजाम दिया।

महिला विकास में नए-नए प्रयोग कर आय, ज्ञान और मनोबल बढ़ाया। इससे आनंद की अनुभूति हुई।

महिला किसानों ने देखी वाराणसी की उन्नतशील बागवानी

जागरण संवाददाता, बांदा : उद्यान विभाग की ओर से जिले की समूह से जुड़ी 47 महिला किसानों को भारतीय सब्जी अनुसंधान संस्थान वाराणसी का भ्रमण कराया गया। वहां महिलाओं ने सब्जी की खेती की तकनीकी जानकारी हासिल की। टमाटर के कलम का रोपण कर उससे होने वाले लाभ की जानकारी ली।

जिला उद्यान अधिकारी परवेज खां व एनआरआलएम की जिला समन्वयक निशा सचान की अगुवाई में महिला किसानों का दल तीन दिवसीय दौरे पर वाराणसी गया है। वहां संस्थान द्वारा तैयार की गई परवल के प्रजातियों से कृषकों को अवगत कराया गया। सिंघाड़े की खेतीव कमल की खेती करने के भी गुर सीखे। डा.डीआर भारद्वाज ने किसानों को बाजार के रुख को भांपकर शाकभाजी की खेती करने की सलाह दी। कद्दू वर्गीय सब्जियों के गुणतायुक्त उत्पादन के बारे में तकनीक सिखाई। इस दौरान महिलाओं ने संस्थान में तैयार हो रही विभिन्न किस्म की बागवानी भी देखी। डीएचओ परवेज खां ने बताया कि समूह की इन महिला किसानों को विभाग की ओर से किराया, खाना आदि की व्यवस्था की गई है। यह महिला अन्य किसानों को भी प्रेरित करेंगे।

भारतीय सब्जी अनुसंधान संस्थान वाराणसी में बागवानी व सब्जी खेती देखती उद्यान विभाग की ओर से जिले से भ्रमण पर गई समूह की महिला किसान • जागरण

इन सभी गतिविधियों से महिलाओं का ज्ञान, आत्मबल और जोश बढ़ा। इनका आपस में तालमेल अच्छा हुआ। बढ़े ज्ञान और मनोबल से आगे बढ़ने लगीं। माननीय मुख्यमंत्री, माननीय राज्यपाल इनके कार्यों को देखकर प्रफुल्लित हुए और इन्हें शाबासी दी।

□

4

मॉडल गाँव

31 अगस्त, 2018 को बाँदा का जिलाधिकारी बना और 24 फरवरी, 2020 को बाँदा जिलाधिकारी की पारी खत्म हो गई। 27 जुलाई, 2020 को अंबेडकर नगर निवासी श्री प्रवीण महेंद्र ने एक व्हाट्सअप संदेश भेजा :

"सर, प्रशासनिक व्यवस्था के अंतर्गत आप द्वारा बाँदा में किया गया प्रयास निश्चय ही पूरे देश के लिए अनुकरणीय है। हमारी हार्दिक इच्छा है कि आप प्रधानमंत्री पुरस्कार हेतु आवेदन अवश्य करें। सादर प्रणाम, महेंद्र।"

संदेश देखा और भूल गया। इसके बाद पुनः 31 जुलाई, 2020 को श्री महेंद्र ने 10 पेज की प्रधानमंत्री पुरस्कार की गाइडलाइन भेजी। मैंने पढ़ा तो पाया कि वास्तव में हम लोग इसके पात्र हैं और यहीं से मॉडल गाँव की कहानी की शुरुआत हुई। मैं, श्री महेंद्र से परिचित नहीं था, इसलिए मैंने इनका परिचय पूछा, तो बताया कि 28, 29, 30 जनवरी, 2019 को स्टार्टअप और इनोवेशन के अधिवेशन हेतु ये बाँदा आए थे। अधिवेशन बहुत शानदार था। श्री महेंद्र तब से लगातार मेरे कार्यों को सोशल मीडिया पर देखते रहते थे। मेरे द्वारा किए गए कार्यों को देखते हुए ही इन्होंने मुझे दूरभाष पर आवेदन करने हेतु संदेश द्वारा प्रेरित एवं उत्साहित किया। इनके अनुरोध से मन बन गया कि आवेदन किया जाए।

यह आवेदन अंग्रेजी में करना था। श्री अर्पित गुप्ता, सहायक संपादक, 'दि इकोनॉमिक टाइम्स' से वार्त्ता की, क्योंकि स्टार्टअप और इनोवेशन इनके माध्यम से हुआ था। श्री अर्पित गुप्ता से बात चल ही रही थी कि इसी बीच श्री सौरभ लाल मेरे पुराने परिचित आ गए। श्री सौरभ द्वारा लखनऊ पर एक वेबसाइट बनाई गई थी। इस पर चर्चा की और उनके द्वारा बताया कि वो कंटेंट राइटर हैं। इनकी आठ साल पुरानी एक कंपनी मुंबई में है। मैंने उनसे इस आवेदन की चर्चा की। श्री सौरभ लाल ने पूरी गाइडलाइन पढ़ी और कहा कि हम लोग आवेदन कर सकते हैं और यह तय हुआ कि कई विषयों पर आवेदन किया जाए। हम लोगों ने छह विषयों पर आवेदन किए :

1. जल संरक्षण, 2. जेल सुधार, 3. लोकसभा चुनाव अभियान-2019, 4. कुपोषण, 5. स्टार्टअप और इनोवेशन , 6. प्रशासनिक सुधार।

आवेदन तो कर दिया, किंतु उपरोक्त के लिए समस्त सूचनाएँ इकट्ठा करना आसान नहीं था, परंतु धीरे-धीरे सूचनाएँ एकत्रित करते गए। बाँदा की हमारी टीम को अच्छा लग रहा था कि उनके द्वारा किए गए कार्यों पर बाँदा को पुरस्कार मिल सकता है। लगभग 2 माह इस पर खूब मेहनत की गई और समस्त सूचनाएँ एकत्रित की गईं। सूचनाओं का विश्लेषण करने पर आँकड़े आँख खोलनेवाले थे कि कितना बेहतरीन कार्य हुआ था और काफी अच्छे नतीजे मिले थे। लेकिन पता नहीं था और आँकड़े भी नहीं थे। क्योंकि जिला प्रशासन में ऐसे आँकड़े बनाने और जानने की प्रथा नहीं है। प्रधानमंत्री पुरस्कार आवेदन में आँकड़े और नतीजे दिखाने के लिए कॉलम बने हुए थे। कई कार्यों के आँकड़े देखकर काफी आनंद आया और अच्छी अनुभूति हुई। यदि प्रतिफल आँकड़े से साबित नहीं होता तो लोग इसे गप्प और दिखावा मानते हैं और कार्य की सफलता की पुष्टि नहीं हो पाती है।

आवेदन का प्रथम मूल्यांकन हुआ और जल संरक्षण में हमारा चयन हुआ। इसके बाद दो अधिकारी नामित किए गए। इस द्वितीय स्तर के मूल्यांकन में नामित अधिकारियों द्वारा मौके पर आकर बाँदा में हुए कार्य की जमीनी हकीकत का आंकलन करना था, किंतु कोरोना महामारी के कारण तय हुआ कि सभी का ऑनलाइन सत्यापन कराया जाए और ऑनलाइन सत्यापन हुआ। द्वितीय स्तर के मूल्यांकन में भी चयन हो गया। प्रथम व द्वितीय स्तर के नंबर जोड़कर तृतीय स्तर का मूल्यांकन हुआ। तृतीय स्तर के मूल्यांकन हेतु अवर सचिव की अध्यक्षता में चार संयुक्त सचिव स्तर के अधिकारी के समक्ष ऑनलाइन प्रस्तुतीकरण और प्रश्नोत्तरी की जानी थी। यह भी बहुत शानदार रहा। तीनों स्तर में सबसे ज्यादा नंबर मिले और प्रथम स्थान पर रहा। तीन स्तर के मूल्यांकन में टॉपर होते हुए भी मुझे लिस्ट से अचानक बिना कोई कारण बताए हटा दिया गया। चतुर्थ और अंतिम स्तर में कैबिनेट सचिव के समक्ष प्रस्तुतीकरण होना था। कारण बताया गया कि आवेदन के वक्त बाँदा में तैनात कलेक्टर ही आवेदन कर सकते थे। आवेदन करते वक्त मैं बाँदा का कलेक्टर नहीं था। यह कारण लिखित में नहीं बताया गया, मौखिक ही बताया गया। आवेदन में ऐसा कोई निर्देश नहीं था। यह एक बड़ा झटका था। पूरे देश में पानी के कार्य में टॉपर होने के बाद पूरे बाँदा की पुरस्कार पाने की आशा बढ़ गई थी। बाँदा के सांसद श्री आर.के. सिंह पटेल भी काफी खुश थे कि उनके क्षेत्र को एक अच्छे कार्य के लिए पुरस्कार मिलेगा और नाम होगा। इसके

खिलाफ कैबिनेट सचिव सहित अनेक स्तर पर आवेदन किए। नाम हटने की सूचना पर सांसदजी ने स्वयं और अन्य सांसदों ने भी प्रधानमंत्रीजी, कैबिनेट सचिव और माननीय श्री जितेंद्र सिंह, मंत्री, डी.ए.आर.पी.जी. (DARPG) को पत्र लिखा कि यह गलत हुआ, यदि आवेदन अमान्य था तो प्रथम स्तर पर ही निरस्त किया जाना चाहिए था। मैं स्वयं दिल्ली जाकर माननीय मंत्री श्री जितेंद्र सिंहजी और इसके बाद सचिव, डी.ए.आर.पी.जी. से मिला, लेकिन कोई सफलता नहीं मिली, इससे मैं काफी परेशान रहा और लगभग एक माह यह लड़ाई विभिन्न स्तर पर लड़ा। अंततः एक जीती जंग (पुरस्कार) हार गया। मन में पुरस्कार न पाने की कसक थी। जिस तरीके से नाम चतुर्थ स्तर के मूल्यांकन से हटाया गया, वह पीड़ादायक था। इससे मन में जो परेशानी उत्पन्न हुई, वह काफी समय तक बनी रही। आँकड़े लगातार अच्छे कार्य की याद दिलाते और सताते थे।

इसी बीच जानकारी में स्टॉकहोम अंतर्राष्ट्रीय वाटर संस्थान के बारे में पता लगा। सभी जानकारी और आँकड़े पहले से ही थे, इसीलिए वहाँ पर भी आवेदन कर दिया। मकसद था अंतर्राष्ट्रीय स्तर पर इस अच्छे कार्य का प्रचार-प्रसार करना। इस आवेदन से कुछ लोगों को इस अच्छे कार्य के बारे में पता लगेगा।

लोकसभा चुनाव में लगभग 10.55 प्रतिशत मतदान बढ़ा, इससे हमारा लोकतंत्र मजबूत हुआ। लगभग 1.34 मीटर वाटर लेवल ऊपर आया तो इससे पानी की समस्या कम हुई। लगभग 18.5 प्रतिशत कृषि उत्पादकता बढ़ने से सभी लोगों की आय बढ़ी। कुपोषण कम करने के नतीजे काफी आनंददायी हैं। नीति आयोग ने इसे अपनी रिपोर्ट, 2019 में पेज नंबर 73 पर अंकित किया। जेल सुधार में नंबर एक होने का पुरस्कार मिला। किसानों, छात्रों, नौजवानों, महिलाओं सभी पर किए गए कार्य के नतीजे उत्साहवर्धक और लाभकारी सिद्ध हुए। प्लास्टिक हटाओ, पेड़ जियाओ आदि जैसे अनेक नवाचारी कदम ने पूरे बाँदा को राज्य और देश स्तर पर अच्छे कार्य की वजह से एक नई पहचान दिलाई।

इन सभी नवाचारी परिणामों को मैंने अपने सोशल मीडिया लिंक्डइन पर लिखा। आई.सी.आई.सी.आई. फाउंडेशन के प्रमुख श्री सौरभ सिंह ने एक अच्छी टिप्पणी लिखी। उन्होंने कहा कि वह मेरे कार्य को सोशल मीडिया पर देखते हैं। बाँदा में बतौर जिलाधिकारी अच्छा कार्य किया है, इसको प्रदेश व अन्य स्थानों पर भी लागू किया जाए। इसकी सूचना मैंने श्री मुनीश, सेवानिवृत्त मुख्य महाप्रबंधक, नाबार्ड को दी। मुनीशजी ने सौरभजी से बात की कि किस प्रकार एक प्रोग्राम के रूप में बाँदा के कार्य को लागू किया जाए। मुनीशजी ने अपनी टीम में सौरभ लालजी को लिया। एक

प्रोजेक्ट बनाकर फाउंडेशन को भेजा गया। कई दौर की वार्त्ता और विचार-विमर्श के बाद मॉडल गाँव का प्रोग्राम बना। चूँकि यह प्रोग्राम मेरे किए गए कार्य पर आधारित है, इसलिए उन्होंने मुझे मानद सलाहकार के रूप में इसमें रहने का अनुरोध किया और मैंने इसे स्वीकार कर लिया। डी-लिट् में प्रवेश लेने की प्रक्रिया चल रही थी, इसमें भी मॉडल गाँव की परिकल्पना ही मेरे डी-लिट् के शोध का विषय था। यह भी मॉडल गाँव से जुड़ने का एक और कारण बना। मुनीशजी इस मॉडल के मानद अध्यक्ष हैं। उनका 34 साल से ज्यादा का अनुभव है। इसका लाभ मॉडल गाँव को मिल रहा है। श्री सौरभ सिंह की ग्रामीण विकास की लगन और ललक अद्वितीय है। सबसे महत्त्वपूर्ण है, उनके कार्य करने और आदमी की पहचान करने की क्षमता। सोशल मीडिया पर बाँदा के अद्वितीय प्रयोग को पहचानना और उसे एक व्यवस्थित ढंग से लागू करने का निर्णय हवा में लेना, अपने आप में श्री सौरभ सिंह के अच्छे व्यक्तित्व की पहचान है। फाउंडेशन के सहयोग से मॉडल गाँव के मुख्य कार्याधिकारी श्री सौरभ लाल और उनकी टीम श्री सचिन चौधरी, श्री राघवेंद्र, श्री प्रीयेंद्र, श्री कुलवंत इस पूरे कार्यक्रम को टेक्नोलॉजी के सहारे चला रहे हैं। फाउंडेशन के सी.ओ.ओ. श्री अनुज अग्रवाल, वित्त अधिकारी श्री विनीत और उनकी टीम के सभी प्रकार के सहयोग से मॉडल गाँव अपनी गति से आगे बढ़ रहा है।

मॉडल गाँव के तीन स्तंभ

1. गाँव घोषणा-पत्र (विलेज मेनिफेस्टो)
2. चेंजमेकर
3. किसान उत्पादक कंपनी

गाँव घोषणा-पत्र (विलेज मेनिफेस्टो) : विकास क्या है, विकास के कुल कितने मुद्दे हैं और प्रत्येक ग्रामवासी के मन में विकास की भूख पैदा करने का एक माध्यम है। इससे गाँववालों को अपना विकास करने की जानकारी मिलेगी और गाँव कल्याण के लिए आम सहमति बनेगी। सभी लोगों की सहभागिता और समर्थन से गाँव का विकास होगा।

चेंजमेकर

चेंजमेकर वह व्यक्ति होता है, जो किसी सामाजिक समस्या का समाधान एक रचनात्मक तरीके से करे। चेंजमेकर कुछ नया करने के जोश के साथ सामाजिक और सकारात्मक कल्याण के कार्य कर गाँव को विकसित करेंगे।

किसान उत्पादक कंपनी (FPC) : यह किसान उत्पादक कंपनी किसानों का समूह होता है, जो वास्तव में कृषि उत्पादन कार्य में लगा हो और कृषि व्यावसायिक गतिविधियाँ चलाने में एक जैसी धारणा रखते हों। एक गाँव या फिर कई गाँवों के किसान मिलकर भी यह समूह बना सकते हैं। गाँववाले किसान मिलकर FPC बनाएँगे और चलाएँगे। खेती के घाटे को FPC से मुनाफे में बदलेंगे। गाँववाले कंपनी के मालिक कहलाएँगे।

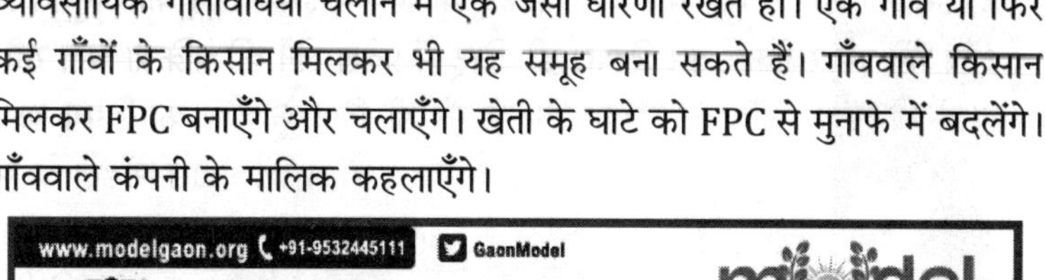

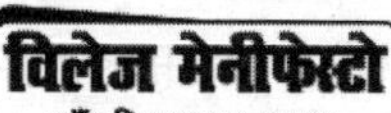

मुख्य कार्य :

- प्रत्येक गाँव में विलेज मेनीफेस्टो को गाँव के प्रत्येक व्यक्ति तक पहुँचाना।
- प्रत्येक गाँव में विलेज चेन्जमेकर तैयार करना।
- प्रत्येक गाँव में विलेज स्तर पर एफ.पी.ओ. बनाना और चलवाना।

भारत गाँवों में रहता है। भारत को विकसित और खुशहाल बनाने के लिए गाँव का विकास ही एक मात्र रास्ता है। कृषि को कृषि व्यवसाय में बदलकर, ग्रामीणों को जागरुक कर विकसित करना है। जिससे किसानों की आय, उपज, ज्ञान, मनोभाव आदि में एक बड़ा बदलाव होगा। यह बदलाव एक मॉडल बनेगा। गाँव का नाम मॉडल गाँव के रूप में रोशन होगा।

'ज्ञान शक्ति है'(Knowledge is Power)। ग्रामवासियों द्वारा गाँव विकास के मुद्दों/ गतिविधियों पर बहस कर, जानकारी देकर ग्रामवासियों को जानकार (Knowledgeable) बनाकर उनका सशक्तीकरण करना है। गाँव में विकास का मुद्दा विलेज मेनीफेस्टो के माध्यम से स्थापित करना है। FPO के माध्यम से गाँव को कृषि व्यापार में बदलना है। तभी गाँव की लाचारी, गरीबी और बेरोजगारी कम होगी। पूर्व में इस मॉडल को प्रयोग के तौर पर जनपद बाँदा के जिलाधिकारी श्री हीरा लाल द्वारा लागू किया गया था, जिसके सकारात्मक परिणाम रहें। विकसित गाँव बनाने के लिए उपरोक्त प्रयोग को पूरे प्रदेश में गाँव-घोषणा-पत्र (विलेज मेनीफेस्टो) के माध्यम से लागू करने का प्रयास किया जाना चाहिये। यह प्रयास निम्न बिन्दुओं पर होगा-

- सफाई- स्वच्छ, साफ सुथरा
- पढ़ाई - कोई अनपढ़ न रहे
- दवाई - योगा के साथ
- कमाई- आय में वृद्धि
- बिजली - सोलर वाला गाँव
- पानी - पीने, सिंचाई, संरक्षण
- रोजगार - सभी हाथ को काम
- संवाद तंत्र- आधुनिक इंटरनेट
- विपणन - बेचने की सुविधा
- जैविक उत्पाद
- आत्म निर्भर गाँव
- विवाद रहित - खुशहाली वाला गाँव
- गाँव का नियम/ लेखा रख-रखाव
- गाँव का बायोडाटा प्रोफाइल
- सूचना एवं जनसंचार तकनीकी का प्रयोग
- किसान उत्पादक संगठन (FPO)
- प्रवासी ग्रामवासी सम्पर्क-सहायता
- कुपोषण
- वृक्षारोपण (मेड पर पेड़)
- खेल/ कला/ संस्कृति विकास
- महिला विकास
- प्रतिभा चयन एवं विकास
- ग्राम समस्या और समाधान
- देश एवं प्रदेश सरकार के कार्यक्रमों को गाँव में लागू करना
- गाँव स्थापना दिवस

गाँव घोषणा-पत्र (विलेज मेनीफेस्टो) क्यों ? इसकी जरूरत क्यों है?

- गाँव और गाँव के लोग धनी हो जायेंगे।
- सभी का अपना रोजगार होगा।
- गाँव-परिवार- छोड़कर जाना नहीं पड़ेगा। मॉडल गाँव बनेगा।
- पूरे देश में नाम, इज्जत मिलेगी।
- सभी के जीवन में खुशहाली-हरियाली आयेगी।
- सभी लोग मजबूत होंगे।

यहाँ पर अपनी फोटो चस्पा करें

उपरोक्त को पाने के लिए हमें सच्चे मन से गाँव घोषणा-पत्र (विलेज मेनीफेस्टो) को अपनाना होगा और आत्मनिर्भर - सम्पन्न गाँव बनाना होगा।

नाम एवं मो. न.

ग्रामीण विकास... एक नयी सोच - एक नयी पहल

Approaching the Tipping Point

By Bhaswati Bhattacharya
MPH MD (Family Medicine)
PhD (Ayurveda - BHU)

Yoga succeeded by suppressing its authentic core of use as a medical system and eliminating yoga as a medical system in its teaching to the West, focusing on wellness and mental calm. Yoga also eliminated its core spiritual connection and focused on tangible practices such as postures, breathwork, and meditation, using fashion and fitness branding to achieve clout. The yoga audience today spends $75 billion for yoga mats, cushions, blocks, and ropes, uplifting clothes, music, accessories, and publications.

Few discuss the authentic anatomy-physiology used by yogis to understand and heal the diseases of the body using subtle energies as its cornerstone. Those who do venture beyond the acrobatics of asanas (not asanas) pose competitions into the inner space discuss chackras, not cakras - the wheels of circulating energy that provide bioelectric and electromagnetic currents in the body. They chant mantras emphasizing the importance of Sanskrit, but cannot distinguish the four 'd' sounds, or the differences between voiced and unvoiced, aspirated and unaspirated consonants. Yet, yoga concerts and chanting gatherings are more popular in the West than they are in India.

The real problem with preserving ancient Bharatiya sciences lies in the unspoken bias against them by Indians schooled in today's "universities," which notably do not represent the universe of wisdom but rather a biased westernized view. The top schools in India embrace modern sciences and western scholars' work in the arts.

Riddled with hinduphobia, hinduminia, and unresolved dissonance between eurocentric abrahamic capitalist concepts, the works of authority that young Indians learn today separate them quickly from their great-grandparents' world view. Today's scholars systematically ignore the evidence in the most ancient knowledge systems known to humans in this universe, asking for proof of modern relevance, while never questioning the faulty experiments of the past 50-70 years that have multiple limitations and disputes among its own scholars. Sadly, Ayurveda has been bludgeoned by its own children who have descended through time and are alive today, simply because their forefathers used ayurveda. The true science and wisdom of ayurveda is whispered only by a few thousand experts who resonate with Nature and the seamless web of sciences that interrelate the patterns of Nature with the realities of our own human healing.

These true experts understand the challenge of conveying ancient wisdom to the modern day. Due to misguided school-based education by dangerously uninspired teachers, children have poor learning abilities. Human perception and competence must be cultivated in order to understand how Ayurveda connects the world around us. A few wisemen still live who can discern the order in which to teach any individual, the language that must be used, and the techniques that close the mind. These true teachers understand the power of non-sexual intimacy, that is needed to heal and open the mind to learning. These wisemen understand the power of light and sound, and how our daily rituals if imbalanced disconnect us from understanding how to use subtle energy to receive and communicate. The use of attuned dinacharya and ritucharya can realign our senses with proper subtle perception and open our minds.

It is not money but mindset that is needed to catapult Traditional Bharatiya Sciences such as Ayurveda into the mainstream.

Unfortunately, we cannot force modern society to respect Nature, and prioritize it over technology toys, easy food, free disconnected sex online, or the increasing recreational drug community. If people are not ready, the wiseman cannot teach. They cannot translate or adapt ancient sciences into the infantile, dumbed down language of current modern sciences. Reductionism and fractionated disciplines lost the patterns and trends that are only seen when looking beyond one's own defined, limited specialty of expertise.

How can the amazing reproducible and logical science of plants' growth, harvest, and medicine making for healing of incurable diseases be translated into the senseless and robotic concepts of biochemistry and cell biology of the modern day, which lack connection to the rest of the world? Most biochemistry is an artifact of experimenting with models or looking at dead cells. They rarely follow models in nature or keenly observe the actions of other organisms in their native environments. Self-proclaimed experts in science and modern ayurveda fail to piece together the basic concepts of ayurveda because they cannot perceive beyond the paralyzed techniques of their discipline. They cannot heal their own misperceptions that prevent clean profound perception, and thus they cannot provide a proper interface for using ayurveda optimally with the patients who most need it.

In the end, the scientists have the most closed minds because they are not open to the possibilities proposed in Ayurveda. They then propagate their ignorant skepticism to the media and to the common public. Ayurvedic wisemen must overcome the closed-mindedness of modern society, or they will die with their knowledge. Fortunately, there are many open minds who are discovering the emperor of science has no clothes and everyone is blindly pretending it does. They are waking up and embracing the logic, elegance, and timeless wisdom of yoga and Ayurveda.

The South Asia Times Columnist Dr. Bhaswati Bhattacharya is a Fulbright Specialist 2019-2023 in Public Health and Clinical Asst Professor of Medicine, Weill Cornell Medical College, New York. Her bestselling book *Everyday Ayurveda* is published by Penguin Random House.
bhaswati@post.harvard.edu / www.drbhaswati.com

DEVELOPMENT

New Dawn of Rural Transformation

India is a land of more than a billion dreams. Overwhelming majority of these dreamers find their roots embedded in villages. These are people who, generation after generation, have braved challenges like poverty, inequality and lack of opportunities, and are now rising to emerge as change makers for themselves and the communities they live in. Model गाँव is an initiative to transform Indian villages into model villages and make them free from evils which prevent equitable development. This model of development is inspired by Dr. Heera Lal, a senior IAS officer and popular public figure known for his frugal and unique development orientated innovations. Model गाँव creates a 'demand for development' by the people at the bottom of the pyramid. Most other development designs lack direct participation from the end beneficiary, blunting the impact on the ground. Model गाँव begins engaging with common villagers and works towards changing their mindset.

Through focused capacity building towards identified target audiences like farmers, constitutional village heads, local women, youth, Village Level Entrepreneurs etc, model गाँव endeavors to generate in people a 'need' for development, resulting in villagers

starting to 'demand' a better life and local ecosystem. This ensures accurate meeting of these demands through relevant and insightfully designed development initiatives.

Model गाँव aims to achieve the above through three steps: i) Village Manifesto - A digital tool to create an agenda for development which sensitizes villagers towards true meaning of development and different areas where development should happen. ii) Changemaker - An empowering campaign where social-minded people get trained in practical skills and are guided to become leaders of change in their villages. iii) Agri-to-Agribusiness - Encouraging small and marginal farmer collectives and value addition in agriculture, Model गाँव provides support services for agri-ecosystem to evolve as a business unit with multiple profitable offerings.

Lack of resources is never a deterrent for development. The model utilizes available resources in an innovative manner, and converges its benefits on a core focus area. Each initiative should be designed for the

Model Gaon is inspired by Dr. Heera Lal, a senior IAS officer posted in UP.

people and by the people, so that they are always in charge for their own growth, ensuring ownership. Model गाँव's awareness drive has already created footprints across 20 states of India with at least 10 Gram Panchayats are already being developed in association with Model गाँव. Many Farmer Producer Companies (FPCs) are associated with Model गाँव where they are given training and inputs on growing their business and improving farmer incomes. A women wing has been created to discuss issues related to them. A youth wing helps Model गाँव mobilize and energize the rural youth, empowering them to contribute towards nation's development. Village Level Entrepreneurs operating Common Service Centers (single internet access point in each village) across Uttar Pradesh are collaborating with Model गाँव by becoming a part of our development-delivery system.

India lives in villages and the only way of ensuring their holistic development is through empowering villagers with knowledge. Informed villagers will play an active role in contributing to the idea of development and lead the change they have always wanted to see.

For details: modelgaon.org

सहारा

12 नई दिल्ली। शुक्रवार • 25 जून • 2021

आईएएस, जो जगा रहा मॉडल गांव की अलख

गांव को खुशहाल और ग्रामीणों को स्वावलंबी बनाने की डॉ. हीरालाल की अनूठी पहल

मॉडल गांव का अंतिम लक्ष्य गांव में एक ऐसा नेतृत्व खड़ा करना है जो संपूर्ण गांव को स्वावलंबी बना सके

■ रोशन

नई दिल्ली। एसएनबी

गांव को खुशहाल और ग्रामीणों को स्वावलंबी बनाने के लिए एक आईएएस मॉडल गांव की अलख जगा रहा है। गांव साफ-सुथरे हों, कृषि लाभकारी हो, स्कूल उत्तम गुणवत्ता के हों, कृषि को व्यवसाय से जोड़ा जाए या जल संरक्षण हो, उत्तर प्रदेश कैडर के आईएएस अधिकारी डॉ. हीरालाल ने एक नया प्रयोग शुरू किया, जो अब परवान चढ़ता दिख रहा है। मॉडल गांव से अनेक प्रधान युवा और किसान जुड़े हैं। मॉडल गांव का अंतिम लक्ष्य गांव में एक ऐसा नेतृत्व खड़ा करना है, जो संपूर्ण गांव को स्वावलंबी बना सके।

मॉडल गांव की परिकल्पना के पीछे डॉ. हीरालाल बताते हैं कि अगस्त 2018 में जब बांदा जिले के डीएम थे, तो उन्होंने सोचा कि गांव का विकास अकेले सरकार नहीं कर सकती है। इसलिए उन्होंने ग्रामीणों को जोड़ना शुरू किया और उनके सामने एक एजेंडा रखा। उन्होंने जल संरक्षण का प्रयास किया और बांदा जिले का भूमिगत जल स्तर 1.3 मीटर बढ़ा दिया। बांदा जिले में सुधार से वह उत्तर प्रदेश का नंबर एक जिला बन गया। कृषि कार्य व्यवसाय और कृषि पर्यटन से जुड़ा, तो किसान नई तरह की खेती करने लगे और मुनाफा कमाने लगे। बांदा जिले में उनके द्वारा किए जा रहे कार्यों को देखते हुए आईसीआईसीआई फाउंडेशन ने उनके कार्य को समर्थन देना शुरू किया। उनके साथ सेवानिवृत्त अधिकारी मनीष गंगवार जुड़े और बांदा से शुरू हुई यह अलख उत्तर प्रदेश के और गांव तक पहुंच गई।

डॉ. हीरालाल, आईएएस

डॉ. हीरालाल इस वक्त उत्तर प्रदेश के नेशनल हेल्थ मिशन में अतिरिक्त मिशन डायरेक्टर हैं। अपनी जिम्मेदारी के अलावा वह मॉडल गांव के माध्यम से गांव का विकास कर रहे हैं। मॉडल गांव ने नवनिर्वाचित प्रधानों से संपर्क साधा है। कई प्रधान इस मुहिम में जुड़ गए हैं। मॉडल गांव का 25 सूत्रीय एजेंडा है। जो भी इसमें शामिल होना चाहता है, उन्हें इस एजेंडे के तहत काम करना होता है और मॉडल गांव उन्हें तकनीकी जानकारी एवं उनका हौसला अफजाई करता है। इस योजना के तहत हर गांव में 25 लोगों को नेतृत्व के लिए तैयार किया जा रहा है, जो गांव के बाकी लोगों को प्रेरित करें और उन्हें गांव के समग्र विकास एवं ग्रामीणों को स्वावलंबी बनाने के लिए प्रेरित कर सकें। नीति आयोग ने मॉडल गांव की सफलता को देखते हुए इसे अपने एजेंडे में शामिल कर लिया है और अपनी वेबसाइट पर चढ़ा दिया है। नीति आयोग के उपाध्यक्ष डॉ. राजीव कुमार ने मॉडल गांव की परिक्रमा करने वाले डॉक्टर हीरालाल और उनकी टीम की भूरी-भूरी प्रशंसा की है।

Niti Aayog chief praises UP IAS officer for his effort to develop model villages

Neha.Lalchandani
@timesgroup.com

Lucknow: Niti Aayog vice-chairperson Rajiv Kumar has complemented UP IAS officer Heera Lal, additional director, National Health Mission, for his work to turn backward rural areas into model villages through public participation.

In a tweet on Wednesday, Kumar said: "IAS officer Heera Lal's endeavour to convert rural and downtrodden villages of Uttar Pradesh into 'Model Villages' through active public participation is a tremendous step. Ground work like this is important for India's holistic development. Great work!"

Heera Lal is additional director National Health Mission

Lal, who as district magistrate of Banda earlier, had carried out similar projects on water conservation, said that he was thrilled to have the work of NGO 'Model Gaon' recognised.

"The project was conceptualised by Munish Gangwar, retired chief general manager of NABARD. We started the project in January this year and already, 1,500 village manifestos, outlining how the locals would like to develop their village and what facilities they would like to have there, have been made. We are approaching newly elected pradhans, farmer producer organisations, Nehru Yuva Kendra members and asking them to join the effort," said Lal, who is an advisor to Model Gaon.

Lal said that his work in Banda while he was DM inspired Gangwar to take up the project at a macro level. In Banda, he said, his administration followed a bottom up approach in implementing water conservation schemes, increasing crop productivity etc, through direct involvement of residents in these projects.

"We have an example of a village pradhan from Gorakhpur who won the recent panchayat elections on the basis of a model village manifesto. We are now in the process of collaborating with him to help in the implementation of the manifesto which will see villagers come together for water conservation, creation of farmer producer companies to protect interest of farmers etc," he said.

Rajiv Kumar

@RajivKumar1

Vice Chairman @NITIAayog | Economist, Author who loves Sufi music & Sahaja yoga meditation | Views are personal

Delhi India niti.gov.in Joined June 2012

514 Following **76.5K** Followers

Followed by Dileep Pandey,BJP,UP, दिलीप पाण्डेय BJP, Emily Andre, and 249 others

Tweets **Tweets & replies** **Media** **Likes**

Rajiv Kumar @RajivKumar1 · 10m

IAS officer @heeralalias endeavour to convert rural & downtrodden villages of #UttarPradesh into 'Model Villages' through active public participation is a tremendous step. Ground work like this is important for India's holistic development. Great work! modelgaon.org/en/

4 6 20

□

5

स्मरणीय घटनाएँ

एफ.आई.आर. : यह घटना जनपद बाँदा की है। सत्ता पक्ष के एक मौजूदा विधायक ने जनपद के अधिकारी से मारपीट की। इसकी सूचना एन.आई.सी. में डी.आई.जी. एवं एस.पी. की मौजूदगी में मिली। हम लोगों ने यह निर्णय लिया कि यदि एफ.आई.आर. नहीं कराएँगे तो जनपद में प्रशासन चलाना मुश्किल हो जाएगा और जनपद के अधिकारियों का मनोबल गिर जाएगा। इसकी सूचना उच्च स्तर पर भेजी गई। उच्च स्तर से प्राप्त आदेशों के क्रम में एफ.आई.आर. दर्ज कराई गई। यह निर्णय देखने में सरल लग रहा है, लेकिन बहुत जटिल है। जिलाधिकारी स्तर पर यह निर्णय लेना और सभी की सहमति प्राप्त कर लागू करा देना बड़ा ही कठिन काम था।

लोकप्रियता : हटने के बाद आज भी मेरी लोकप्रियता है, क्योंकि मेरी काम करने की स्टाइल जन-भागीदारी पर आधारित थी। मैं हमेशा लोगों के बीच में रहा। जनता में रहकर उनकी सेवा की। यह तरीका सरकारी अफसरों में कम देखने को मिलता है।

आत्मसंतुष्टि : जो नतीजे मिले, उसका एहसास हटने के बाद हुआ।

चाहे वह बाँदा की जटिल जल समस्या का कम होना हो या कृषि उत्पादकता में वृद्धि, फिर चाहे वह ग्राम प्रधानों का मुझसे निरंतर संपर्क में रहना या आम जनता के अभी भी आते फोन और संदेश हों—बाँदा की जनता से मिले इतने स्नेह का मैं सदैव आभारी हूँ और यही मेरी आत्मसंतुष्टि का सबसे बड़ा कारण है।

बाँदा में किए अपने बीस से ज्यादा नवाचारों के परिणाम को जोड़कर मॉडल गाँव का कार्यक्रम चल रहा है। यह कार्य अद्भुत है। मॉडल गाँव की बढ़ती स्वीकार्यता से आनंद की अनुभूति होती है।

सारांश

हमें अपने अधिकांश कम पढ़े-लिखे जनप्रतिनिधि, प्रधान, सदस्य आदि को कम नहीं समझना चाहिए। ये कम पढ़े जरूर हैं, लेकिन यह संसारिक ज्ञान और अनुभव में हमसे कई गुना ज्यादा पढ़े और कढ़े हैं। व्यवहारिक दुनिया में किताबी ज्ञान से ज्यादा अनुभव और सामाजिक ज्ञान काम आता है। स्थानीय स्तर पर जनता के मध्य में जितना अच्छा कार्य एक जनप्रतिनिधि कर सकता है, उतना हम नहीं कर सकते। हम लोग अपने को ज्यादा ज्ञानी मानकर, जनप्रतिनिधि को कम आँककर, महत्त्व नहीं देते। इससे हमारा ही नुकसान होता है। जनप्रतिनिधि और स्थानीय अधिकारी एक सिक्के के दो पहलू हैं। एक-दूसरे के बिना दोनों अधूरे हैं। हम दोनों एक गाड़ी के अगले दो पहिए के समान हैं। लोकतंत्र में जनप्रतिनिधि को किसी भी आधार पर महत्त्व न देना, नौकरशाही की सबसे बड़ी भूल है।

गाँव की आम जनता, जो अनपढ़ है, इसे कम नहीं आँकना चाहिए। इनके अनुभव, संतोष, दिलेरी, त्याग और देशी ज्ञान हमसे कहीं ज्यादा होता है। यह इनकी ताकत है, जिसे हम नहीं समझते और न ही उसका उपयोग करते हैं। इन्हें कम और कमजोर आँकने और इग्नोर करने की गलती करते हैं। ऐसा नहीं करना चाहिए।

इस देश में पीएम, सीएम और डीएम तीन मुख्य पद हैं। प्रथम दो पद योजनाएँ और नीतियाँ बनाते हैं। तीसरा पद योजनाओं एवं नीतियों को जमीन पर लागू कराता है। डीएम के पद की बहुत बड़ी जिम्मेदारी है। इससे एक तरफ जिले की आम जनता जुड़ी है तो दूसरी तरफ प्रदेश और देश की सरकार हैं। यह पद चारों तरफ से अपेक्षाओं की रस्सी से बँधा और कसा है। सभी को डीएम से राम राज्य जैसा प्रशासन अपेक्षित है। कई तरह के दबाव हैं। कई तरह की समस्याएँ हैं। समस्याओं और अपेक्षाओं के मध्य संतुलन बनाकर कार्य करना आसान नहीं है।

दो परस्पर धुर विरोधी संभावनाओं/गतिविधियों को एक साथ संचालित कर उनमें संतुलन बनाकर जनहित में निर्णय लेना और लागू करना ही जिलाधिकारी का कार्य है। सुनो सबकी, करो अपने मन की, जो नियमानुसार सही और जनहित में हो। जनता का विश्वास जीतना ही सबसे बड़ी कामयाबी और पूँजी है। जिलाधिकारी का कार्य सबको नेतृत्व प्रदान करना है। सामान्यत: जिलाधिकारी मात्र सरकारी मशीनरी को नेतृत्व देते हैं। मैंने बाँदा की धरती पर उपस्थित सभी प्राइवेट-सरकारी को नेतृत्व प्रदान किया और सभी को एक टीम में साथ लेकर चला। सबकी भागीदारी, सबका सम्मान, यह था मेरा अभियान। इस नेतृत्व में जनता आगे-आगे और मैं सबसे पीछे

था। इससे जन-सहभागिता, जन-सहायता, जन-समर्थन बढ़ता है और प्रत्येक कार्य एक जन-आंदोलन के माध्यम से होता था।

जनता और जिला प्रशासन के बीच में दूरी होती है। आम जनता हमारे पास आने से डरती और हिचकती है। सरकारी मशीनरी को जनता के बीच जाकर, रहकर कार्य करना चाहिए। देशी व स्थानीय वेश-भूषा, भाषा और भोजन को माध्यम बनाकर कार्य करना चाहिए। मैंने अधिकांश बैठकें जमीन पर दरी पर बैठकर कीं। फूलमाला, ताम-झाम, बनावटी-दिखावटी गतिविधियों को दूर रखा। जनता से ऐसे मिला, जैसे कि मैं उनके परिवार का सदस्य हूँ। मुलाकाती से एक मिनट में पारिवारिक और आत्मीय हो जाना ही मेरी कला है। जनता से जुड़ना हमारा मुख्य उद्‌देश्य होना चाहिए। संपर्क-संवाद-सहयोग को मुख्य हथियार बनाकर आमजन से अपने आपको जोड़ा।

छोटे-बड़े, पढ़े-अनपढ़, कढ़े सबसे मिला। लगातार इनसे सीखा। सीखकर वही लागू किया। जिससे सीखा, उसका प्रचार भी किया, ताकि लोग आगे भी हमें सिखाते और बताते रहें। सामान्यत: अधिकारी दूसरे का अच्छा कार्य लेकर, अपना बताकर, अपना नंबर बढ़ाते हैं।

जो हमारी पुरानी मजबूत चींजें, परंपराएँ हैं, उनको हमने कम और कमजोर मानकर छोड़ दिया, जबकि स्थिति इसके उलट है। ऐसी सभी पुरानी, टिकाऊ, मजबूत चीजों और परंपराओं को पुन: जीवित कर स्थापित किया यथा—कुआँ, तालाब, दोना-पत्तल, मिट्टी के बरतन, स्थानीय सांस्कृतिक कार्यक्रम, स्थानीय वेश-भूषा, खान-पान।

प्यार की पावर का उपयोग किया। प्यार से जो कार्य हो जाता है, वह डंडा और दंड से नहीं। सभी को खूब अवकाश दिया। लोकसभा चुनाव-2019 में भी अधिकारियों ने खूब छुट्टी ली, जो सामान्यत: नहीं होता है। सरकारी कर्मी को अवकाश न मिलना एक बड़ी समस्या है। अधिकारी अवकाश न देकर अपनी पावर दिखाते और पावर का एहसास कराते हैं।

नेतृत्व के साथ-साथ सभी की समस्याओं का समाधान लगातार देते रहना होगा। सभी को एक धनात्मक और निर्भीक माहौल देना हमारी नैतिक जिम्मेदारी है। लगातार सीखते रहना, सबको साथ रखना, मेहनत करना और समय पर रहना हमारी सबसे बड़ी ताकत है। लगातार पढ़ते रहना आपकी मजबूती को बढ़ाता है और रॉकेट बना देता है।

निर्णय लेना, प्रतिदिन का कार्य उसी दिन करना और प्रत्येक कार्य को नए तरीके

से करने की सोच को जमीन पर उतारने की कोशिश करते रहना आपको भीड़ से अलग कर देता है। आप अलग से चमकने लगते हैं। अल्प अवधि में आपका नाम पैदा हो जाता है। आदमी को नाम और दाम चाहिए। नाम के सम्मान और ताकत के सामने दाम कहीं नहीं टिकता। अच्छा कार्य करके नाम कमाने की चाहत सबसे बड़ी पूँजी है।

हमने प्रत्येक कार्य में तीन नए तरीके और तकनीक अपनाई : पहला, जनपद में जो धन, संसाधन हैं, उसी से काम करना है। कुछ भी अतिरिक्त नहीं माँगना है। दूसरा, कार्य से संबंधित सभी को साथ लेकर, सभी में आपसी तालमेल बिठाकर, सभी से कार्य कराना और सभी संबंधित की सक्रिय भागीदारी और Ownership प्राप्त करना, ताकि लोग अपना स्वयं का कार्य समझकर सहयोग करें। तीसरा, कम या शून्य लागत वाली गतिविधियाँ, कार्यक्रम, उपाय, प्रयास करना।

सरकारी ताम-झाम, दिखावटीपन से दूर रहकर, साधारण तरीके से जनता के बीच जाकर प्रशासक व शासक की सोच से नहीं, बल्कि सेवक के रूप में कार्य किया। हम शासक नहीं, हम प्रशासक नहीं, हम सेवक हैं, यह मनोभाव हमेशा बरकरार रहना चाहिए।

सामान्यतः देखा गया है कि सेवा में आने के बाद लोग पढ़ाई-लिखाई से नाता तोड़ लेते हैं या रुचि नहीं लेते हैं। जानकारी प्राप्त करने के लिए प्रशिक्षण में जाना पसंद नहीं करते हैं। इससे उनका ज्ञान पुराना और अप्रासंगिक हो जाता है। ज्ञान शक्ति है, इसलिए पढ़ाई-लिखाई और प्रशिक्षण से हमेशा गहरा रिश्ता बनाए रखना चाहिए। यह हमें हर प्रकार की शक्ति प्रदान करता है। मैंने सेवा में आने के बाद MPA, Syracuse University, New York, USA से और पी-एच.डी., डॉ. ए.पी.जे. उत्तर प्रदेश तकनीकी विश्वविद्यालय से की। डी.लिट् डॉ. राम मनोहर लोहिया अवध विश्वविद्यालय, अयोध्या से चल रही है।

सत्ता और पावर का नशा बहुत खराब होता है। डीएम के पद के साथ ये दोनों हैं। डीएम के रूप में हमेशा कमजोर महसूस किया, क्योंकि हम लोग जनता की समस्याओं और दुश्वारियों से लगातार जूझ रहे थे और खत्म नहीं कर पा रहे थे। मुझे नशा था जनता की समस्या कम करने, लोगों की खुशहाली बढ़ाने और लोगों के जीवन स्तर को बेहतर करने का। लोग अकसर ताना मारते हैं कि आई.ए.एस. काले अंग्रेज हैं। मैंने इस सोच को तोड़ा और देशी, देहाती, किसान डीएम की वेश-भूषा और भाषा में काम कर, सरकार और समाज के बीच की दूरी को खत्म किया। शासक-प्रशासक की सोच से ऊपर उठकर आमजन को साथ लेकर खुशहाली और विकास के रास्ते पर अग्रसर हो पड़ा। पुस्तक का सार निम्नवत् है :

सार

1. जनता का विश्वास जीतना हमारी सर्वोच्च प्राथमिकता होनी चाहिए।
2. स्थानीय वेश-भूषा, भोजन, भाषा और सांस्कृतिक गतिविधियों को अपनाना और आगे बढ़ाना।
3. कम पढ़े-लिखे और आम लोगों के अच्छे अनुभव और जानकारी को महत्त्व देकर अपनाना।
4. पावर के बदले प्यार से कार्य कराए जाने की क्षमता विकसित करना।
5. लगातार सीखते रहना।
6. जन-सहभागिता एवं उपलब्ध संसाधन से कार्य कर उपलब्धि प्राप्त करना।
7. सरकार और समाज के बीच की दूरी को समाप्त करना।
8. त्वरित निर्णय लेकर समस्याओं का समाधान करना।
9. प्रत्येक कार्य को नए तरीके से करने की चेष्टा करना।
10. हम शासक-प्रशासक नहीं, बल्कि सेवक हैं, ऐसी सोच से हमेशा कार्य करना चाहिए।
11. पद, पावर के अहं (ईगो) और नशे से दूर रहना।

साइकिल रैली से दिया सुपोषण का संदेश

सैकड़ों छात्राओं ने शहर में जगाई अलख, साइकिल चलाकर डीएम हीरालाल ने किया नेतृत्व

अमर उजाला ब्यूरो

बांदा। शुक्रवार को सुबह छाए बादलों के बीच सड़कों पर साइकिल सवार छात्राओं का हुजूम उमड़ पड़ा। ये सब पोषण और स्वच्छता की अलख जगाने के लिए निकली थीं। डीएम हीरालाल भी खुद साइकिल पर सवार हुए और रैली का नेतृत्व किया।

पोषण माह के तहत किशोरी साइकिल रैली आयोजित की गई थी। मुख्यालय स्थित जीजीआईसी, आर्य कन्या इंटर कालेज, ओमर वैश्य इंटर कालेज आदि की कई सौ छात्राएं इसमें शामिल हुईं। ये अपनी साइकिल पर कुपोषण और स्वच्छता के प्रति जागरूक करने वाली [illegible] तख्तियां लगाए थीं। जीजीआईसी परिसर में डीएम हीरालाल ने झंडी दिखाकर रैली को रवाना किया। खुद भी साइकिल पर सवार होकर आगे चले।

शहर की कई प्रमुख सड़कों से गुजर कर वापस रैली जीजीआईसी में खत्म हुई। छात्राओं को स्वल्पाहार दिया गया। इस अवसर पर डीएम ने अपने संबोधन में कहा कि बांदा में कुपोषण बड़ी समस्या के साथ चुनौती भी है। इसीलिए यहां सुपोषण कार्यक्रम चलाया जा रहा है।

डीएम ने बताया कि सितंबर को पोषण माह के रूप में मनाया जा रहा है। उन्होंने खानपान और सफाई पर जोर दिया। सीडीओ हरिश्चंद्र वर्मा, जिला कार्यक्रम अधिकारी एसके बघेल, बाल विकास परियोजना अधिकारी धर्मेंद्र सिंह, पोषण अभियान के मंडलीय समन्वयक डा.याकूब मुजफ्फर, पीएनयू (दिल्ली) के सलाहकार लेखचंद्र त्रिपाठी, महिला विभाग के राजीव सहित आईसीडीएस, आंगनबाड़ी, सुपरवाइजर और कन्या कालेजों की शिक्षिकाएं तथा कलेक्टी नाका चौकी प्रभारी एके सिंह आदि शामिल रहे।

किशोरी साइकिल रैली का नेतृत्व करते डीएम हीरा लाल। अमर उजाला

डीएम ने मंडप में पहुंच वर-वधू को दिया आशीर्वाद

पौधारोपण को बढ़ावा देने के लिए चला रहे पेड़ प्रसाद अभियान

जागरण संवाददाता, बांदा : पौधारोपण को बढ़ावा देने के लिए डीएम हीरा लाल पेड़ प्रसाद अभियान चला रहे हैं। साथ ही शादी-ब्याह में वह हरियाली के लिए लोगों को प्रोत्साहित कर रहे हैं। शुकुल कुआं स्थित एक विवाह समारोह में वह सोमवार को पहुंच गए। यहां वर-वधू को आशीर्वाद दिया और पेड़ों की सुरक्षा के लिए प्रेरित किया।

डीएम मंदिर, मस्जिद, गुरुद्वारा और चर्च सहित हर धार्मिक व वैवाहिक समारोह में हरियाली बढ़ाने को पौधे वितरित करा रहे हैं। अभी तक वह एक लाख से ज्यादा फूल व औषधीय पौधों का वितरण करा चुके हैं। रविवार की रात इंदिरा नगर निवासी सुरेश कुमार गुप्ता की बेटी ज्योति गुप्ता का ब्याह समारोह था। यहां बरातियों के लिए गमले सहित करीब डेढ़ सौ पौधों का वितरण किया गया। पौधों के प्रति लोगों को उत्साहित करने के लिए डीएम, वन व उद्यान विभाग की टीम के साथ बरात में पहुंचे। उन्होंने वर-वधू दोनों को आशीर्वाद दिया। साथ ही पेड़ पौधों के महत्व के बारे में जानकारी दी। कहा कि जीवन का अस्तित्व पेड़ पौधों के बिना संभव नहीं है। डीएफओ संजय अग्रवाल, सदर तहसीलदार अवधेश कुमार निगम, सेवानिवृत्त सीडीओ हीरा लाल, प्रशंसा गुप्ता, जुनैद मौजूद रहे।

शहर के शुकुल कुआं स्थित मैरिज हाल में पौधों के साथ डीएम हीरा लाल (बीच में) तथा दूल्हा पुष्पक (बाएं) व दुल्हन ज्योति (दाएं) • जागरण

राजधानी से खास | बांदा डीएम हीरालाल ने सांझा की चुनाव से संबंधित जानकारियां, सेंटर ऑफ पालिसी रिसर्च में बांदा के अभियान की गूंज

दिल्ली के मंच पर साझा हुआ 90 प्लस अभियान

अमर उजाला ब्यूरो

बांदा। लोकसभा चुनाव में मतदान के प्रति मतदाताओं का रुझान बढ़ाने के लिए यहां चलाई गई 90 प्लस मुहिम राष्ट्रीय स्तर पर चर्चा में है। मंगलवार को दिल्ली में आयोजित कार्यक्रम में यह मुख्य मुद्दा रहा। मुहिम के अगुवा डीएम हीरालाल इस कार्यक्रम में बुलाए गए थे। उन्होंने अभियान संचालन की विस्तृत जानकारियां दीं।

दिल्ली के सेंटर ऑफ पॉलिसी रिसर्च संगठन के तत्वावधान में आयोजित गोष्ठी में मतदान के प्रति लोगों की सहभागिता को बढ़ाने पर मंथन किया गया। इसमें उपस्थित डीएम हीरा लाल ने पिछले लोकसभा चुनाव में बांदा में जोरशोर से चलाए गए 90 प्लस अभियान का हवाला देकर कहा कि मतदाताओं के दिलोदिमाग में यह भाव जगाना जरूरी है कि उनके एक वोट से कितना बदलाव आ सकता है।

उन्होंने कहा कि भले ही 90 फीसदी का लक्ष्य पूरा नहीं हो पाया, लेकिन मतदान में 11 फीसदी का इजाफा हुआ। खास बात यह भी रही कि दिव्यांगों ने पहली बार बड़ी संख्या में मतदान किया। उनके 85.35 फीसदी वोट पड़े। अभियान में दिव्यांगों का मतदान बढ़ाने के लिए भी विशेष कवायदें की गई थीं।

डीएम ने वो तमाम जानकारियां शेयर कीं जो 90 प्लस अभियान में यहां बीएलओ से लेकर विभिन्न विभागों के कर्मचारियों, अधिकारियों ने अपनाई थीं। टीमें मतदाताओं से घुलमिलकर उन्हें मतदान के लिए प्रेरित करती रहीं। मतदान केंद्रों में छाया, पानी, स्वल्पाहार, सांस्कृतिक कार्यक्रमों की व्यवस्था की गई। डीएम ने कहा कि मतदान का ग्राफ बढ़ाने के लिए मतदाताओं को विश्वास में लेना बेहद जरूरी है। उनके मन में जो नकारात्मक चीजें हैं उन्हें दूर करना होगा।

सेंटर ऑफ पॉलिसी रिसर्च की अध्यक्ष यामिनी अय्यर ने इस अभियान और प्रयासों को सराहनीय और उदाहरण बताया। कहा कि देश के अन्य जनपदों में भी ऐसे ही प्रयास किए जाने चाहिए। उन्होंने बांदा के अभियान को मॉडल के रूप में सोशल मीडिया से लेकर राष्ट्रीय मीडिया तक प्रसारित किए जाने पर जोर दिया।

दिल्ली में आयोजित बैठक में भाग लेते बांदा डीएम हीरालाल।

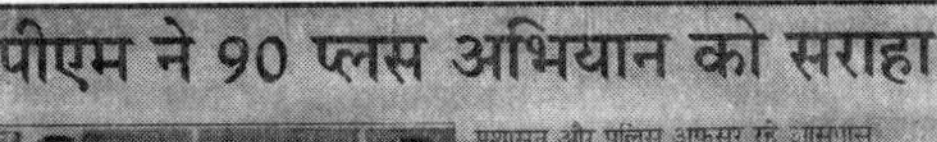

पीएम ने 90 प्लस अभियान को सराहा

प्रशासन और पुलिस अफसर रहे आसपास

डीएम ने दिए जिला व तहसील स्तरीय अधिकारियों को निर्देश

मिट्टी के कुल्हड़ों में ही चाय पियेंगे अधिकारी व कर्मचारी

जागरण संवाददाता, बांदा : अधिकारी हो या कर्मचारी अथवा उनके दफ्तरों में आने-जाने वाला कोई आगंतुक अब अब सरकारी कार्यालयों में मिट्टी के कुल्हड़ में ही चाय पीते नजर आएंगे। जिलाधिकारी ने प्लास्टिक के प्लेट व गिलासों पर प्रतिबंध लगाते हुए मिट्टी के कुल्हड़ों का उपयोग करने के निर्देश सभी जिला, तहसील व ब्लाक स्तरीय अफसरों को दिए हैं। उन्होंने कहा है कि इसका सख्ती से अनुपालन कराया जाए।

बढ़ते प्रदूषण को देखते हुए शासन ने पालीथिन के साथ प्लास्टिक के कप-प्लेट व गिलासों पर भी रोक लगाई है। लेकिन इनका उपयोग अभी भी धड़ल्ले से हो रहा है। इन पर प्रभावी ढंग से रोक लगाने के लिए जिलाधिकारी ने सख्त तेवर अख्तियार किए हैं। उन्होंने सभी जिला स्तरीय अफसरों को निर्देश दिए हैं कि दफ्तरों में हर हाल में कुल्हड़ों का प्रयोग किया जाए। शासन की मंशा है कि दशक भर से तकरीबन ठप हो चुकी कुम्हारी कला फिर जीवंत हो। कुल्हड़ों का उपयोग होने से जनपद के युवाओं को रोजगार मिलेगा। वहीं कुम्हारी कला से जुड़े परिवारों की आय बढ़ेगी। साथ ही पर्यावरण में भी सुधार होगा। डीएम ने आदेश की प्रति पुलिस अधीक्षक, अपर जिलाधिकारी, नगर मजिस्ट्रेट व प्रभारी अधिकारी संयुक्त कार्यालय को भी भेजा है। कहा है कि कार्यालयों में आगतुंकों एवं अधिकारियों व कर्मचारियों को स्वल्पाहार के समय प्लास्टिक के स्थान पर चाय-पानी के लिए कुल्हड़ उपयोग में लाए जाएं।

जिले में भले ही प्लास्टिक पर प्रतिबंध न लगा हो लेकिन जिलाधिकारी ने सरकारी कार्यालयों में आदेश भेज अपने इरादे स्पष्ट कर दिए हैं।

कुल्हड़ में चाय • जागरण

> इस नई पहल से जहां पर्यावरण का संरक्षण होगा, वहीं रोजगार के अवसर भी बढ़ेंगे। सरकारी दफ्तरों में इसका अनुपालन कराने को कहा गया है। कहीं लापरवाही मिली या आदेश की अनदेखी हुई तो कार्रवाई भी की जाएगी।
>
> हीरालाल, जिलाधिकारी।

अंतिम सांसें गिन रहा कुल्हड़ का व्यवसाय

बढ़ते प्लास्टिक के चलन से जनपद में कुल्हड़ का व्यवसाय अंतिम सांसें गिन रहा है। दस साल पहले जिले में करीब 300 परिवार कुम्हारी कला से जुड़े थे। लेकिन मौजूदा में महज 36 परिवार ही इस पेशे को जीवंत किए हैं। शादी-ब्याह हो या होटल-दुकानों में सभी जगह प्लास्टिक की प्लेटें, गिलास आदि का इस्तेमाल होता है। यह सस्ता होने की वजह से ज्यादा चलन में है। यदि डीएम के इस फरमान पर अमल हुआ तो कुम्हारी कला के दिन फिर बहुरेंगे। कुम्हारी कला से जुड़े शहर के छुन्ना ने बताया कि अब सिर्फ दीपावली व कुछ गिने-चुने त्योहारों में ही कुल्हड़ व दीपक की बिक्री होती है।

डीएम साहब नहीं, हम तुम्हारे काका हैं बेटवा

मतदान लक्ष्य हासिल करने के लिए पिपरी गांव को लिया गोद, नन्ही ज्योति के गीतों पर हुए मोहित

छात्राओं ने जागरूकता रैली में दिखाया दम, गूंजे नारे

वाट्सएप पर संदेश भेजकर आमंत्रित किए जाएंगे बाहरी मतदाता

डीएम बंगले की खाली पड़ी जमीन में मिनी फॉर्म हाउस से जीरो बजट खेती सिखाएंगे, बारिश की बूंदें ही रचेंगी बुंदेलखंड

बंगले को बना दिया खेती की 'पाठशाला'

आवासों में 200 एकड़ जमीन बेकार पड़ी

किसानों के लिए खेती से जुड़ी हर चीज होगी

अब हस्ताक्षर होगा उपस्थिति का प्रमाण

परिषदीय विद्यालयों की मनमानी रोकने को नई कार्ययोजना, कारगर साबित हो सकता है यह प्लान

बांदा डीएम की अनूठी पहल

हीरालाल जिलाधिकारी

यह होंगी खास बातें

हीरालाल, जिलाधिकारी बांदा

शुभकामनाएँ, प्रशंसा एवं बधाइयाँ

यह जानकर अत्यंत प्रसन्नता हुई कि आपके द्वारा समाज-सेवा के विशिष्ट कार्यों को लेकर एक पुस्तक 'Dynamic डी.एम.' का प्रकाशन किया जा रहा है। आपके द्वारा जनपद बाँदा में जिलाधिकारी के पद पर तैनाती की अवधि में स्टार्टअप सम्मिट इनोवेशन, जल संकट से निपटने के लिए गरमियों में 'कुआँ-तालाब बचाओ' अभियान जैसे उल्लेखनीय कार्यक्रमों का संचालन बेहतर ढंग से किया गया। बाँदा में जल-संरक्षण के संबंध में जनमानस की मदद के लिए आपकी तत्परता एवं आतुरता प्रशंसनीय है। जनता की सहभागिता से समस्या का समाधान निकालने में आपकी क्षमता अद्भुत है।

आशा है कि 'Dynamic डी.एम.' पुस्तक का प्रकाशन पाठकों के लिए मील का पत्थर सिद्ध होगी।

प्रकाशन की सफलता की बहुत-बहुत शुभकामनाएँ।

—राजीव कुमार

अध्यक्ष, उ.प्र. भू-संपदा विनियामक प्राधिकरण (रेरा)

~•~

जनपद बाँदा में स्टार्टअप—इनोवेशन सम्मिट, मतदान प्रतिशत बढ़ाने के लिए 90 प्लस जागरूकता अभियान, जेल में दैनिक दिनचर्या में योगा कार्यक्रम, जल संकट से निपटने के लिए गरमियों में 'कुआँ-तालाब बचाओ' अभियान जैसे उल्लेखनीय कार्यक्रमों का संचालन जिलाधिकारी श्री हीरा लाल द्वारा बेहतर ढंग से किया गया है।

जिलाधिकारी, बाँदा श्री हीरा लाल ने एक योग्य एवं कुशल प्रशासनिक अधिकारी के रूप में जनपद बाँदा में अपनी विशिष्ट पहचान बनाई है। इनके द्वारा जनपद में कुपोषण तथा अन्ना प्रथा को मिटाने व कालिंजर को पर्यटन स्थल के रूप में विकसित करने के साथ-साथ प्रदेश सरकार की योजनाओं, कार्यक्रमों एवं प्राथमिकताओं को जनपद में सफलतापूर्वक लागू करने में महत्त्वपूर्ण योगदान दिया गया है।

मैं इनके उज्ज्वल भविष्य की कामना करता हूँ।

—डॉ. अनूप चंद्र पांडेय

आई.ए.एस.,

31 अगस्त, 2019 — तत्कालीन मुख्य सचिव, उत्तर प्रदेश

~•~

भारतीय प्रशासनिक सेवा देश की सर्वाधिक प्रतिष्ठित प्रशासनिक सेवाओं में से एक है, जो भारत जैसे विशाल लोकतंत्र एवं सामाजिक विविधता वाले देश की सतत सेवा के लिए दृढ़ संकल्पित है। चूँकि देश की जनसंख्या का 75 प्रतिशत हिस्सा गाँवों में निवास करता है। अत: गाँवों का विकास ही देश का आधार है, ग्रामीण विकास के प्रति प्रशासनिक सेवा के अधिकारियों की जिम्मेदारी अत्यंत महत्त्वपूर्ण हो जाती है।

प्राय: ऐसा महसूस किया गया कि बीते वर्षों में प्रशासन एवं नागरिकों के बीच समन्वय की कमी हुई है, जिसका मुख्य कारण कार्यों का बोझ, समय का अभाव एवं नित्यप्रति नई-नई समस्याओं का पैदा होना भी है। परंतु ऐसी परिस्थितियों में ही एक अधिकारी की क्षमताओं का विकास होता है और वह नवाचारों के माध्यम से जनता की समस्याओं को हल करने का मार्ग तलाशना प्रारंभ करता है।

डॉ. हीरा लाल एक ऐसे आई.ए.एस. अधिकारी हैं, जो विषम परिस्थितियों में कठिन-से-कठिन समस्याओं का हल खोजने की कोशिश करते हैं। इन्हें अपने अधीनस्थ अधिकारियों/कर्मचारियों एवं आम नागरिकों की सहभागिता से समस्याओं का हल करने की दक्षता प्राप्त है। मैंने इन्हें बाँदा में जिलाधिकारी के रूप में कार्य करते देखा है, जहाँ इन्होंने नागरिकों की समस्याओं का हल उनकी सहभागिता से किया, जिसके लिए उन्हें प्रादेशिक और केंद्रीय स्तर के अधिकारियों के साथ-साथ स्थानीय ग्राम प्रधानों से भी प्रशंसा प्राप्त हुई।

'Dynamic डी. एम.' पुस्तक में डॉ. हीरा लाल ने अपने लंबे प्रशासनिक अनुभवों को साझा किया है, जो उनके समकक्षों, अधीनस्थों और भविष्य में प्रशासनिक सेवा में आनेवाले युवाओं के लिए अनुकरणीय है। मैं डॉ. हीरा लाल को उनकी कर्तव्यनिष्ठता और उपयुक्त सेवाएँ देने के लिए बधाई देता हूँ और भविष्य में भी वे इसी प्रकार पूर्ण निष्ठा से जनता की सेवा करते रहेंगे, ऐसी शुभकामना है।

—आलोक सिन्हा
आई.ए.एस.
कृषि उत्पादन आयुक्त

The book captures various problems solved by a District Magistrate. It also presents the problems faced by the administration of our districts. Some of the problems are social whereas some are infrastructural. But all the problems are such which cannot be solved without policy level interventions. That is the most interesting part of the problem solving captured in this book. DM Heera Lal makes an effort to solve the problems with least budget by involving the community. We can term it as Social Approach in District problem solving.

Some of the problems (which definitely will be found interesting by the readers) solved by DM Heera Lal needs a special mention. Banda is a district of UP which has been severely hit by draughts for many years now. This has led to the drastic fall of ground water level. Over the years many plans and interventions were made, but could not make a breakthrough. Heera Lal in his stint as District Magistrate involved the community and brought about a social movement to revive the wells and ponds. This has led to a magical transformation with considerable rise in the ground water level and recharging of wells along with ponds.

Another achievement which needs attention is the communication campaign to increase voting percentage in the district. It is a true story of social marketing and creative persuasion by mobilising all the state government departments.

Finally, this book captures the struggling childhood of Shri Heera Lal. This makes it a great motivational read for the youngsters who may get frustrated due to lack of resources in their lives.

I wish this book great success and hope it will be a valuable asset to administrative colleges, policy thinkers and IAS aspirants.

My best wishes to Shri Heera Lal for continuing his hard work with a creative execution. Hope to read more stories from him in the near future.

—Devashish Das Gupta
Professor, IIM, Lucknow, U.P.

~•~

मुझे जानकर अत्यंत प्रसन्नता हो रही है कि आपके द्वारा समाज-सेवा के विशिष्ट कार्यों को लेकर एक पुस्तक प्रकाशित की जा रही है 'डायनमिक डी.एम.'। मैंने स्वयं बाँदा में आपके जल-संरक्षण के एक उत्सव में भाग लेकर अनुभव किया है कि आप जनमानस की मदद के लिए कितना तत्पर एवं आतुर रहते हैं। जनता की सहभागिता से समस्या का समाधान निकालने में आपमें अद्‌भुत क्षमता है।

मुझे आशा ही नहीं, अपितु पूर्ण विश्वास है कि इस पुस्तक के प्रकाशन से पाठकों को बहुत प्रेरणा और सीख मिलेगी। मैं इस 'डायनमिक डी.एम.' पुस्तक के लिए अपनी शुभकामनाएँ देता हूँ।

—राजू श्रीवास्तव
हास्य कलाकार एवं चेयरमैन,
उत्तर प्रदेश फिल्म विकास परिषद्

~•~

मुझे यह जानकर अत्यंत खुशी है कि डॉ. हीरा लाल के जीवन-संघर्षों पर एक पुस्तक प्रकाशित होने जा रही है।

मैं डॉ. हीरा लाल से तब से परिचित हूँ, जब वे 2019 में बाँदा के जिलाधिकारी थे।

यद्यपि हमारा सतना एम.पी. का जिला है और बाँदा यू.पी. का। किंतु किसी प्रशासनिक अधिकारी के कार्यों की प्रशंसा राज्य की सीमा पार कर पड़ोसी राज्य तक पहुँच जाए तो यह उस प्रशासनिक अधिकारी की एक उपलब्धि ही कही जा सकती है।

देश में 5-6 सौ जिले ऐसे होंगे जहाँ अनेक आई.ए.एस. ही डी.एम. हैं। मेरे सतना जिले में ही 90 के दशक से आनेवाले प्राय: सभी कलेक्टरों से मेरा परिचय रहा है, पर अधिकांश बनी-बनाई लीक पर ही चलनेवाले थे। उनमें से एक-दो ही ऐसे थे, जो आम लोगों के बीच अपनी छाप छोड़ गए।

बाकी तो बँगले से ऑफिस और ऑफिस से बँगला। आम लोगों से उनका कोई सरोकार नहीं।

चूँकि डॉ. हीरा लाल की 'डायनमिक डी.एम.' पुस्तक की पांडुलिपि देखने से ही पता चल जाता है कि उनका रास्ता पूरी तरह (जो घर फूँके आपनो चले हमारे साथ) कबीर का रास्ता होता है, विसंगतियों से मुठभेड़ का रास्ता होता है, जो सभी के बूते की बात नहीं होती।

यह ऐसे लोगों का रास्ता होता है, जो देश-दुनिया व समाज के बारे में कुछ मनन-चिंतन करते हैं। इस महत्त्वपूर्ण पद में बैठ लोगों की बेबसी गरीबी देखते हैं। विसंगतियों-विद्रूपताओं का प्रतिकार करते हैं।

मैं अब 77 वर्ष का हूँ। पर लड़कपन में पढ़ा हुआ आचार्य रामचंद शुक्ल का वह निबंध आज तक नहीं भूल पाया, जिसमें कहा गया था कि तुंबी को चाहे आप कुएँ में डालो, तालाब में डालो या समुद्र में, लेकिन हर जगह वह पानी के ऊपर ही रहेगी। इस प्रकार प्रतिभावान लोग हर जगह अपना स्थान बना लेते हैं।

आचार्य शुक्ल द्वारा कही गई यह बात आई.ए.एस. डॉ. हीरा लाल के ऊपर पूरी तरह लागू होती है।

वे चाहे बाँदा में जिलाधिकारी रहे हों, उसके पहले कही उप जिलाधिकारी अथवा नगर निगम आयुक्त रहे हों, किंतु जहाँ भी रहे, अपनी पहचान सबसे अलग बनाकर रहे। एक तरफ तो शोषित-पीड़ित-उपेक्षित लोगों के बीच अपना स्थान बनाया पर जहाँ उन्हें विसंगति या विद्रूपता दिखी, गरीबों के साथ हो रहा अत्याचार दिखा, हमेशा वे उसके खिलाफ खड़े हुए।

चूँकि इस तरह के पदों पर बैठे अधिकारियों के सामने हमेशा ऐसा अवसर आता है जब रसूकदार दबाव बनाकर अपनी नेतागीरी को लूट-खसोट का माध्यम बनाते रहते हैं। बात न माननेवाले अधिकारियों पर तरह-तरह के षड्यंत्र भी रचते हैं और यू.पी. जैसे राज्य के लिए यह और भी साधारण सी बात है, जहाँ परोक्ष रूप से शक्तिशाली माफियाओं, महाबलियों का ही हर क्षेत्र में बोलबाला रहता है। पर ऐसे राज्य में भी उनकी जरा भी परवाह न कर जिस तरह डॉ. हीरा लाल ने जनता के बीच में अपना स्थान बनाया है, वह

स्तुत्य कार्य है। 'मॉडल गाँव' की उनकी अवधारणा तो ऐसी है, जिसकी खुशबू देश की सीमा लाँघ विदेशों तक पहुँच गई है।

अपनी जीवनी लिखने की पुरानी परंपरा रही है। कुछ लेखकों ने जीवनी तो अपनी लिखी है, पर वह उपयोगी दूसरों के लिए रही है।

डॉ. हीरा लाल के जीवनी पर आधारित यह पुस्तक (डायनमिक डी.एम.) भी काफी रोचक एवं अनुकरणीय है, जिसकी सह-लेखिका श्रीमती कुमुद वर्मा हैं।

मुझे पूर्ण विश्वास है कि अन्याय के सामने न झुकनेवाले अन्य दृढ़निश्चयी जिला अधिकारियों एवं अन्य तमाम अधिकारियों के लिए भी यह पुस्तक मार्ग प्रदर्शक सिद्ध होगी।

—पद्मश्री बाबूलाल दाहिया

पिथौराबाद, जिला सतना (म.प्र.)

~•~

I met Heera Lal when I joined Maxwell School of Public Administration and Citizenship, Syracuse University USA, to do a diploma course in Public Administration. I was there to escape the rigours of officialdom while Heera Lal wanted to pursue his goal of doing Masters in the same discipline. Two things struck me when I got to know him as a fellow student – his dynamism and commitment to whatever he chose to do. Though senior by many years in age and service, he took me under his wings and became my friend, philosopher and guide. The year was 2010. I was an illiterate about social media and even efficient use of computers, while he was an expert in both. He patiently taught me whatever skills I needed to complete the course without any mishaps. Sad to say that despite his best efforts, I failed to become an ardent user of social media.

Heera Lal was aware of the many things that can be achieved through positive and effective use of this new media. He was full of ideas as to how social media could be used to clean up the government machinery and make it responsive to the needs of the people.

Dynamic DM reflects all that dear Heera Lal is. Each chapter shows his commitment to responsibilities entrusted to him. Be it the initiative of addressing and solving issues related to availability and use of the scarce resource of water or conduct of elections to promoting yoga for ensuring health and well-being of people of Banda district. He addressed issues that needed to be solved to create a society that took care of the infrastructure and basic needs of the people – pioneering efforts in afforestation, social forestry, nutritional needs of children, farmers' welfare, waste management leading to increased use of biodegradable and environmental-friendly materials, etc. Many of his efforts were recognised not just within the district or the state, but also at the national level. Acknowledgement of the model village concept by Niti Ayog is in itself a recognition of his acumen.

Heera Lal is a dynamic, action-oriented officer for whom working with dedication for improving the life of the people is at the core of his personality. He doesn't miss any opportunity towards meeting this and creates opportunities where none is evident. The book says it all. The accolades are richly deserved. He's indeed DYNAMIC.

—Sheela Thomas
IAS (Retd.), Kerala

~•~

यदि एक प्रशासनिक अधिकारी ठान ले तो वह किसी भी क्षेत्र की तस्वीर बदल सकता है। बुंदेलखंड के बाँदा जैसे अति पिछड़े जिले को प्लास्टिक-मुक्त बनाना हो या जल-संकट का हल या फिर महिला सशक्तिकरण या फिर विभिन्न सरकारी योजनाओं का वास्तविक हितग्राही तक लाभ, श्री हीरा लाल के क्रियान्वयन के सफल तरीकों का यह दस्तावेज देश के प्रशासनिक अधिकारियों व आम लोगों के लिए प्रेरणादायक और अनुकरणीय है।

—लेफ्टिनेंट कर्नल युवराज मलिक
निदेशक, नेशनल बुक ट्रस्ट (NBT)

~•~

Journey of a village boy to become District Magistrate is inspiring. Innovative works done by IAS Dr. Heera Lal will show a way to many.

—Swami Mitrananda
Chinmaya Mission, Chennai

~•~

Dynamic DM depicts the journey of a bureaucrat who is dedicated to making a difference in the lives of many people in Banda's backward district. Banda, which had been plagued by many adversities, such as water scarcity, perennial drought, and starvation, as well as deforestation, underwent a complete transformation under the leadership of Dr. Heera Lal. The book vividly depicts how, after taking over as DM, Dr. Heera Lal began to solve these pressing challenges one by one, bringing the district into the development mainstream. This journey from experience in the field to expression in the book is captivating. His Model Gaon initiative, which was inspired by Dr. Kalam's PURA (Providing Urban Amenities to Rural Areas) mission, has been a game-changer for rural India, providing a holistic model of development. I hope this book and the ideas serve as the source of inspiration for young officers in the years to come.

—Srijan Pal Singh
CEO, Dr. A.P.J. Abdul Kalam Centre
Former Advisor to Dr. Kalam

~•~

प्रशासन की सीमाओं के बावजूद ग्रामीण विकास के लिए एक अच्छा और सजग प्रयास : साधारण स्थिति से एक असाधारण व सराहनीय प्रयास।

—प्रो. अनिल गुप्ता
सेवानिवृत्त, आई.आई.एम., अहमदाबाद

~•~

Dynamic DM is an interesting documentation of contemporary history and response to challenges. Dr. Heera Lal is a doer who leads by example. Banda was transformed under his guidance and leadership. Interventions relating to water, doubling the farmer's income, jail reform and environmental protection reflect complete out-of-the-box thinking. The book will be an invaluable guide towards contributing to practical inputs from grassroots level upwards development.

—Dr. Gursharan Dhanjal
Managing Editor & Editor
SKOCH Group

~•~

The responsibility and opportunities for change that a District Collector or District Magistrate possesses are probably unparalleled at any other level of government. At a time when we lament the absence of 'convergence' between diverse efforts of line departments, the district as a unit is probably the best place for this convergence to find reflection. However, leadership matters. Experience is testament to the fact that visionary and dynamic leadership at a district level can usher in a long-lasting change.

Despite the centrality of water to the existence of life, we have treated this resource with scant respect. As adverse weather events become the norm, the threat to sustained availability of safe water is one of the foremost challenges we face. In this context, the seeds of change sown in Banda district by Dr. Heera Lal assume great significance.

Dr. Heera Lal realised that water does not follow traditional administrative boundaries–either on the surface or beneath the ground. He also knew that attempts to address this issue through the narrow lens of individual line departments would not provide solutions. Financial resources were not the primary constraint. Most importantly, Dr. Heera Lal recognised that water conservation required the winning of hearts and minds of people. Unless communities are inspired to participate and take action, change is not possible.

The success of the efforts in Banda are not limited to investments made or the number of water conservation structures created or water conservation structures revived. The success of Dr. Heera Lal's effort is in his ability to have made water everyone's business in the district. He did so fearlessly and with a single-mindedness, using local language, idiom, culture and traditions as a part of the story to inspire people.

We live at a time when 'hope' is important. The efforts in Banda by Dr. Heera Lal fill us with hope and optimism.

—**V.K. Madhavan,** CEO, Water Aid India

~•~

जानकर प्रसन्नता हुई कि श्री हीरा लाल का आत्मचरित 'डायनमिक डी.एम. प्रकाशित होने जा रहा है। नेतृत्व स्वयं एक चुंबक तो होता ही है, वह लोहे के बिखरे अणु को खास दिशा में संयोजित कर, एक क्रम में जोड़कर बड़ी व आकर्षक ताकत बना देता है और तब लोहे के अणु एक-दूसरे की ऊर्जा बिना विनष्ट किए बड़ी ताकत बन जाते हैं।

बाँदा जिला के डी.एम. पद पर कार्यरत रहकर उन्होंने यही कार्य उत्साह से लबरेज होकर किया। 6 अक्तूबर और 8 दिसंबर, 2018 को हम दोनों ने पूरे जिले के नागरिकों और संस्थाओं को जोड़कर जल-संरक्षण महाअभियान चलाया, जिले को पानीदार बनाया। बाद में उन्होंने इसे आगे बढ़ाया। इसी प्रकार अन्य कार्यों में भी उनकी उपलब्धियों पुरस्कार उन्मुख रहीं। श्री हीरा लाल की यह तपस्या भविष्य के जिलाधिकारियों के लिए प्रेरणाश्रोत बनेगी।

जल गुरु

—**महेंद्र मोदी,** आई.पी.एस.

डी.जी.पी. (सेवानिवृत्त), जल संरक्षण सलाहकार (उ.प्र.)

~•~

"I am indeed honoured to write a few lines on Dr. Heera Lal's book *Dynamic DM.* Having interacted with many District Magistrates throughout my career as a development professional, it is with immense respect that I acknowledge and admire the multi-dimensional role of a District Magistrate and the wide range of development issues that a DM has to provide leadership on as Dr. Heera Lal profiles in his book. These issues range from ensuring access to sanitation and drinking water, improving nutrition outcomes, water conservation, education, environmental and waste management issues, raising the profile of the district and so many more such issues. Dr. Heera Lal, as a dynamic DM in Banda, provided leadership on these many issues and his book profiles his journey, the challenges he faced and the impact and positive transformation his work brought about in the lives of the community. Dr. Heera Lal has built on this wide-ranging experience to develop the concept of 'Model *Gaon*', highlighting the importance of integrated development to improve the overall quality of life in rural India. May his book serve as an inspiration to those who aspire for a career of service and contribution to transformational and sustainable change in our villages.

My very best wishes for a successful publication of your book.

We are also grateful for your immense support and guidance for our work, and look forward to your continued support.

—Tinni Sawhney
Chief Executive Officer
Aga Khan Foundation India

~•~

श्री हीरा लाल के कार्य को जानने का अवसर मुझे तब मिला था, जब 2019 में मैं उत्तर प्रदेश की जेलों पर शोध और 'तिनका-तिनका' के जेल अभियान के तहत जिला जेल, बाँदा गई थी। मैंने उन्हें एक बेहद ऊर्जावान और पूरी तरह से समर्पित नौकरशाह के तौर पर देखा। कुछ बातें बहुत ही प्रेरित करने योग्य दिखीं। जैसे कि मैंने देखा कि वे अपने पूरे दिन के काम को सूचीबद्ध करते हुए विकास के मॉडल को एक रूप देने का काम कर रहे हैं। समय और जिम्मेदारियों को एक साँचे में ढालकर अपने काम का खुद आकलन करने की उनमें जबरदस्त क्षमता है। अपने घर के पिछले हिस्से में जल-संरक्षण को लेकर उन्होंने तालाब भी बनवाया। जमीन से जुड़े मुद्दों को लेकर वे गंभीर और सजग दिखे। हर रोज शाम को एक व्यवस्थित बैठक में अपने अधिकारियों और स्टाफ के साथ उस दिन के विकास के काम को आँकने की एक अलग तरह की परंपरा बाँदा में स्थापित की। बाँदा जेल के सर्वांगीण विकास पर भी उनके दिमाग में एक रूपरेखा बन रही है, इसका आभास भी मुझे उस समय हुआ था। उनकी कार्यशैली को लेकर मेरी कुछ असहमतियाँ हो सकती हैं, लेकिन कुल मिलाकर उनमें काम के प्रति समर्पण हमेशा दिखता रहा है। यह देखना खुशी की बात है कि वे अब अपने कार्य को संकलित कर रहे हैं।

इस तरह के प्रयास इसलिए भी सराहनीय हैं क्योंकि आमतौर पर विकास का अंतिम बिंदु तो लोगों तक पहुँचता है, लेकिन विकास की यात्रा अकसर अछूती रह जाती है। कर्मशीलता की अपनी इस राह को आपस में गूँथकर संयोजित करने के लिए मैं उन्हें बधाई देती हूँ।

—डॉ. वर्तिका नंदा
संस्थापक, तिनका-तिनका फाउंडेशन
अध्यक्ष, पत्रकारिता विभाग
लेडी श्रीराम कॉलेज, दिल्ली विश्वविद्यालय